Psychologue, Jacques Salomé compte, à 60 ans, près d'une trentaine de livres, pour la plupart consacrés à la communication au sein du couple et de la famille, notamment *Parle moi, j'ai des choses à te dire* (1982), *T'es toi quand tu parles* (1991) et *Papa, maman, écoutez moi vraiment* (1996). Dans le prolongement de son expérience de formateur, il a publié plusieurs ouvrages qui posent les bases d'une réflexion pour un enseignement possible de la communication à l'école, parmi lesquels *Si je m'écoutais, je m'entendais* (1990) et *Pour ne plus vivre sur la planète Taire* (1997). Son approche concrète et pragmatique, servie par une expression simple et imagée, lui a valu la faveur d'un très large public, qui a porté son intérêt tant à ses livres – traduits en 27 langues – qu'à ses conférences. Depuis 1981, il se consacre également à son œuvre romanesque et poétique.

Père de cinq enfants, Jacques Salomé vit à Roussillon, en Provence.

Retrouvez toute l'actualité de Jacques Salomé sur : www.j-salome.com

PASSEUR DE VIES

DU MÊME AUTEUR
CHEZ POCKET

LE COURAGE D'ÊTRE SOI

UNE VIE A SE DIRE

DIS PAPA, L'AMOUR C'EST QUOI ?

L'AMOUR ET SES CHEMINS
(en collaboration avec Catherine Enjolet)

JACQUES SALOMÉ

PASSEUR DE VIES

Rencontre avec Marie de Solemne

ÉDITIONS DERVY

ISBN : 2-266-11397-6

Un communiquant est surtout un passeur d'émotion, de liberté, de rires et larmes, un transmetteur d'interrogations.

Un communiquant est aussi, à sa façon, un agent de changement pour un monde meilleur.

Un communiquant n'a pas besoin d'autre chose que d'entrer dans le cœur d'un autre communiquant. C'est le plus bel endroit pour vivre une relation.

JACQUES SALOMÉ

PROLOGUE

Marie de Solemne

Combien sommes-nous à piétiner sur les rives boueuses du fleuve des habitudes ?

Combien sommes-nous à rêver de nager, mais à ne jamais dépasser la zone de protection, à ne faire que marcher de long en large, là où l'on a « encore pied » ?

Combien sommes-nous à pleurer sur le bord, paralysés par la peur, englués dans nos contradictions, parfois envieux, parfois infiniment désespérés, toujours immobiles ?

Combien sommes-nous à ne faire que regarder l'autre rive du fleuve de la transformation, retenus dans le dos par les mille besoins et angoisses de nos proches, désarmés par la pancarte qu'ils ont eu soin de planter sur notre chemin « Baignade interdite. Danger ! » ?

Il y a encore ceux qui, dans un sursaut d'impatience, dans une ultime révolte contre « ce qui est écrit », s'arrachent à la vase grise et molle de la dévalorisation, ignorent l'avertissement menaçant, brisent les chaînes qui les retiennent au continent des illusions rassurantes, et se lancent dans les eaux froides qui les séparent d'eux-mêmes, sans même connaître la force des courants, les écueils possibles... Et au milieu, ils paniquent. Séparés de ceux qu'ils aiment, pas encore avec eux-mêmes, brassés par les flots furieux de leurs incertitudes, de leur peur de l'inconnu, il arrive qu'ils se noient, ou reviennent à leur point de départ avec dans le cœur le parfum délétère de l'impuissance et les fragrances sournoises de la rancœur et du ressentiment.

Oui, combien sommes-nous à désirer vivre dans la douceur et l'harmonie d'un amour libre, recréant chaque matin le printemps ?

Apprendre à vivre avec soi et avec les autres est sans aucun doute la plus belle aventure que propose la vie, mais aussi la plus douloureuse, la plus inquiétante. Il s'agit de quitter le connu, de s'affranchir des idées reçues, pour oser être différent de ce que les autres avaient prévu pour nous, pour oser *re*écrire le livre de sa vie avec des mots qui nous éveillent, nous émerveillent. Dans ce livre neuf, que chacun de nous est sans cesse invité à écrire, scintilleront des phrases inédites qui traduiront au plus près l'être que nous sommes, en s'unissant au divin qui est en nous et qui n'attend que notre effort pour nous offrir l'élan.

Voilà ce que signifie être l'auteur de sa vie.

Pour nous montrer le chemin, Jacques Salomé nous offre le plus beau présent qui soit, le plus lumineux, le plus précieux, le plus intime.

Conscient que le témoignage est infiniment plus puissant que mille paroles théoriques, il ouvre aujourd'hui, pour nous, devant nous, le carnet de bord de sa propre traversée, le manuscrit original de sa plus grande Œuvre : SA VIE !

Pas à pas, doucement, il repart pour nous sur les traces de ses souffrances et de ses joies, dévoile ses échecs et ses errances avec une humilité et un humour tendre et rieur, qui donnent une perspective authentique et bouleversante à chacune de ses paroles.

Jacques Salomé, *Passeur de Vies...*

Oui, aller à la rencontre du meilleur de soi-même est une traversée exaltante mais pouvant receler de nombreux pièges...

Voilà pourquoi un Passeur expérimenté est le bienvenu !

Alors, joyeuse traversée, et rendez-vous sur la rive de l'épanouissement...

CHAPITRE UN

« Je sais qu'un peu partout dans le monde tout le monde s'entre-tue, c'est pas gai, mais d'autres s'entrevivent, j'irai les retrouver. »

JACQUES PRÉVERT

S'entrevivre, quel verbe cadeau !

Responsabilité comme responsabilisation sont des termes qui, la plupart du temps, dérangent plus qu'ils ne séduisent. Selon vous, pourquoi ?

— Il faut préciser qu'en français il existe une ambiguïté autour du mot « responsable ». Il est souvent assimilé à « coupable » donc fautif ! Nous en avons l'exemple lors d'accidents d'automobiles. « Puisqu'il a grillé le feu rouge, il est *responsable* : c'est donc lui qui paiera la casse. »

En réalité, différentes strates composent ce mot *responsable.*

Le mot « responsable » signifie avant tout un état de conscientisation, un état de conscience qui va m'éclairer (ou m'aveugler) sur les conséquences possibles de mes actes, de mes paroles, de mes comportements.

Néanmoins il ne faut pas oublier que c'est celui qui reçoit le message qui lui donne un sens. Si vous me dites quelque chose et que je me blesse avec, c'est bien moi qui suis responsable de la façon dont je vais me faire souffrir, en me disant : « Elle n'aurait pas dû me dire cela, c'est injuste. Je ne suis pas comme elle me voit, c'est scandaleux, etc. »

C'est bien à moi d'assumer cette double responsabilité. D'une part celle de mon histoire, de ma sensibilité, de mes zones de vulnérabilité, à ce titre, je suis bien responsable de mes sentiments et de mes ressentis par rapport à ce qui me vient de l'extérieur, comme de mes actes de vie, principalement de mon mode de vie. Il s'agit d'autoresponsabilisation. Et d'autre part, je me dois d'assumer la responsabilité des conséquences de mes actes, il s'agit alors de l'hétéroresponsabilisation.

À mon sens, dans la relation que nous construisons en permanence avec nous-même, l'autoresponsabilisation est capitale. Combien de fois nous faisons-nous souffrir en gardant longtemps en soi, tel un poison, une bribe de phrase, un commentaire, un jugement de valeur venu des autres et qui va nous empoisonner, nous polluer, gâcher un après-midi et parfois même plusieurs semaines, plusieurs mois de notre propre vie !

Dans cet esprit, je suis bien *autoresponsable* de tout ce qui m'arrive.

Je ne suis certes pas responsable de ce qu'on m'a fait, mais je reste responsable de l'interprétation que j'en ferai.

Si je ne suis pas responsable de l'histoire de mes parents, de ce qu'ils ont été, je suis bien responsable de la relation que j'ai établie, ou qui perdure, avec eux.

Par exemple, si mon père est alcoolique, je ne suis pas responsable de son alcoolisme, mais je suis responsable de la manière dont je me fais souffrir avec. Je ne suis pas responsable de l'angoisse de ma mère, ou de ses priorités, si elle a préféré mon frère ou ma sœur, mais je suis responsable de la façon dont moi je me fais souffrir en imaginant (et même d'ailleurs si c'est vrai) que ma mère a préféré mon frère ou ma sœur.

Voici la notion d'autoresponsabilisation que je défends. À l'extrême, je prétends également que, dès le moment de ma conception, je deviens responsable de tout ce que je commence à faire avec ma vie. Moi, petit embryon, je suis responsable de la façon dont je trouverai un équilibre dans le ventre de ma maman, je suis responsable de la façon dont je m'y développerai.

C'est tellement vrai que si ça ne me convient pas, je peux provoquer une fausse couche ou une mise au monde prématurée, car j'enverrai des messages qui vont collaborer avec un certain nombre de phénomènes pour déclencher une fausse couche (ce qu'on appelle un avortement spontané) ou entraîner une naissance avant les neuf mois révolus.

Je sais que ces paroles peuvent surprendre. Je tiens donc à préciser que j'ai une position différente de ceux qui pensent que c'est le bébé qui choisit sa mère, que la vie existe avant la conception et qu'un bébé choisira tel ou tel parent pour s'investir. C'est un concept fréquemment véhiculé, depuis quelques années, par ce que l'on peut appeler le « courant du New Age », mais je n'ai pas cette croyance-là.

Personnellement, je pense que la conception dépend du désir de l'un et de l'autre, et du jeu de nos désirs, de leurs interférences (complémentarité, antagonisme ou fusion). Si je désire un garçon et que ma femme désire une fille, nous mettons en présence deux désirs contradictoires qui risquent de s'affronter et qui peuvent développer ce que j'appelle *une stérilité de fidélité*. Si chacun reste fidèle à son propre désir, ils ne peuvent se rencontrer ou vont se combattre. Nous pouvons ainsi être confrontés à une situation de blocage qui reste incompréhensible aux protagonistes d'un couple, quand les nombreux examens médicaux ne révèlent rien d'anormal.

Mais, à partir du moment où la conception s'est accomplie, je suis, comme être vivant, autoresponsable de tout ce qui va m'arriver et ce, jusqu'à ma mort. Cette notion a des incidences considérables sur les gestions de sa propre vie, y compris dans des cas extrêmes.

Par exemple, si un de nos proches se suicide, enfant, conjoint, parent, ami, on s'attribue parfois la responsabilité de ce suicide : « C'est ma faute, si j'étais allé le voir plus souvent; si je n'avais pas divorcé; si je l'avais aimé, si je m'étais occupé de lui au lieu de le mettre en pension, "ça" ne serait pas arrivé ! », etc.

Cette sorte d'autoculpabilisation est terrifiante, car en réalité c'est une façon de déresponsabiliser celui qui a pris le risque de se suicider, de sortir de la vie. Ce n'est pas rien, quelqu'un qui prend le risque de mettre fin à ses jours, qui prend le risque d'acheter une corde et de se pendre, d'acheter des médicaments et d'en faire un cocktail mortel un samedi soir ou un vendredi soir pour être sûr que personne ne vienne le déranger ! Si l'on imagine ce que suppose d'anticipation ou d'élaboration la préparation d'un suicide, nous pouvons reconnaître et entendre que, le plus souvent, ces personnes sont responsables de leur décision.

C'est pourquoi, s'attribuer la responsabilité du suicide de quelqu'un c'est, d'une certaine façon, le déposséder (en disant cela je dis quelque chose de terrible) de, peut-être, la seule décision que cette personne ait prise de sa vie !

Je n'encourage pas à cette appropriation qui devient une dépossession ultime. Si quelqu'un a fait le choix de mettre fin à sa vie, je prétends que c'est de sa responsabilité, et qu'il convient de la respecter.

Il est évident que certaines personnes sont terriblement dépressives, et qu'elles peuvent réellement se sentir au fond du trou et traverser des passages si difficiles, si douloureux, qu'elles ne voient pas d'autre issue que de mettre fin à leurs jours, et parfois y réussissent.

Mais heureusement il y a plus de *tentatives* de suicide que de suicides réussis. Une tentative est un appel (que nous pouvons alors entendre, puisque la personne n'est pas morte), c'est un cri de détresse. C'est souvent un être qui ne veut pas réellement mettre fin à sa vie, mais plus exactement mettre fin au mode de vie qu'il subit et qui ne lui convient pas, mettre fin à son existence actuelle et non à sa vie terrestre.

D'une certaine façon, et c'est peut-être paradoxal, l'autoresponsabilisation peut permettre d'éviter la culpabilité.

Tout à fait. Personnellement, j'ai découvert l'autoresponsabilisation tard dans ma vie, entre trente et quarante-cinq ans. C'est une des démarches envers laquelle nous avons, la plupart d'entre nous, le plus de résistances.

Il est tellement facile de dire : « C'est ta faute, si tu m'avais aimé, je ne serais pas malheureux ; si tu avais fait l'amour quand j'en avais envie je ne serais pas frustré ; si tu ne m'avais pas quitté, je ne serais pas devenu alcoolique », etc.

Il est tellement facile d'accuser l'État — qui n'en fait pas assez —, Dieu — qui n'entend pas, ou n'intervient pas —, la Loterie nationale qui ne tire jamais mon numéro, nos enfants qui devraient comprendre que..., ou ma Bien-Aimée qui devrait m'aimer plus !

Il est tellement facile de mettre en accusation autrui, le monde entier, pour faire l'économie de cette autoresponsabilisation, et ainsi de son propre engagement ! Tant que c'est la faute des autres, je n'ai rien à faire. Il y a quelque chose de démobilisant à s'entendre dire : « J'ai eu le malheur d'attraper le sida, j'ai eu le malheur d'attraper le cancer, ou une tuberculose osseuse (c'était mon cas...). Pour cette tuberculose qui est entrée dans ma vie à l'âge de neuf ans, j'ai mis plus de trente ans à en entendre le sens ! Et plus tard encore, à mieux comprendre que les maladies sont des langages symboliques, métaphoriques, avec lesquelles nous allons tenter de dire l'indicible, l'insupportable.

Il est tout de même difficile de comprendre la notion de responsabilité personnelle face à une maladie comme le sida ou le cancer.

C'est vrai. Je préfère alors remplacer le mot autoresponsable par une expression plus appropriée : *je suis partie prenante.*

Moi, je prétends que je suis *partie prenante* dans la tuberculose que je viens d'évoquer, même si j'ai mis trente ans à le découvrir et à l'accepter !

Il est vrai qu'il y avait des éléments favorisant, j'étais un enfant sous-alimenté de la guerre, mais mon frère aussi. Le bacille de Koch a dû frôler ses narines comme les miennes, mais pourquoi est-ce moi seul, dans toute cette famille, qui l'ai accueilli et non pas lui ? Il a pourtant eu la même enfance... Enfin presque, car il n'a pas eu exactement la même histoire familiale que moi. Même si nous vivions dans un milieu semblable, il n'est pas arrivé en même temps que moi dans la vie de mes parents (de ma mère surtout). Ma mère m'a eu à dix-sept ans et mon frère à vingt et un ans, elle n'était donc plus la même jeune femme.

Mon frère et moi avons par conséquent des histoires individuelles, et des immunités, des défenses, des fidélités complètement différentes.

Pour en revenir à votre question, évidemment j'entends bien que cette responsabilité personnelle face à la maladie soit délicate à comprendre.

Si vous dites à quelqu'un que le cancer *c'est psychosomatique* ou *psychologique,* il va aussitôt s'exclamer : « Oui... Alors c'est ma faute ! »

Nous retombons dans le piège que j'ai dénoncé précédemment qui est d'assimiler la responsabilisation à la faute. Je ne suis pas fautif, je suis partie prenante.

En ce qui me concerne, je ne crois pas (mais je m'avance peut-être beaucoup, car il est toujours périlleux de faire des prédictions, surtout quand elles concernent... l'avenir) que j'aurai un cancer dans ma vie. Il me semble avoir adopté un mode de vie et une vigilance où je ne me laisse pas polluer avec des ressentiments, où je n'accumule pas des situations inachevées. J'ai le sentiment que j'ai pu me réconcilier avec les plages d'ombres de ma vie, afin de ne pas laisser la place au développement de cette violence en moi que suppose l'irruption d'un cancer !

Je veille à ne pas garder les messages négatifs, quand j'en reçois, et je suis très sensible aux personnes énergétivores (susceptibles de me dévorer de l'énergie). Dès que je perçois certains signaux qui m'alertent, je ne reste pas dans leur proximité. Je prends aussitôt ce que je crois être la bonne distance, jusqu'à rompre une relation si je sens qu'elle n'est pas bonne pour moi. Avec ces quelques balises, je pense me donner les moyens de ne pas contracter de maladie, et pourtant, durant les vingt premières années de ma vie, j'étais un véritable pilier d'hôpital : tuberculose osseuse, tuberculose rénale (on m'a enlevé un rein), arthrodèse (j'ai eu une hanche bloquée pendant cinquante ans), je marchais en traînant la jambe, je ne pouvais pas conduire une voiture normale, etc.

J'ai ainsi été frappé d'un certain nombre d'infirmités, et porteur de handicaps, qui ont pesé lourd sur mon mode de vie. Par exemple, j'aurais aimé faire plus souvent du canoë, mais à cause de ma hanche raide je devais me limiter. J'ai quand même fait du ski... Mais je ne m'aventurais jamais sur une piste rouge !

Pensez-vous que le fait d'avoir été frappé aussi jeune par une maladie aussi lourde, et ce durant de nombreuses années, fut déterminant dans votre réflexion future sur la vie et la relation à l'autre ?

C'est indéniable ! Cette maladie fait d'ailleurs partie de ce que j'appelle les situations structurantes d'une existence. Dans ma vie, j'en ai eu environ cinq ou six, peut-être sept...

Effectivement, le surgissement à neuf ans de la tuberculose osseuse, qui m'a tenu en sanatorium pendant quatre ans et demi, plâtré de la cheville jusqu'à la taille, donc couché, fut bien un événement structurant. Et je ne serais certainement pas l'homme que je suis aujourd'hui, si je n'avais pas traversé cette épreuve. Je dis « cette épreuve », mais ce n'était pas vraiment une épreuve, car lorsque j'y repense ces années comptent parmi les quatre plus belles années de ma vie !

Pourtant, non seulement vous étiez physiquement amoindri mais en plus, à neuf ans (donc tout petit), vous vous trouviez privé de la présence maternelle. Avez-vous été obligé de compenser ces pertes ?

Je n'utiliserai pas le mot compenser... Personnellement, je pense que tout a du sens. Cet événement, dans son apparence, semble terrible — vous le rappelez : pour un enfant de neuf ans, être couché, ne pas jouer, quitter ses amis, son quartier, la relation directe avec sa mère, peut être terrible et, avec un certain regard, vu comme une catastrophe ; pourtant je pense que c'était nécessaire, sinon je serais devenu un délinquant !

Je n'irai pas jusqu'à l'expression « graine de crapule », mais tous les ingrédients étaient réunis pour que je devienne asocial. Je vivais dans un quartier populaire, nous manquions d'argent (nous achetions à crédit), j'étais un cancre, j'étais mal accepté à l'école, etc. Ce qui m'a sauvé, c'est que je savais raconter des histoires. Je savais inventer des mensonges que j'échangeais contre des billes. J'avais ainsi une grande popularité auprès des autres enfants, mais une relation extrêmement disqualifiante et négative avec les instituteurs.

Ce n'est qu'en sanatorium que j'ai rencontré pour la première fois une enseignante qui semblait voir du bon en moi ! J'en étais tellement surpris que je ne le croyais pas. Je pensais qu'elle me racontait des blagues, ou qu'elle essayait de me séduire pour que je lui rende des services !

À neuf ans, pour la première fois de ma vie, quelqu'un me disait que j'avais de la valeur, qu'il y avait du bon en moi ! Alors que, pendant mes neuf premières années, je n'entendais que : « Mais qu'est-ce qu'il a dans la tête ! Il ne fait que des bêtises ! Il finira mal ! C'est un futur assassin, il a failli tuer un de ses petits camarades ! » etc.

Des tonnes de disqualifications ont pesé sur ma tête et mes épaules durant les premières années de ma vie...

Mais elles ne venaient pas de mon milieu familial. J'étais un enfant très aimé par ma mère. Elle avait une sorte de bon sens populaire et une approche très pragmatique de l'existence, fondée sur quelques valeurs fondamentales telles que se respecter et respecter autrui. Je ne l'ai d'ailleurs jamais entendu dire du mal de quelqu'un, pas plus que je ne l'ai entendu dire du mal de moi. Néanmoins, dans le quartier de mon enfance, j'étais connu comme le loup blanc : je n'étais jamais là, je ne tenais pas en place, je ne marchais pas : je courrais toujours vers un ailleurs. Je cassais des carreaux, j'essayais de chaparder, ce n'était pas vraiment pour voler, mais plutôt pour le plaisir d'essayer de s'introduire dans les greniers, dans les garages, dans les arrière-boutiques de magasin, pour... explorer, découvrir, je ne sais pas... peut-être rêver. Une immense curiosité à traquer l'inconnu ; je cherchais à savoir ce qu'il y avait au-delà des portes fermées. Je sais aujourd'hui que c'est en relation directe avec la quête de mes origines.

Je me souviens d'une histoire qui symbolise bien cela. À trois maisons de chez moi, se trouvait un local fermé, un ancien garage, dans lequel une vieille dame, qui avait été mercière toute sa vie, avait entreposé son fonds de commerce au moment de sa retraite. Alors, imaginez-vous ! C'était la caverne d'Ali Baba ! Il y avait des centaines de petits tiroirs contenant des boutons dorés, des boutons de nacre, etc. Et avec mon ami Marcel qui, à cette époque de ma vie, était un ami important, nous étions les gardiens de ce trésor ! Certes, il est vrai que de temps en temps nous *empruntions* quelques boutons que l'on montrait aux autres dans la cour de l'école et dont ils étaient évidemment très jaloux ! *(rires)* Je me souviens de boutons magnifiques avec des ancres de marine, des étoiles, des incrustations... Pour nous c'était plus que des pièces d'or. Cela dit, nous remettions toujours dans le trésor ce que nous avions provisoirement emprunté.

Mais il est arrivé ce qui devait arriver : la vieille dame (ou son fils, je ne sais plus très bien) nous a surpris, et nous avons été traînés au commissariat comme de futurs brigands de haut vol !

Le paradoxe, et cela a été fréquent dans ma vie, fut le décalage entre ma façon de vivre un événement et la manière dont l'entourage (ou qui que ce soit) s'appropriait cet événement pour en faire un épisode complètement négatif. Je vous ai donné cet exemple, car il illustre toute mon enfance. On découvre une caverne d'Ali Baba (nous savions d'ailleurs ouvrir le cadenas ET le refermer) et nous en étions les gardiens vigilants et fidèles. Au sens strict du terme, je peux assurer que je n'ai jamais rien dérobé dans ce fonds de commerce de mercerie, nous veillions jalousement à ce que personne ne vole quoi que ce soit, puis le monde des adultes met le pied dans ce rêve et, crac, ça devient une affaire d'État !

Tout le quartier en parlait, ma mère était catastrophée, imaginant que son fils finirait sa vie au bagne. Après chaque incident venait l'opprobre, les jugements de valeur, l'étiquetage, une sorte de ségrégation, de marginalisation.

J'ai traversé cela toute ma vie. J'ai toujours connu un décalage entre mes intentions ou un comportement personnel, et la manière dont cela se trouvait dévoyé dans le regard ou dans l'écoute d'un autre. Voilà pourquoi j'ai toujours eu le sentiment d'être moi-même en décalage, non pas d'être un extraterrestre, mais un être singulier, unique, qui ne peut servir de référence ou de modèle à personne.

Ce sentiment a fini par générer en moi une dynamique (certainement un peu dominante) de type paranoïde. Je me sentais persécuté... Ce qui me donnait alors le droit de m'affirmer avec force, jusqu'à risquer de devenir persécutant !

Dans mes rapports avec les personnes en autorité, je suis d'ailleurs toujours à la limite de créer des rapports de force. Chez moi cette dynamique de type paranoïde est toujours à fleur de peau, et je dois faire preuve d'une vigilance accrue pour ne pas cultiver des sentiments d'exclusion et de persécution. Je dois me rappeler que l'autre peut se tromper sur moi, je n'ai pas pour autant à en faire toute une histoire et décréter que personne ne m'aime, que personne ne me comprend, que décidément je me suis trompé d'époque !

Je dis là quelque chose de très important concernant la structure de ma personnalité, car je crois que nous pouvons faire fonctionner à minima l'une ou l'autre de nos composantes pathologiques, mais nous ne les supprimons jamais.

Certains types de relations peuvent les faire fonctionner à maxima et ce sera l'enfer. C'est ce qui explique parfois certains passages à l'acte, l'irruption soudaine d'un comportement atypique, violent, destructeur, chez certains d'entre nous, quand un être, se sentant persécuté, devient à son tour persécutant et peut aller jusqu'à vouloir tuer celui ou celle qu'il imagine le harceler. C'est une forme pathologique extrême, qui se joue heureusement, la plupart du temps, sur la scène de l'imaginaire.

Nous possédons tous une composante pathologique dominante et une grande partie du travail personnel sur soi sera d'accepter de découvrir laquelle.

Globalement, nous sommes tous porteurs d'une ou plusieurs des cinq ou six grandes composantes pathologiques qui sont : la composante obsessionnelle, hystéroïde, maniaco-dépressive (alternance de phases d'excitation et de dépression), paranoïde, ou sado-masochiste. Mais parmi ces composantes, l'une d'entre elles domine, autour de laquelle se structure notre personnalité.

Un des enjeux de notre vie relationnelle sera de savoir ce qui nous pousse à fréquenter des gens qui feront fonctionner cette composante majoritaire à maxima (dans laquelle notre vie sera un enfer, chargée de tensions, d'insatisfactions, de conduites réactionnelles) ou à minima (et ce sera bénéfique, apaisant, dynamisant) pour nous.

En fait, il y a des alternances, des juxtapositions, des mélanges dans nos rencontres qui vont susciter un éventail de comportements et de conduites qui, tour à tour, nous stimulent ou nous déstabilisent.

Durant toute mon enfance, j'ai eu cependant l'impression de rencontrer des gens qui s'employaient à faire fonctionner ma composante pathologique intime à maxima !

C'est pour cette raison que l'arrivée de cette maladie, la tuberculose, m'a sauvé la vie, parce qu'elle m'a coupé de mon milieu. Bien sûr cette affection (quel mot curieux !) m'a aussi éloigné de ma mère, mais je ne l'ai pas vécu comme un manque car elle a toujours eu pour moi un amour très particulier. Ce n'était pas un amour envahissant, c'était un amour consistant, présent, stable, qui ne variait pas en fonction de ses sautes d'humeur et de l'évolution de ses états d'âme. Pour moi c'était un amour acquis, inconditionnel, présent à jamais, dont ma mère n'avait pas besoin de me donner de preuves supplémentaires.

Durant mon hospitalisation, elle venait me voir environ tous les deux mois. Et ce n'était pas simple ! Le sanatorium était à trois cents kilomètres, il fallait changer quatre fois de train, n'ayant que peu de moyens financiers, un service d'aide sociale de la mairie lui délivrait des bons de transports, et pour ma mère qui n'avait jamais voyagé de sa vie c'était chaque fois une véritable aventure !

Pourtant elle est toujours venue. Elle dormait une nuit à l'hôtel, pour pouvoir rester le plus de temps possible auprès de moi, au pied de mon lit. Certes, elle ne venait que deux jours, mais c'était deux jours pleins, du matin très tôt jusqu'après le repas du soir. Je n'ai donc pas vécu l'absence de ma mère comme un manque, car elle m'avait transmis une certaine sécurité intérieure, le témoignage d'un amour absolu, indestructible, qui m'a donné, au-delà de mes inquiétudes, une confiance inouïe en moi et offert peu de doutes sur l'importance et la valeur de l'amour.

C'est sur la base de cet amour reçu que j'ai pu construire mes propres amours ultérieures. Je n'ai jamais été quelqu'un d'angoissé ou d'inquiet vis-à-vis de l'amour. Si, par exemple, ma Bien-Aimée part pour un voyage de deux mois, ne me téléphone pas ou n'écrit pas, je ne me sens pas dans la privation ou le désarroi.

Vous pouvez éventuellement être victime du syndrome paranoïde, mais pas du syndrome d'abandon ?

Voilà ! Exactement ! Parce que je n'ai jamais été abandonné par cette femme qui fut ma mère. Elle avait été elle-même une enfant abandonnée, pupille de l'Assistance publique. Quand, à dix-sept ans, elle fut enceinte de moi, n'étant pas encore majeure, elle dépendait toujours de l'Assistance publique. C'est ainsi que j'ai effectivement passé la première année de ma vie à la pouponnière de l'Assistance publique, mais c'était ma mère qui s'occupait de moi.

Elle me raconta qu'elles étaient quatre jeunes filles à avoir des bébés, mais qu'en même temps, elles devaient s'occuper de dix-sept autres petits qui, eux, avaient été abandonnés. Cependant elle me précisait toujours (ce qui était très émouvant) : « Tu sais, il n'y avait que moi qui m'occupais de toi ! Les autres, elles me laissaient faire, elles ne te touchaient pas... ! »

Les premières années de ma vie, j'ai donc grandi dans cette dimension-là : j'avais la certitude d'être aimé, reconnu comme quelqu'un d'important, d'unique, par un être qui s'émerveillait de ma seule présence, qui était reconnaissant à la vie de mon existence.

Visiblement cette lourde maladie vous a aidé à vous structurer. Est-ce que le fait de subitement passer, auprès de votre entourage, du statut de terrible garnement à celui d'innocente victime d'une grave maladie n'a pas aussi joué un rôle dans cette transformation ? Vous n'étiez plus inquiétant...

Peut-être... Déjà, par évidence, étant couché, immobilisé dans un plâtre, je n'avais guère la possibilité de faire trop de bêtises. De plus, dans un premier temps, la maladie est vraiment une sorte de chape qui vous tombe dessus et vous dévore beaucoup d'énergie. En fait j'étais dans la survie.

J'avais besoin de toutes mes ressources pour simplement rester vivant dans mon plâtre, pour ne pas me laisser engloutir par la dépression, ou le désarroi d'être à trois cents kilomètres de chez moi, dans un milieu complètement inconnu, avec des références et des repères totalement nouveaux, j'ai donc été amené à ouvrir de nouvelles relations.

Alors ce que vous dites est peut-être juste, mais il y a aussi eu le fait que, lorsque je suis arrivé dans ce sanatorium, j'étais vierge de tous les jugements antérieurs sur moi. Je n'avais pas l'étiquette du mauvais garnement, du futur délinquant ou futur assassin, etc. J'étais un enfant que l'on appelait Jacques Salomé, en un seul mot —

le prénom incluant le nom —, parfait inconnu, avec une virginité sociale et relationnelle toute neuve.

C'est bien le regard des autres sur vous qui vous a permis de changer, et non pas seulement la souffrance ?

Oui, absolument. Nous avons évoqué deux événements structurants qui ont fait basculer ma vie : l'arrivée de cette tuberculose et le fait de quitter mon milieu habituel. Non pas seulement mon milieu familial mais le lieu dans lequel je vivais, c'est-à-dire le quartier Saint-Cyprien à Toulouse. Milieu pauvre depuis toujours, puisque c'était la zone inondable de la Garonne. La rive droite, elle, était la rive bourgeoise protégée de hauts murs, avec ses vieux hôtels du XVIe siècle...

Eh bien, de même qu'il existe des événements structurants, il existe des rencontres significatives.

Ma première rencontre significative fut une infirmière qui se prénommait Françoise. Je pourrais penser qu'elle m'avait pris en affection, mais je ne le crois pas vraiment. Je pense plutôt qu'elle m'a proposé une relation que j'appelle aujourd'hui de type « ESPERE » (Energie Spécifique pour une Ecologie Relationnelle Essentielle), c'est-à-dire dans le mode de communication que j'essaie d'enseigner depuis vingt ans : on ne parle pas *sur* l'autre, on ne le disqualifie pas, on ne le culpabilise pas, on n'exerce pas de menace ou de chantage, on n'établit pas de rapports dominant-dominé, etc.

Pour la première de fois de ma vie, cette femme, Françoise, m'offrait une relation de qualité, une relation énergétigène (qui me donnait de l'énergie), une relation qui me permettait d'avoir confiance en moi, d'avoir le sentiment que j'avais une certaine valeur, que je pouvais commencer à m'aimer ; moi qui avais reçu beaucoup d'amour, et qui ne savais ni aimer, ni m'aimer. Ce fut vraiment une rencontre significative.

Pour aller dans le sens de votre question, je tiens à préciser que je crois beaucoup à cela. C'est par les rencontres significatives (j'en ai eu cinq ou six dans ma vie) que j'ai accédé à un nouvel état de conscientisation, à une nouvelle qualité de vie, à une autre qualité de relation avec moi-même et avec autrui.

Par exemple quand, à vingt et un ans, j'ai voulu faire de la poterie, je suis devenu potier et même instructeur de poterie[1]. Cet atelier proposait des stages pour permettre à des ouvriers, qui travaillaient à la chaîne toute la journée et faisaient des produits dont ils n'avaient pas l'usage, de venir travailler tout un week-end afin de créer,

1. Au CLAIREAU, Centre national des ateliers éducatifs (dans la vallée de Chevreuse) qui eut un très grand impact dans les années 1960.

de fabriquer leur propre table, leur lit, leur bibliothèque, ou le berceau de leur enfant... Ces ouvriers, ces employés, pouvaient enfin travailler de leurs mains, afin de créer quelque chose, pour eux-mêmes !

Tout de suite après la guerre, c'était une véritable révolution, qui ensuite s'est énormément popularisée. Des gens « exploités » dans le monde du travail avaient la possibilité de devenir créateurs.

Au cours des deux années où j'ai été instructeur de poterie, j'ai rencontré et découvert Philolaos Tloupas, un Grec, devenu aujourd'hui un sculpteur connu et très apprécié. Je ne sais si c'est lui qui me prit en affection, ou moi qui lui ai reconnu une valeur de maître, mais il m'apprit la rigueur, l'exigence du bien faire dans le bien-être au sens fort du terme. Moi qui étais toujours un peu touche-à-tout, éparpillé, toujours dans l'improvisation, il m'apprit la patience, la concentration, la rigueur, l'exigence de préparer cinquante boules de terre, de les jeter sur le tour, de les centrer, puis de les enlever... Et de recommencer, ainsi de suite, des dizaines de fois. Jusqu'à, non pas faire un chef-d'œuvre, mais un pot, un vase, un plat, équilibrés, harmonieux, vivants au toucher, fonctionnels. Un pichet versant l'eau sans que la dernière goutte... ne goutte ! Découvrir que, dans la Grèce antique, dans les grandes cultures d'autrefois, tous les objets usuels étaient beaux. Une cruche était belle, un plat était beau, accordé à la main, sensible à l'œil, adapté à l'usage.

À vingt ans, cet homme m'a transmis alors un message que j'ai mis très longtemps à comprendre : « Il faut se comporter comme un prince devant le travail. » Il ne faut pas être asservi par la tâche, soumis à la technique, mais se comporter comme un seigneur devant l'une et l'autre. Si j'ai mis des années à comprendre le sens de cette phrase, elle a ensuite conditionné toute ma relation au travail. Je n'ai plus jamais vécu le travail comme une contrainte mais à l'intérieur d'une relation de respect et de liberté ; liberté qui me stimulait et me donnait beaucoup de plaisir.

Se comporter comme un prince devant le travail semble plus aisé lorsqu'il y a un facteur de créativité dans l'ouvrage que l'on exécute. Malheureusement, il existe certains « labeurs » dans lesquels il est bien difficile d'être créateur, et il est même parfois fortement « déconseillé » de l'être. Dans de tels cas, comment préserver un minimum de créativité, si l'on ne veut pas être asservi par le travail ?

Cela rejoint le concept de responsabilisation et d'auto-responsabilisation. Si je suis dans la créativité ou si je me donne les moyens d'être dans la créativité, je suis moins dépendant de ce qui m'arrive, puisque j'ai toujours un pouvoir d'influence sur les événements. Prenons un exemple très concret. Aujourd'hui je vois des enfants qui ont des skate-boards. Ils n'ont pas fait leur skate, on leur a acheté, avec des roulements à billes, du titane, des matériaux qui relèvent de la haute technologie... Moi, je n'ai jamais eu de skate, mais j'avais une planche sur roulements à billes avec laquelle je descendais à toute allure les rues en pente de mon quartier. J'ai mis six mois à faire ma première planche. Pourquoi ? Parce qu'il fallait au minimum trois roulements à billes (pour ceux qui pouvaient en avoir quatre, c'était le grand luxe !) et je me souviens qu'il me fallut plusieurs mois pour obtenir le troisième ! Il fallait aussi trouver la planche idéale, la bonne corde, solide, faisant office de volant, etc.

En fait, dans mon histoire, rien ne m'a été *donné*. J'ai toujours été amené à construire, à créer, ce dont j'avais besoin. Chez moi, la créativité fait partie de mon mode de vie. C'est ainsi que je suis devenu très bricoleur. Je ne sais pas tout faire, mais je sais faire beaucoup de choses. Sauf que, et maintenant c'est ma limite, la technologie m'a rattrapé. Par exemple, il y a trente ans, je changeais les bougies de ma voiture, je vidangeais le moteur, alors qu'aujourd'hui si je soulève le capot de mon bolide, je découvre une sorte de laboratoire et je ne sais même plus où sont les bougies. Je ne sais même pas s'il y en a encore... ! *(rires)*

Nos modes de vie actuels laissent peu de place à la créativité. Les enfants d'aujourd'hui sont devenus des consommateurs : ils ne créent pas, ils achètent.

J'ai tout de même tenté de transmettre un peu de cette dynamique-là à mes enfants et je me souviens qu'un de leurs plus beaux cadeaux de Noël fut l'immense carton d'emballage d'un réfrigérateur que nous avions récupéré dans un grand magasin ! Ce simple carton est devenu une cabane, avec des portes, des fenêtres ; une maison idéale avec laquelle ils ont joué pendant six mois ! Mes enfants étaient alors vraiment dans la créativité, ils bâtissaient, amélioraient et agrandissaient leur propre jouet.

La créativité vivante c'est pouvoir exercer, avec le plus de liberté possible, un pouvoir d'influence sur son environnement immédiat.

Un autre exemple, je vis sur un terrain, une pinède de deux hectares, et les pins (peu de gens de la ville le savent) sont les rats de la nature : ils prennent tout à la terre et ne redonnent rien, ils aseptisent et stérilisent le sol. Depuis dix-huit ans, je déboise, je coupe beaucoup de pins, ce qui fait que j'ai pu replanter de nouvelles essences. Dans ma vie (de dix-huit à soixante-cinq ans) j'ai planté quelque quinze mille arbres. Partout où j'ai vécu, je plantais des arbres. Sur ce terrain où je vis depuis quinze ans, j'ai dû en planter près de cinq mille... Pour moi, la créativité, c'est ça. C'est tenter d'apporter un peu plus de paix, d'harmonie et de beauté dans mon environnement proche. Si je laisse une seule trace à la vie qui m'entoure, ma vie aura eu du sens. Je n'ai pas beaucoup d'influence sur la politique nationale ou internationale, mais je peux avoir de l'influence sur ma maison, sur ce coin de terre, etc. Tout mon environnement est le résultat d'une créativité permanente. Et cela me donne à la fois une belle énergie et beaucoup de confiance en moi.

CHAPITRE DEUX

Il y aura un jour dans le monde
Une éducation à la beauté.
Un enseignement pour permettre au regard de voir,
À la parole de fleurir,
À la peau de sentir, au toucher d'éprouver,
Au goût de s'épanouir
Et à l'oreille d'entendre
Non seulement les murmures de l'imprévisible
Ou les balbutiements de l'inattendu
Mais la gestation permanente du beau
dans la créativité de la vie.

Jacques Salomé

Vous êtes sensible à la relation que nous pouvons avoir avec la nature mais vous avez également beaucoup travaillé sur la relation que nous entretenons avec le monde, avec autrui, en précisant que cela s'apprend. Pourtant, nombreux sont celles et ceux qui, dans ce

domaine, fonctionnent de manière instinctive, presque animale, avec les limites que l'on connaît. Existe-t-il un seuil de l'insupportable au-delà duquel naissent les questions et le besoin de changement personnel?

Il y a plusieurs niveaux de réponses à votre question. Tout d'abord, ce que nous appelons la spontanéité n'est que la résultante de tous nos conditionnements. Quand je crois être spontané, je ne suis en fait que l'objet, ou la victime, de tous les conditionnements que j'ai reçus. Par exemple : je suis sur le divan, je discute avec ma femme, je ne partage pas son avis, mais pour ne pas me gâcher la soirée je lui réponds : « Bon, bon, d'accord... » En fait, je ne suis pas congruent, je fais semblant d'être d'accord avec elle. Mais si, à ce moment-là, mon fils passe dans le salon en jouant à l'Indien, que je me dresse en hurlant : « Arrête de faire du bruit, on ne s'entend plus ici ! », et que *spontanément* je lui donne une paire de gifles, à qui croyez-vous qu'était destinée cette gifle ? Même si je le refoule et le nie, elle était dirigée vers ma femme ! Mais qui la reçoit ? Mon fils... Et, en toute sincérité, je peux prétendre que c'est spontané, que c'est le bruit que fait mon fils qui m'énerve, alors qu'il n'y a rien de spontané dans mon acte. Je suis seulement conditionné par les interdits que je me suis donnés : ne pas entrer en conflit avec ma femme, ne pas lui faire de peine, faire semblant d'accepter ce qu'elle me dit alors que ça ne correspond pas à mon attente. Mais comme je vis une frustration et que je suis déstabilisé, je vais quand même le faire payer à mon fils qui arrive à cet instant, ou au voisin, ou encore au présentateur de la télévision que je vais traiter d'imbécile !

Voilà pourquoi je me méfie beaucoup de ce qu'il est convenu d'appeler la spontanéité.

Dès lors, il m'appartient de m'éveiller, de sortir de cette pseudo-spontanéité, de mes zones d'aveuglement, d'une partie de mes conditionnements, pour augmenter mon pouvoir de conscientisation. J'appelle conscientisation la capacité à donner du sens, à aller au-delà des apparences, à développer la lumière de l'intériorisation, pour découvrir quelles sont les véritables raisons, ou les enjeux masqués de mes comportements et conduites. D'ailleurs, dans la situation que je viens d'évoquer, mon fils ne s'y trompe pas et sait très bien que la gifle ne le concerne pas directement, il peut s'en indigner, ou « laisser passer » cette explosion conjugoparentale. Les enfants sentent cela très bien...

La deuxième partie de votre question est maintenant de savoir quels sont les éléments déclenchants qui feront qu'à un moment donné on s'engagera dans une voie d'évolution et de changement, ou que l'on résistera, que l'on régressera et que l'on maintiendra à tout prix la situation telle qu'elle est, même si on en souffre, même si elle paraît évitable.

Un des éléments déclenchants peut être la perte d'un père ou d'une mère. Événement qui aura pour conséquence, quel que que soit notre âge, de nous faire changer de génération, de nous faire « passer en première ligne ». En effet, tant que notre père et notre mère sont vivants, il y a un intermédiaire entre la mort et nous. Si, en plus, un grand-père, une grand-mère, est toujours de ce monde, il y a deux intermédiaires, deux écrans...

Selon la période de vulnérabilité qui sera la nôtre, la perte d'un de nos ascendants peut se révéler un véritable cataclysme, même quand on croit bien le vivre, car c'est toujours une déstabilisation dans l'économie générale de notre propre vie, une sorte d'agression par rapport à nos racines. Il faut être très attentif à la perte d'un ascendant. De plus, ce type de perte ouvre le plus souvent sur une situation inachevée. Si mon père était alcoolique, et que son alcoolisme faisait écran à une véritable rencontre, peut-être que je n'ai jamais pu lui dire : « Je t'aime. » Je peux avoir dit à tout le monde que je le détestais, sans comprendre qu'en fait, ce que je détestais n'était pas mon père mais son alcoolisme qui nous séparait et le détruisait...

En revanche, si je parviens à ne pas le

confondre avec son alcoolisme (en symbolisant, par exemple, son alcoolisme par une bouteille) je découvre effectivement que c'est bien l'alcoolisme que je hais, mais que j'aime mon père, même si je n'ai jamais pu le lui dire. S'il meurt, ma blessure sera qu'il est maintenant trop tard pour me réconcilier avec lui, et surtout avec mes sentiments réels.

La mort d'un ascendant laisse ainsi très souvent des situations inachevées, des situations en suspens, qui vont grever notre vie future. Ce peut être alors l'occasion, soit au travers d'une thérapie, soit à partir de stages de développement personnel, soit à l'occasion d'une lecture, de l'éveil à une démarche de conscientisation, d'une ouverture à un changement.

Un autre élément déclenchant peut être la perte d'un être cher (autre qu'un ascendant), que celui-ci disparaisse ou simplement me quitte. Suivant l'enjeu affectif qui s'est structuré autour d'un ami très cher, de ma Bien-Aimée, d'un de mes enfants, la résonance, le retentissement peut déclencher un cataclysme émotionnel et remettre en cause ma relation au monde.

La perte d'un être cher nous déchire, nous déstabilise, ouvre une situation inachevée, nous fait violence. J'ai pu développer cela autour des quelques grands concepts de la méthode ESPERE. Je prétends en effet que toute perte, toute séparation fait violence à celui qui la subit, et que nous ne devons pas garder cette violence mais la symboliser pour ensuite aller la déposer sur la tombe de celui que nous avons perdu (lorsqu'il s'agit d'un décès), ou la restituer à celui qui nous a quitté (lorsqu'il s'agit d'une rupture).

Cela est surtout manifeste dans une relation amoureuse. Si, pour des raisons qui lui appartiennent, la femme que j'aime me quitte alors que je continue à l'aimer, son départ me fera violence. Il m'appartiendra de trouver un objet symbolique afin de le lui remettre : « Ton départ me fait violence, je ne vais pas garder cette violence en moi, donc je te la restitue, je la remets chez toi. » Il s'agit bien d'un acte symbolique. Ça ne veut pas dire que je dois lui taper dessus, l'enfermer à clé, la retenir de force, l'accuser de me trahir, ou la culpabiliser de ne pas tenir ses engagements... ! « Toi qui m'aimais, qui ne m'aimes plus... Tu n'as pas le droit d'en aimer un autre, etc. » Je vois sans cesse ce genre d'attitude, cette sorte de pollution, générée par des gens qui ne savent pas gérer les pertes et les séparations, car ils ne savent pas quelle blessure ancienne cela réveille en eux.

Il est possible aussi qu'une femme me quitte, parce que mon comportement, au quotidien de la relation de couple, lui fait violence à elle. Dans ce cas, elle peut aussi me restituer symboliquement la violence qu'elle aura reçue de ma part.

En résumé, la perte de nos ascendants, les ruptures, les divorces, la disparition brutale d'un être cher (au cours d'accidents de la route, de la montagne, de la mer, etc.) peuvent nous mobiliser, nous réveiller, réactiver des forces d'évolution et, en nous incitant à un travail sur soi, nous remettre, paradoxalement, dans le mouvement de la vie. Certains accidents, maladies, vont jouer le même rôle de stimulants, pour nous inviter à réorienter notre vie, à sortir des chemins tout tracés ; à nous projeter dans une nouvelle existence.

Le seul fait, par exemple, d'être dans un hôpital, immobilisé dans un plâtre ou dans un corset, ou prisonnier d'un coma, dans une demi-inconscience, ouvrira à un travail de retour sur soi-même et peut nous stimuler pour une recherche vers une autre façon de vivre.

Combien de fois ai-je entendu (venant de femmes en particulier) : « Ce cancer m'a sauvé la vie ! Il m'a agressée et désespérée dans un premier temps, mais je ne serais pas devenue la femme que je suis aujourd'hui, sans cette maladie », ou encore : « Sans cet accident où je suis resté six semaines à l'hôpital, je n'aurais pas pris conscience que je passais à côté de l'essentiel. »

N'est-il pas ahurissant de constater que pour parvenir à des relations harmonieuses en couple, en famille, ou avec des proches, il soit souvent nécessaire de traverser une lourde

épreuve, de toucher les limites (et parfois même les dépasser) d'une catastrophe médicale ou relationnelle ?

Eh bien, justement, je ne trouve pas cela ahurissant. Je pense que les maladies (ma-la-die / mal-à-dire) sont nos alliées. Tout se passe comme si mon corps me tapait sur l'épaule pour me dire : « Jacques, Jacques, tu ne te respectes pas : tu manges trop vite, tu fais dix choses en même temps, tu es engagé dans trop de relations qui te dispersent, te morcellent... »

C'est notre corps qui, fréquemment, à l'aide d'une mise en *maux,* d'un petit symptôme, d'un comportement inhabituel, nous rappelle que nous ne nous respectons pas assez. Prenons un exemple très bénin, plus fréquent qu'on ne l'imagine. Dans tel couple marié, l'homme a envie de faire l'amour, mais ce soir-là sa femme n'a pas nécessairement de désir. Pourtant, par peur de lui faire de la peine, ou par crainte de la colère de son mari ou de sa bouderie, elle dit oui ! Et trois jours après elle a une cystite ou une infection vaginale... Il faut savoir qu'environ quarante pour cent des infections vaginales ne sont pas la conséquence d'un germe !

C'est bien la preuve que ces femmes tentent de dire avec des *maux* ce qu'elles ne peuvent pas dire avec des *mots.* Elles ne peuvent pas le dire, non seulement à l'autre, mais aussi à elles-mêmes.

Quand j'accepte de faire l'amour alors que je n'en ai pas le désir, même si c'est avec la personne que j'aime, je ne me respecte pas.

Je ne me respectais pas non plus quand, pendant six ans, j'accompagnai ma femme chez mes beaux-parents (chez sa mère...), alors que je ne me sentais pas très aimé d'eux... J'avais bien compris que les parents de ma femme auraient préféré avoir un gendre un peu plus « relevé », et non pas simplement un simple petit éducateur, un petit psycho-machin-chose qui, à l'époque, galérait avec un salaire de misère. Ils auraient plutôt souhaité un architecte, un médecin, c'est-à-dire une profession plus élevée socialement ou qui aurait mieux correspondu à leur propre niveau social.

Je ne me sentais donc ni accepté, ni aimé, et pourtant j'accompagnais courageusement ma femme, lors de ces week-ends soi-disant familiaux, et chaque fois, le lendemain, j'avais... un lumbago !

Pendant six ans, j'ai produit un lumbago à répétition. Pendant six ans je me suis gorgé d'anti-inflammatoires sans résultat ! Mon lumbago a disparu en une semaine quand, un jour, j'ai enfin pu dire : « Écoute, je ne me sens pas bien dans ces week-ends. Je ne t'accompagne pas. Ce n'est pas contre toi, ce n'est pas contre eux, c'est pour me respecter. Je te retrouverai dimanche soir avec beaucoup plus de plaisir. »

Car, pendant toute la durée de ces fameux week-ends, comme j'étais en complète contradiction avec moi-même, je faisais payer à ma femme mon propre conflit intrapersonnel, nous nous disputions ensuite durant tout le chemin du retour. Non seulement je gâchais mon week-end, mais je gâchais également la soirée du dimanche que nous aurions pu vivre dans l'abandon, dans les calinous, dans la bienveillance et dans le bien-être.

Autour de mes trente ans, j'ai commencé à avoir un regard très positif sur les maladies, sur les somatisations et sur les accidents qui traversaient ma vie. Je considère toute maladie comme un langage métaphorique, symbolique, avec lequel nous tentons de dire — et de cacher aussi — l'inacceptable, l'indicible, l'insupportable.

La maladie arrive quand on est resté trop aveugle, sourd, quand on n'a pas voulu entendre qu'il était important de pouvoir se dire et d'être entendu... Dans un de mes premiers livres, intitulé *Les mémoires de l'oubli*, j'ai développé les huit grandes origines de nos somatisations, à savoir : les ***conflits intrapersonnels*** (désaccord à l'intérieur de moi-même), les ***situations inachevées*** (porteuses d'insatisfactions, de regrets, de désespérances), ***les pertes et les séparations*** (deuils, ruptures, divorces), ***les missions de réparation***, les fidélités (aux blessures cachées de mes parents), ***les symptômes de filiation*** (appartenance à une lignée), ***l'autoviolence*** (entretenue à partir d'une violence reçue pour punir, pour paralyser l'autre), ***les déplacements*** (production d'une maladie écran pour exister, pour faire échec à une autre maladie...), et ***le retour de messages*** archaïques (conceptions gémellaires). Les événements issus de ces situations vont s'enkyster en nous, blesser ou abaisser nos défenses immunitaires, et créer les conditions du développement d'une mise en maux, d'une somatisation, d'une maladie, qui viendra au jour à partir d'un élément déclencheur parfois très bénin.

Selon vous, toute maladie nous arrive pour nous dire quelque chose que l'on a du mal à exprimer, et dans ce sens elle serait source d'enseignement ; elle ne serait pas là pour nous détruire mais au contraire pour nous aider à grandir et à évoluer. Néanmoins, dans notre société actuelle, il est clair que le corps médical ne donne guère le temps au malade d'interpréter le sens de sa maladie, puisque l'urgence semble être au contraire de l'étouffer, de la faire taire, d'en éradiquer tous les symptômes.

Nous sommes là au cœur même d'une des impasses de la médecine d'aujourd'hui. Le paradoxe est le suivant : notre médecine fait preuve d'une hypercompétence pour repérer les causes des maladies et en traiter les effets grâce à des médicaments extrêmement efficients, les médecins peuvent faire appel à des techniques chirurgicales extraordinaires, et pourtant s'ils savent soigner, ils ne savent toujours pas guérir.

Quand je dis soigner, je devrais dire que, comme « soi-niant », ils ne peuvent que « soi-nier » et rendre « soi-niais », et non pouvoir « gai-rire » !

Le point aveugle de notre médecine, c'est qu'elle est d'une redoutable efficacité au niveau de la réduction des symptômes, elle sait traiter, et parfois supprimer les causes, sans entendre que les symptômes, les manifestations d'une maladie, sont des langages.

Un exemple de ce terrible paradoxe dans la médecine d'aujourd'hui : si vous avez un kyste, on vous l'enlève en quelques minutes, au laser (vous n'avez même pas besoin d'être hospitalisé), vous rentrez chez vous le soir même, et dès le lendemain vous pouvez reprendre votre travail, vaquer à vos occupations. Oui, mais dans le tourbillon de cette époustouflante efficacité technique, on n'aura toujours pas entendu ce que vous tentiez de dire, de crier, ou de cacher, avec ce kyste ! En conséquence, puisque l'on vous a bâillonné ainsi une première fois, votre corps produira ultérieurement une autre mise en maux qui sera alors plus régressive, plus profonde que la précédente. Et dix ou quinze ans plus tard vous vous retrouverez à nouveau dans le même service hospitalier.

Les hôpitaux d'aujourd'hui sont remplis de quelque 50 à 60 % de malades « récidivistes » qui, à leur façon, tentent de s'exprimer par la médiation d'une maladie, qui ne sera pas, une fois de plus, entendue. Accéder au sens de la maladie dans une histoire de vie, c'est commencer à la guérir.

Ne pas entendre que les maladies, toutes les maladies, sont des langages symboliques ou des langages métaphoriques est à l'origine d'un *malentendu* fondamental ! C'est un facteur aggravant de l'incommunication qui sévit de plus en plus entre les hommes.

Le concept même de « maladies psychosomatiques », qui pourtant nous avait fait faire un grand bond en avant, est aujourd'hui périmé : il n'y a pas que certaines maladies qui soient psychosomatiques, toutes les maladies sont des langages qu'il nous appartient d'essayer d'entendre. Affirmer que « c'est psychologique » est également dépassé, ça ne suffit plus, pour décoder le sens d'une maladie ; et je sais bien que mes propositions actuelles, que l'on pourrait résumer par « c'est relationnel, intergénérationnel ou symbolique », seront un jour elles-mêmes dépassées.

En dehors des éléments déclenchants que nous venons d'évoquer, existe-t-il d'autres phénomènes, parfois moins évidents, qui peuvent nous faire prendre conscience de la nécessité d'un changement personnel ?

Indépendamment de ces éléments déclenchants, il peut aussi y avoir un état de mal-être ou de situations répétitives dans lesquels on se laisse définir, on n'est pas entendu, pas respecté. Certains d'entre nous se remettent toujours dans les mêmes pièges, dans les mêmes impasses, en particulier sur le plan affectif. Certaines femmes diront : « Je tombe toujours sur les mêmes hommes ! », certains hommes : « Je ne rencontre que des gens en qui je ne peux avoir confiance, qui veulent m'exploiter... »

Le malentendu c'est que l'on pose toujours la question en termes de « pourquoi ? » et non en termes de « comment ? ».

Vient parfois le moment d'un constat qui se veut objectif : « En tant qu'homme, je constate que je m'arrange toujours pour tomber sur des femmes qui ne m'aiment pas. » Ou : « En tant que femme, je constate que je m'accroche à des hommes qui s'engagent ailleurs ou ne veulent qu'une rencontre de plaisir, alors que je recherche une inscription dans le temps, une relation de durée dans un projet de vie », etc.

Puis viendra l'interrogation sur le « comment ». « Comment » s'inscrit et s'appuie à partir d'un questionnement autour de mes apports, de mes attentes et de mes zones de tolérance, avec la recherche d'un accord sur les objectifs : « Voici comment nous pouvons vivre notre relation... » Si nous arrivons à échanger autour de ces trois points : attentes, apports et zones de tolérance, peut-être sera-t-il plus facile de définir la relation que l'un et l'autre est prêt à vivre, pour laquelle il peut s'engager avec ce qu'il est. Si nous sommes en accord sur la nature de notre relation, nous pouvons la vivre harmonieusement et l'inventer au présent. Est-ce que je propose seulement une relation de rencontre, associée au bien-être de la présence et d'un temps partagé avec l'autre, ou est-ce que je suis prêt à m'engager au-delà et à construire une relation de compagnonnage au quotidien ?

Je sais en disant cela que j'ouvre un débat un peu insécurisant. En particulier en remettant en cause quelques-uns des principes sur lesquels reposent la plupart des relations intimes. Je crois, pour ma part, qu'il y a des relations essentielles qui s'inscrivent dans la durée, et qui nous investissent profondément, en cohérence avec notre histoire et notre enfance. Il y a aussi ce que j'appelle des relations privilégiées, qui se vivent au présent, autour d'un ressenti positif, avec un investissement affectif minima et cependant intense dans l'ici et maintenant d'une rencontre.

Je ne sais plus si c'est Michel Polac qui disait : « Fidèle en amour, infidèle au plaisir », mais j'ajouterai : « Fidèle en amour dans la durée, et fidèle au plaisir de l'instant. »

L'important est d'être suffisamment clair vis-à-vis de l'autre dans ce qu'on lui propose de vivre, en fonction de ce que nous sommes. Le décalage, la souffrance ou les malentendus vont surgir de ce que l'un des deux va changer, au cours de rencontres, de positions relationnelles, et s'ouvrir à des désirs, à des attentes, à des demandes, différents de ceux qui ont fondé l'accord du départ. C'est le risque de toute relation de développer, au-delà du projet initial, des projections élaborées par l'évolution différenciée de chacun des protagonistes.

Si je n'attends pas d'une femme qu'elle devienne ma femme pour la vie et si cette femme n'attend pas de moi que je devienne son homme pour la vie, nous pouvons créer des temps de rencontre fondés sur un bien-être mutuel, sur un ressenti positif qui se construit au présent dans nos partages, qui s'appuie sur la découverte et la créativité de nos échanges. Et si nous sommes l'un et l'autre clairs sur cet engagement de départ, chacun peut se respecter ainsi.

Définir une relation suppose une lucidité sur la nature des attirances mutuelles. Ce n'est pas toujours le cas. L'un peut être dans un registre émotionnel lié à un ressenti positif qui lui fait rechercher la présence de l'autre. Et celui qui est ainsi choisi et recherché peut développer un sentiment d'amour. Ainsi peut naître un malentendu qui va aveugler les deux protagonistes. L'un, amoureux, sera dans l'ordre des sentiments : « Je t'aime » ; l'autre, bienveillant, sera dans l'ordre du ressenti : « Je ne t'aime pas nécessairement, mais je suis bien avec toi et c'est pour cela que je recherche ta présence. » Ils peuvent sur ces bases implicites construire une relation de durée, voire un couple qui un jour éclatera sous la pression des frustrations.

Celui qui vit des sentiments peut même imaginer que celui qui recherche sa présence est également dans l'ordre des sentiments, et ne pas entendre qu'il s'agit d'un ressenti, d'un état de bien-être agréable et donc recherché. Ce dernier pourrait dire : « Ce n'est pas toi que j'aime, mais le bien-être que tu m'apportes ! »

Il me semble que certains couples se créent autour de ce faux contrat ; ils mettront parfois dix ans à le découvrir avec, au final, ce genre de scénario :

— Tu ne m'as jamais aimé !

— C'est vrai.

— Alors tu m'as menti !

— Non, j'étais dans l'ordre du ressenti. Toi, tu étais dans les sentiments, et parce que tu m'aimais tu croyais que je t'aimais... Moi je me sentais bien avec toi. Je l'ai senti et comme tu recherchais ma présence et que tu semblais attaché à moi, je me suis mis à t'aimer... Etc.

Ceci pour dire que certains changements peuvent se fonder sur une sorte de démystification, de réajustements ou de ruptures dans la chaîne des répétitions.

Un autre facteur important, à ne pas oublier, est que nous sommes souvent les victimes de ce que j'appelle l'ITPI (Illusion de la Toute-Puissance Infantile). L'ITPI nous incite à nous tromper, à nous leurrer nous-mêmes sur la puissance de nos propres sentiments et désirs.

L'ITPI est un ensemble de croyances, de mythologies personnelles autour de la toute-puissance de nos désirs, de notre amour ou de notre volonté. L'ITPI nous fait croire, par exemple, que notre amour sera assez fort pour que l'autre puisse nous aimer un jour, alors que l'ensemble de son comportement nous montre qu'il ne nous aime pas ! Que grâce à notre dévouement, notre patience, l'autre va arrêter de boire, qu'il va se stabiliser affectivement et ne plus avoir besoin de vivre des relations amoureuses tierces ; qu'il nous comprendra, qu'il arrêtera d'être violent ou intolérant... Bref, que nous sommes capables de le changer en direction de nos attentes !

Que ce soit en tant qu'écrivain ou conférencier, vous avez axé toute votre réflexion sur les problèmes de communication et de relation à l'autre. Cette élection prioritaire vient-elle d'une souffrance personnelle dans ce domaine, d'un manque ressenti pendant votre enfance, votre adolescence ou votre vie adulte ?

Oui, je me reconnais dans ce que vous venez d'avancer. Fondamentalement, j'ai été, durant environ trente ans, un infirme de la communication. J'ai mis longtemps à le découvrir et plus encore à l'accepter. J'étais dans la répétition, je me mettais dans des situations impossibles, je m'enfermais dans un cercle infernal d'insatisfactions, de frustrations, de victimisation et d'incompréhensions de toutes sortes.

Chaque fois, cela semblait bien démarrer, puis à un moment donné il y avait un dérapage, un détournement d'intention. Tant que je croyais que le dérapage venait de l'autre, je ne m'interrogeais pas. Mais à partir de l'instant où j'ai commencé à cultiver l'autoresponsabilisation, j'ai compris que mes problèmes ne venaient pas des autres, mais de moi-même. Plusieurs questions ont surgi. Quelle est ma propre participation, consciente ou inconsciente, à une relation qui n'est pas bonne pour moi ? Quelle est ma collaboration à un système relationnel qui va se révéler désastreux pour moi ? Quelle est mon implication à l'émergence d'un malentendu, d'un conflit, d'une souffrance que pourtant je n'ai pas souhaité ?

Il arrive un moment dans la vie de chacun, où il n'est plus possible de se leurrer, où il faut renoncer aux contes, aux histoires que l'on se raconte, où il nous appartient de devenir auteur de notre vie en acceptant qu'une relation a toujours deux extrémités et que je suis bien responsable de tout ce qui arrive à l'extrémité que je tiens.

L'essentiel de mon travail de formateur en relations humaines s'est appuyé sur deux ou trois grands axes. Ce fut principalement un travail de démystification, de réconciliation et d'apprentissage. J'ai ainsi tenté de démystifier beaucoup de lieux communs tels que : l'amour est éternel, si on aime ça devrait pouvoir s'arranger, avec un peu de bonne volonté on devrait pouvoir s'entendre, ou encore : si l'autre faisait un effort ça irait mieux, etc.

Mais l'amour et la relation sont deux choses différentes.

L'amour n'est pas éternel, il a une durée de vie, et nul ne sait à l'avance la durée de vie d'un amour.

De même, la prise de conscience n'est pas suffisante, encore faut-il s'appuyer sur des moyens, sur des outils, pour inscrire des changements significatifs dans la relation à soi et aux autres. Un travail sur soi est nécessaire — archéologie familiale, nettoyage de la tuyauterie relationnelle, lâcher prise sur les fidélités, sur les missions de restauration, réconciliation avec des aspects de nous qui furent blessés, disqualifiés.

Un travail de renoncement à des habitudes, à des modèles, et parfois aussi à des valeurs, et un travail d'apprentissage pour intégrer de nouveaux repères, pour développer de nouveaux ancrages.

Le plus difficile fut justement d'intégrer dans mon histoire personnelle ce travail de démystification sur l'amour. J'avais été un enfant très aimé par sa mère et je ne savais pas aimer. Je ne savais pas aimer, parce que je ne savais pas m'aimer. Je ne savais pas m'aimer parce que j'avais été élevé essentiellement sur la base du système SAPPE — injonctions, disqualifications, chantages, menaces, culpabilisations.

Tout cela à l'intérieur de rapports dominant-dominé qui ont suscité, dans la première partie de ma vie : doutes, non-confiance, fuite dans l'imaginaire, violences et autoviolences. Malgré tout l'amour reçu, les ingrédients de ce type de relation polluaient ma relation au monde.

Au sujet de l'amour maternel, Élisabeth Badinter en a parlé avant moi, l'amour maternel n'est pas un instinct, il n'est pas inné. Il va se construire, se développer ou ne pas éclore, en fonction des différents signaux que le bébé envoie et qui vont gratifier ou menacer la mère. Ainsi, certaines mères seront très aimantes et d'autres resteront enfermées dans le rejet, le déni ou l'appropriation de l'enfant à leurs propres désirs. Certaines mères sont très *mamans* tant que le bébé est dépendant, mais sitôt qu'il accède à la station debout et acquiert un peu d'autonomie (déplacement, ouverture à d'autres relations) elles ne le supportent pas et vont le rejeter, le contraindre, ou le phagocyter pour le soumettre à leurs attentes.

Nous sommes là très loin de l'amour maternel.

Il existe même des relations sadiques et mortifères, qui se révèlent ou non, suivant l'aveuglement ou la lucidité de l'entourage proche. Les journaux en font quelquefois état. Et l'on s'étonne alors : « Comment une mère a-t-elle pu faire cela ! » Et nous avons du mal à entendre que ce bébé-là a pu réveiller des blessures, des défenses, toute une remise en cause insupportable pour telle ou telle mère, et l'entraîner à un passage à l'acte destructeur.

En fait, ce sont mes propres impasses qui m'ont conduit à travailler sur la communication, notamment mes échecs dans des relations amoureuses, les interrogations, les tâtonnements, les errances autour de deux relations conjugales, qui m'ont confronté à des zones malades, souffrantes ou infantiles, de ma personnalité.

Trois expériences ont marqué mon développement d'adulte, et orienté une grande partie de ma vie. À dix-huit ans, ma première expérience amoureuse : j'aimais une jeune fille, qui m'aimait, et naïf je pensais que puisque nous nous aimions tous les deux cela devait marcher entre nous. Ça n'a pas marché du tout ! Il manquait quelque chose d'important dans notre relation : une communication vivante. Nous étions, elle et moi, en plein leurre, avec des attentes tellement différentes, des seuils de tolérance mouvants, des capacités à donner et à recevoir encore tellement incertaines... Nous nous déchirions sans le vouloir, nous commencions à nous détester avant même d'avoir exploré les possibles de notre amour, nous nous perdions un peu plus à chaque rencontre. Ça ne se passait pas bien, alors que, comme le disait ma mère : *nous avions tout pour être heureux* !

Cette expérience amoureuse, et les suivantes, m'ont ainsi fait comprendre qu'il ne suffit pas d'aimer quelqu'un, encore faut-il être capable de proposer une relation qui nourrisse et vivifie chaque rencontre.

Puis vint l'expérience professionnelle. J'avais quelques diplômes, avant de devenir potier, puis éducateur et formateur, j'avais été expert-comptable. Après avoir fait une école d'éducateur spécialisé, à vingt-quatre ans on m'a proposé un poste de directeur. J'étais évidemment trop jeune pour assumer une telle responsabilité, et en particulier l'animation d'une équipe d'environ quarante personnes ! Cette équipe était composée de psychologues, d'un psychiatre, de médecins, d'éducateurs, d'enseignants, de femmes de ménage, lingères, etc., c'est-à-dire de quoi faire vivre une communauté qui s'élevait — avec les enfants — à quelque cent personnes...

C'est ainsi que j'ai découvert qu'il ne suffisait pas d'avoir le titre de directeur et que le *savoir* et le *savoir-faire* n'étaient pas, eux non plus, suffisants. Il fallait en plus et en abondance, un savoir être, un savoir créer, un savoir devenir. Et savoir être, savoir créer, savoir devenir passent par la capacité à proposer des communications vivantes.

C'est à ce moment — vers vingt-sept, vingt-huit ans —, notamment à travers une psychanalyse personnelle, que j'ai entrepris un premier travail de défrichage sur les zones d'ombre de mon histoire, sur la partie aveugle de mon existence.

En matière de relationnel, l'évolution de mes conceptions se décline en plusieurs étapes : errance et souffrance, démystification, défrichage, élagage, tâtonnements, découvertes, remises en cause, puis ensemencement de nouvelles règles d'hygiène relationnelle.

Je peux dire que j'ai traversé chaque découverte à partir d'une remise en cause chaotique, éprouvante, d'épreuves douloureuses touchant à ma vie personnelle, professionnelle ou sociale. Naviguant au plus près entre doutes et certitudes erronées, entre enthousiasmes et déceptions ou entre interrogations et évidences, chacun de mes ouvrages est le fruit d'une expérience concrète, en prise directe avec le réel et en accord profond avec mes valeurs. Aujourd'hui, après trente ouvrages et plus d'une centaine d'articles publiés, je ne renie rien de chacune des lignes qui les composent. Chaque écrit fut un accouchement, une mise au monde. La vie n'est faite que de rencontres et de séparations pouvant s'ouvrir à des naissances ou à des renaissances.

Il y a une quinzaine d'années, percevant toutes les résistances, les oppositions et les critiques qui se répandaient autour de mon nom[1], j'ai

1. Y compris une rumeur de secte. Alors que j'ai toujours travaillé seul, animant un Centre de Formation aux Relations Humaines « Le Regard Fertile », implanté dans un premier temps à Dijon, puis à Roussillon en Provence. Centre agréé par la Formation continue, il faisait l'objet d'un rapport annuel, pédagogique et financier. Je dois dire qu'à l'époque, cette rumeur m'a blessé car elle contredisait tout ce que je tentais d'enseigner : le respect et la responsabilisation. Elle me renvoyait, en quelque sorte, à l'inutilité, au non-sens de mon action. Je n'ai jamais réuni autour de mon nom, ou de mon approche, des initiés, des disciples, je n'ai jamais créé d'association écran rassemblant des membres ou des affiliés, et cependant cette rumeur a circulé deux ou trois ans, déclenchant des inquiétudes à l'Éducation nationale, un contrôle fiscal et des interrogations dans mon entourage proche. Il y a aujourd'hui une forme de harcèlement moral, qui échappe à toute confrontation, celui d'être accusé, sitôt qu'on se démarque par des

éprouvé le besoin de rassembler mes idées autour d'un ensemble méthodologique transmissible.

Il ne suffisait pas d'avoir découvert quelque chose qui m'avait permis d'évoluer personnellement, de sortir d'un certain nombre de chausse-trappes et de pièges, j'avais aussi le désir de transmettre ces découvertes à ceux que j'aimais, à mes proches, et surtout à mes enfants, la chair de ma vie, la prunelle de mes yeux, ma part d'éternité.

Et pour que ce soit transmissible, il me fallait affiner ma réflexion et ma pratique en un ensemble suffisamment cohérent pour en tirer ce que j'appelle aujourd'hui des règles d'hygiène relationnelle. Je tiens beaucoup à cette expression, car je suis persuadé que, dans les années à venir, nous aurons de plus en plus besoin de quelques balises, de quelques règles simples, accessibles à chacun, pour mieux structurer nos relations et mieux gérer l'espace de nos conflits possibles entre nos attentes et nos expectatives et les réponses ou les possibles de notre environnement.

Regardez, cela fait à peine quarante ans que l'on se brosse les dents ! Il y a cinquante ans, la plupart des gens pensaient que se brosser les

attitudes relationnelles différentes, d'être une secte. Et à ce titre, disqualifié, nié et objet d'une marginalisation, voire d'une exclusion.

dents était du temps et de l'argent perdu. Ils avaient bien d'autres choses à faire, bien d'autres priorités, que de se brosser les dents deux fois par jour... Pourtant, aujourd'hui c'est acquis, tout le monde, petits et grands, se brosse les dents. Certes peut-être à cause, ou grâce à des enjeux économiques importants. De la même façon, je ne désespère pas qu'un jour nous puissions apprendre, en famille ou à l'école, des règles d'hygiène relationnelle. Mais je pense qu'il faudra au moins deux générations pour les intégrer et les pratiquer au quotidien. Car dans ce domaine, il n'y a guère d'enjeux économiques, du moins en apparence, pour promouvoir une autre façon, plus respectueuse, plus créative, plus vivifiante, de communiquer, seulement des enjeux humains valorisant la croissance, la créativité, la sécurité affective et relationnelle des hommes et des femmes de demain.

Interrogés individuellement nous sommes presque tous convaincus de l'importance capitale de la communication dans le couple, la famille, ou le milieu professionnel. Pourtant, il faut reconnaître que bien peu s'engagent dans une démarche active de changement, de remise en questions. Pour quelles raisons ?

Nous avons parlé des éléments déclenchant un processus d'évolution ou de changement personnel, mais il existe aussi des *résistances.* C'est un peu comme les trous noirs que l'on trouve dans l'espace et qui absorbent le trop-plein d'énergie et l'expansion de la matière cosmique. En matière de relation, nous avons non seulement des points aveugles, mais l'équivalent de trous noirs, qui récupèrent l'extraordinaire énergie développée, créée par une dynamique de changement au cœur même de nos relations. Changer sur le plan personnel provoque une onde de choc non seulement dans le système conjugal ou amical, mais aussi en amont, dans le système parental. Des positionnements nouveaux face au travail, aux loisirs, à la santé, à l'éducation et surtout face à la politique se font jour. La remise en cause n'est pas linéaire, continue et constante, elle se fait par à-coups, entre indignation et dénonciations, entre affirmations et conflits, entre excès et réajustements. Les combats pour les droits de l'homme, de la femme ou de l'enfant ne se font plus seulement envers les pays du tiers monde, mais ici, là, tout proche de nous. Il y a eu les Folles de la Place de Mai qui ont défilé durant des années pour retrouver la trace de leurs petits-enfants disparus, il y aura peut-être un jour les Folles Grand-Mères, mais qui défileront devant chaque école, chaque collège, lycée, pour qu'on arrête de transformer leurs petits-enfants en consommateurs ou en dealers de drogue, en rackettés ou racketteurs, en infirmes sociaux ou en éternels adolescents, toujours en dérives d'une vie responsable. Les adolescents d'aujourd'hui, qui restent chez papa, maman (maman surtout), jusqu'à près de trente ans, sans insertion réelle, sans engagement, sans autonomie affective ou matérielle... Vous voyez que toute démarche de changement personnel débouche sur des mutations sociales possibles qui peuvent être perçues comme interpellantes, dérangeantes, stimulantes.

En matière de communication, il existe deux grands pièges.

Le premier est la mise en cause, l'accusation de l'autre : « C'est ta faute ; tu ne m'écoutes pas ; si tu avais fait ce que je te proposais, tu... »

Accusation qui affirme que l'autre ne se comporte pas comme nous pensons qu'il doit se comporter, et que s'il changeait dans le sens de nos attentes, cela pourrait s'améliorer pour lui, et être mieux... pour nous !

L'autre piège est la mise en cause outrancière de soi par l'auto-accusation, l'autoculpabilisation, ou l'autodévalorisation : « Oui, mais moi je n'ai pas fait d'études ; toi tu as eu des parents qui t'aimaient, les miens ont divorcé ; tu as eu la chance de vivre dans le Midi, moi j'ai vécu dans le Nord, et en plus ma famille était d'origine ouvrière... »

L'équilibre à chercher n'est ni dans l'accusation, ni dans l'auto-accusation, mais dans la responsabilisation. Toutefois, pour se frayer un passage, pour s'extraire de ces deux pièges, il faut souvent galérer, buter contre nombre d'obstacles sécrétés par nous-mêmes et par les séquelles du système SAPPE (S comme sourd, A comme aveugle, P comme Pernicieux, Pervers, et E comme Energétivore).

Tant que nous passons notre temps à accuser l'autre, nous n'évoluons en rien.

Puisque c'est l'autre qui est coupable, je n'ai nul besoin de faire quoi que ce soit pour changer, c'est à l'autre de se comporter autrement. Je n'ai pas besoin de me former, je n'ai pas besoin d'entreprendre une psychanalyse ou une psychothérapie, ni de lire des ouvrages sur la communication, ou d'entreprendre des démarches pour mieux me comprendre et m'entendre... C'est à l'autre de changer, de s'améliorer, de mieux me correspondre !

De même, tant que je m'autoculpabilise, ou m'autodisqualifie, je me démobilise, me démotive, et je me sens incapable de changer quoi que ce soit par moi-même, dans cette sorte d'hémorragie qu'est l'autoflagellation ! Je suis seulement une victime incomprise, non aimée, impuissante, injustement pénalisée devant tout ce qui m'arrive. Et si je me sens dans l'impossibilité de sortir de cette auto-accusation, je cultive la victimisation, je deviens un praticien créatif de la dépendance et de l'assistanat, et je collabore à une situation que je suis habile à dénoncer !

Sortir de l'accusation comme de l'auto-accusation est déjà un saut qualitatif incroyable vers le début d'un changement. Par la suite, il est évident qu'il conviendra de trouver les outils, un ensemble de concepts qui nous aidera à communiquer autrement avec nous-même et avec autrui.

Nous pourrions longuement parler de toutes les errances, de tous les pièges et aussi de tous les possibles qui jalonnent ce chemin. Il me semble en avoir parcouru beaucoup ! Et trop longtemps. Ce qui me donne parfois l'impression d'être passé à côté d'une partie de ma vie !

Aujourd'hui, le *marché* de l'intimité propose de nombreuses réponses à la quête, au besoin de changer, de prendre en charge l'amélioration de nos relations. Tout cela avec de nombreuses déviances possibles et surtout les récupérations mercantiles et idéologiques. C'est pourquoi les sectes ont encore de beaux jours devant elles, les charlatans, les vendeurs de mieux-être, sont en développement exponentiel, et certains livres aux titres alléchants (« Apprenez à élever vos enfants en quinze leçons », « Psychanalysez-vous vous-mêmes », « Découvrez comment mieux aimer ou faire l'amour ! ») inondent le marché [1].

1. Je m'élève souvent contre les publicités abusives qui paraissent dans certaines revues centrées sur la psychologie, la santé, le bien-être, et qui vendent un résultat ! Une information publicitaire, centrée sur le développement per-

L'erreur me paraît être de penser qu'il existe quelqu'un qui possède notre propre réponse, une solution pour nous.

J'ai moi-même été l'objet d'un phénomène de « gouroutisation ». Le succès de mes livres, de mes séminaires, de mes conférences, fit penser à certaines personnes que je possédais des recettes, la solution à leurs problèmes. Je recevais un courrier de star (cent lettres par jour !), de nombreux appels téléphoniques me disant : « Mon mari me trompe, je voudrais l'envoyer en stage avec vous pour que vous lui appreniez à vivre, ou à mieux communiquer, en couple », ou « Mon fils se drogue, faites quelque chose pour lui », « Ma fille vit une relation sexuelle et ne veut pas se protéger. J'aimerais qu'elle prenne conscience grâce à vous des risques qu'elle prend... » Beaucoup pensant que j'étais détenteur d'une recette pour supprimer les souffrances, réduire les conflits, désamorcer les problèmes !

La recherche d'un gourou serait encore une autre manière d'éviter la responsabilisation ?

Oui, d'éviter la responsabilisation et de fuir ! De fuir son propre engagement, de renoncer à

sonnel, ne devrait pas proposer un résultat, mais devrait présenter une démarche, un processus de travail sur soi.

exercer son propre pouvoir de vie sur son existence.

Hommes et femmes sont très souvent friands de recettes miraculeuses et rapides, même lorsqu'il s'agit de leur vie affective. Ce besoin que tout problème soit réglé au plus vite (qu'il s'agisse d'une panne de voiture ou d'une panne de couple), ce rapport distordu que nous avons face au temps, est-il à l'origine d'une telle attirance vers la facilité ? Nous livrant alors aux griffes des charlatans, qui eux, proposent toujours des solutions infiniment plus simples et plus rapides que celles, par exemple, d'un psychothérapeute.

L'urgence ne doit pas être confondue avec la rapidité ; l'interrogation ne doit pas être réduite au silence par la réponse. Le travail sur soi ne peut être remplacé par une guidance, un accompagnement ou un enveloppement charismatique.

Nous sommes bien dans une culture de l'assistanat où la dépendance est entretenue et chèrement payée.

Ce qui va totalement à contre-courant du besoin de responsabilité individuelle.

En fait, deux courants s'affrontent aujourd'hui.

Le premier est d'ordre socio-économique et culturel, visant à une sorte de nivellement, d'uniformisation et de conditionnements (mondialisation des mœurs et des références). C'est la culture de la pensée unique, du politiquement correct, la culture Mac Donald, Coca-Cola, etc. C'est aussi un des effets pervers du mouvement New Age qui, dans un premier temps, s'est voulu libératoire, anarchisant, individualiste, prônant les valeurs de l'épanouissement personnel à tout prix, et qui aujourd'hui (dérive, récupération...) incite à la consommation : consommation de yoga, de méditation, de psychanalyse, de thérapies, de stages de tout poil, en vue d'améliorer la vie de chacun dans tous les domaines : vie corporelle et vie affective, alimentation, sexualité, bien-être, frilosité ou sécurité !

Dans nombre de revues spécialisées, nous trouvons des propositions de formation, de thérapies, d'épanouissement tous azimuts où l'on vous vend le résultat, la réponse à un désir ! Qui se rappelle encore que la manne (la réponse bienfaisante tombant des Cieux) signifie en hébreu : qu'est-ce que c'est ? Et si nous nous croyons comblés par la réponse, nous occultons l'essentiel : l'approfondissement de la question.

Vous avez des angoisses ? Vous n'en aurez plus !

Vous êtes boulimique ? Vous ne le serez plus !

Vous êtes jaloux ? Vous apprendrez à ne plus l'être !

C'est terrifiant, car une proposition de formation ne peut vendre que des moyens, des outils. Elle ne peut que proposer une méthodologie possible, un processus de changement. Ce qu'en fera celui qui « l'a achetée » se traduira *peut-être* par des changements, des évolutions possibles. En revanche, vendre un résultat est une véritable escroquerie en matière de relations humaines. Malheureusement beaucoup trop de propositions se font très racoleuses, séductrices et par là même sont fondamentalement vouées à l'échec.

Parallèlement à ce courant d'uniformisation, de nivellement, de consommation, s'en développe un autre, qui est un mouvement plus individuel, personnaliste, orienté vers des tentatives, des démarches pour se réapproprier un pouvoir de vie sur sa propre existence, pour mieux se relier à la nature, aux forces vives de l'univers, au divin qui est en soi.

Il est vrai que dans l'histoire de l'humanité, il n'y a jamais eu autant de personnes faisant des démarches personnelles pour tenter de mieux se comprendre, d'aller mieux, d'être plus en harmonie avec les autres. Ne serait-ce, par exemple, que tout l'arsenal d'exercices physiques pour les soins du corps. Regardons les femmes d'aujourd'hui. Les femmes de cinquante ans n'ont jamais été aussi belles ! Elles sont splendides, elles prennent soin non seulement de l'extérieur mais aussi et surtout de l'intérieur de leur corps. Elles ont une meilleure conscience de leurs propres besoins en termes d'alimentation, de rythme, de mode de vie, etc. Mais il est également vrai que nous n'avons jamais autant fumé, nous n'avons jamais autant joué à la Loterie nationale, consulté autant de voyants et de médiums, autant consommé de pilules rouges, jaunes, vertes, pour dormir ou ne pas dormir, bander, maigrir, être heureux, détendu...

Dans ces cas-là, dans ce type de consommation, nous ne sommes plus dans la vie, mais dans la survie.

La consommation de pilules comme les consultations de Madame Irma ou encore celles des Tarots sont à mettre sur le même plan. Non pas que les Tarots ou l'Astrologie soient à rejeter. Les deux approches peuvent avoir une dimension symbolique, et peuvent favoriser un dépassement possible des apparences, ou donner un éclairage, un éveil de la conscientisation pour accéder à d'autres niveaux de conscience. Malheureusement, aujourd'hui les Tarots ou l'Astrologie sont utilisés de façon abusive, comme des recettes ou des prédictions, donnant l'illusion d'un savoir établi et figé. Chaque mois, on peut se faire tirer les cartes, consulter un voyant, pour essayer de savoir si notre mari nous aimera toujours, ou si notre femme n'a pas une autre relation : en clair si, il ou elle, restera dépendant(e) de nous. Fuites en avant dans une réassurance facile, vide de sens, profonde dans le sens de creux !

Vous disiez que nous sommes dans une société qui cultive l'assistanat ; ne sommes-nous pas également dans une société qui exige des assurances, des garanties sur tout : sur la vie éternelle, sur l'amour éternel, etc. ? Vouloir à tout prix des garanties de longévité ne risque-t-il pas de tuer la relation elle-même ?

Je prendrai cette question en amont. Il faut se rappeler que nous sommes issus, en Occident, d'une culture messianique : Quelqu'un viendra nous sauver. Quelqu'un a donné Sa vie pour réparer nos fautes. Quelqu'un viendra, au jour de la Résurrection et de la rencontre des vivants et des morts, pour nous confirmer (ou infirmer) notre place au Paradis ou ailleurs...

Nous baignons dans une culture où une entité — parfois appelée Dieu — est censée nous sauver, nous apporter le bonheur, prendre soin de notre destinée, ou encore nous punir ou nous récompenser. Certains, lorsqu'ils sont dans la souffrance et dans les difficultés, prient ou supplient, Lui demandent de l'aide, attendent de Lui, *qu'Il fasse quelque chose* pour les sortir de leurs ennuis. Il m'arrivait, lors des stages que j'animais il y a quelques années, d'oser dire en riant : Dieu m'a téléphoné ce matin et m'a dit : « Je n'y arrive plus. Ils sont trop nombreux, près de six milliards, je ne peux plus m'occuper de chacun. Jacques, peux-tu, s'il te plaît, leur apprendre la responsabilisation, leur apprendre à s'occuper et à prendre soin, un peu plus d'eux-mêmes, au lieu d'attendre tout de Moi ! »

Plus sérieusement, moi qui suis agnostique, qui ne crois donc pas à un dieu, je m'interroge pour savoir à quel moment de son histoire, de son développement, l'homme a été amené (peut-être obligé sous la pression de l'angoisse ou de l'inconnu qu'il ne maîtrisait plus), a été entraîné à inventer Dieu ! Car personnellement je suis convaincu que ce fut l'homme qui inventa Dieu, en lui prêtant des pouvoirs, des intentions, une créativité à la mesure de sa propre démission ou de ses propres peurs par rapport aux forces de destruction qu'il porte en lui. L'homme est un prédateur redoutable, aux moyens illimités. Peut-être lui a-t-il paru nécessaire de créer une sorte de contre-pouvoir, dont l'efficacité apparaît aujourd'hui de plus en plus aléatoire !

Cela dit, je suis néanmoins persuadé que nous sommes bien, non pas issus de, mais porteurs de *quelque chose* de plus que notre matérialité ou du bel agencement de notre organisme, qu'une part de divin est en nous et que nous le maltraitons beaucoup. Quel événement, à un moment donné, a pu faire douter les hommes de cette relation intime avec cette part de lui-même qui le relie au Tout ?

Il ne fait pour moi aucun doute qu'à un moment dans l'histoire de l'humanité, nous nous sommes coupés de notre relation à la nature, que nous nous sommes coupés de notre relation au symbolique et avons ainsi abandonné les chemins qui nous reliaient au sacré, à l'intemporel, à une connaissance primordiale, qui nous reliaient à l'ensemble de la vie, à ses racines comme à ses ramures et nous confirmaient que nous étions partie prenante (pas dominante !) de l'univers.

Les premiers hommes possédaient, me semble-t-il, cette relation. Ils savaient lire les traces, repérer les odeurs, se relier aux étoiles, anticiper les changements de saisons. Aujourd'hui, nous, nous avons des ordinateurs qui le font à notre place ! Nous avons hyperdéveloppé notre relation au lointain en oubliant de rester liés au prochain.

D'une part, vous vous définissez comme agnostique, et d'autre part vous affirmez que le divin est en nous, et que nous avons malheureusement perdu le sens de cette relation au

divin, au sacré. Puisque vous ne croyez pas en Dieu, qu'entendez-vous par « divin » ?

Derrière le mot divin, je ne mets évidemment pas le même nom, ni le même contenu, que les personnes croyantes. Pour expliquer cela je prendrai appui sur Jung. D'une part, existe l'homme temporel que je suis : j'ai soixante-cinq ans, je suis né à Toulouse, je suis père de cinq enfants, j'ai été marié deux fois, j'ai exercé comme expert-comptable, potier, sculpteur, éducateur, directeur, formateur, et je suis devenu écrivant (je trouve que c'est mieux qu'écri-vain !). Et d'autre part, je peux imaginer qu'il y a une part d'intemporel et d'éternel en moi, quelque chose qui restera bien après ma disparition, une trace qui s'inscrira après moi, après mon passage terrestre. Une trace qui m'a traversé dès ma conception, qui venait de toutes les générations qui m'ont précédé. Ma petite cosmologie personnelle est (c'est une croyance !) que nous recevons à la conception non seulement une parcelle de vie, mais une somme, une part de l'énergie et de l'amour universel.

Et selon vous, d'où la recevons-nous ?

D'une masse d'énergie universelle, d'un réservoir d'amour universel qui existe en potentiel dans l'univers, au même titre que la vie.

Ce que vous appelez Dieu, je pourrais l'appeler Énergie, Amour.

En fait c'est seulement une question de nom et peut-être de l'histoire qui l'accompagne ?

Pour ma part, je ne peux adhérer à la mythologie d'un être supra-supérieur qui nous aurait créés et qui serait à la source de toute vie de la création. À mon sens, la vie individuelle, incarnée dans une personne, est la rencontre d'un certain nombre de signes, de paradoxes et de contradictions, un champ de possibles déposé sur la terre, mais qui navigue dans la totalité de l'univers.

Alors certes, d'où vient cette vie ? Je réponds, d'une rencontre, de la rencontre d'une parcelle d'énergie et d'une parcelle d'amour universel déposée sur la terre, qui s'actualise et qui circule dans l'infinitude de l'univers, qu'elle agrandit à chaque instant.

Si selon vous la création de la vie n'est qu'une question d'énergie, il semble curieux d'utiliser le mot « amour » qui inclut bien sûr la notion d'énergie mais surtout celle de sentiment, de tendresse.

Avant d'être un sentiment et même un don ou une manifestation tangible, l'amour est lumière, vibration, révélation.

Tout cela n'est pas très construit chez moi, c'est plutôt intuitif, néanmoins c'est quelque chose que je sens profondément. J'ai l'impression d'avoir reçu en même temps que la vie une part d'énergie et d'amour, et que l'enjeu de ma vie sera, soit de consommer cette énergie, de puiser dedans, et quand je serai mort, le peu qui restera retournera à la masse commune ; soit, au contraire, que mon mode de vie, ma façon d'être au monde, va l'enrichir, l'agrandir, l'augmenter et qu'après ma mort cette masse nouvelle, ce gain, passera à la masse commune.

Le fait qu'il y ait de plus en plus d'humains qui vivent, ou survivent, sur leur potentiel énergétique de départ sans l'augmenter ou l'enrichir, entraîne un appauvrissement, une dévitalisation de l'énergie et de l'amour universels. C'est pour cela que je propose de prendre le contre-pied, en affirmant que la communication, c'est-à-dire l'ensemble des possibilités à mettre en commun, alimente la sève de la vie. C'est par des relations en réciprocité, respectueuses, créatrices et énergétiques que l'on nourrit la *vivance* de la vie.

Dans ma cosmologie personnelle, j'en viens à penser que les femmes et les hommes d'aujourd'hui sont moins vivants, ont moins de *vivance,* que les femmes et les hommes d'autrefois. Même si, dans le passé, la durée de vie était deux fois plus courte et les conditions de vie incroyablement plus difficiles, il me semble que les humains étaient plus vivants que nous ne le sommes aujourd'hui. Les six milliards d'hommes et de femmes, qui vivent sur la terre aujourd'hui, recèlent moins de vivance que le un milliard et demi qui vivaient au temps de Napoléon !

En générant moins d'énergie positive, il y a une dévitalisation de la vie qui laisse plus de place à la violence et à l'autoviolence... Je ne traduis pas le vieux problème du combat entre le bien et le mal, en termes de forces du Mal et forces du Bien, mais en termes d'énergies positives ou d'énergies défaillantes, en forces de cohésion et en forces d'éclatement, en champ d'affrontement de vitalisation et de stérilisation.

Pour moi, un des enjeux vitaux de l'humanité est là : pouvons-nous apprendre, très tôt et très vite, à chaque homme et à chaque femme, à cultiver et à augmenter la vivance de leur vie ? À mon sens, cela passe par la qualité des communications, sinon les forces de vie positives ne feront pas le poids face aux forces négatives et destructrices. Je ne pense pas à Satan, je pense à l'homme, à l'homme seulement, et à sa puissance destructive ! Depuis toujours l'homme est un prédateur. Tant que je suis un prédateur avec une massue de silex ou un couteau, trois personnes peuvent encore m'arrêter, si je suis prédateur avec une bombarde, il en faut un peu plus, avec une mitrailleuse, un tank, encore un peu plus. Et aujourd'hui, certains hommes ont le pouvoir d'appuyer sur un bouton, ou de prendre tel décret, telle décision qui va modifier, agresser, violenter le destin de dizaines, voire de centaines de milliers d'être humains, de violenter une génération entière, d'anticiper sur le développement du temps à venir.

Voilà ma philosophie de base. Je crois que je suis arrivé à proposer un ensemble cohérent, efficient dans sa pratique au quotidien, avec une méthodologie que j'appelle aujourd'hui la méthode ESPERE pour des relations plus vivantes et en bonne santé, susceptibles d'entretenir et de renouveler la vivance de la vie.

Quand, par exemple, je dis qu'il faut augmenter la qualité de nos communications inter et intrapersonnelles, ce n'est pas un vœu pieux. Je propose un contenu concret derrière cela, et non seulement un contenu mais des moyens, des outils, un corpus de règles d'hygiène relationnelles accessibles, et surtout transmissibles.

Quand je précise que, de la part d'autrui me parviennent deux types de messages, des messages positifs ou *messages-cadeaux* et des messages négatifs ou *messages-caca,* je n'oublie pas qu'à moi aussi, il peut m'arriver d'envoyer des messages négatifs, en plus de quelques messages positifs.

Si l'autre m'envoie des messages positifs (des messages-cadeaux) et que je sais les accueillir, à travers la relation qu'il me propose j'augmente en moi l'amour de moi, je deviens plus énergétigène, et j'agrandis aussi la vivance de ma vie. Le mot « vivance » peut sembler un concept un peu flou ou simplement poétique, mais il qualifie surtout la dynamique et la densité de la vie.

Par contre, si je reçois des messages négatifs et que je les laisse pénétrer en moi (encore une fois, je ne suis pas responsable de ce que l'autre m'envoie, mais je suis bien responsable de ce que j'en fais), je prends le risque de blesser la vivance de ma vie, d'augmenter le désamour vis-à-vis de moi-même, et je deviens plus énergétivore.

Je suis donc bien responsable de la nature des messages que j'envoie et pas toujours de leur destination finale, comme de l'usage que je fais des messages reçus !

Voilà pourquoi je souhaite que l'on enseigne très tôt que, dès qu'une personne envoie un message négatif, il peut lui être restitué.

Quelqu'un me traite d'idiot ? Je peux répondre : « Oui, c'est bien toi qui me vois comme un idiot. Ce regard-là je le laisse chez toi. » Si, par exemple, étant marié, j'ai envie de faire l'amour, mais que ma femme n'ayant pas le même désir je lui lance : « Tu es frigide ! Tu n'es pas normale... ! » Eh bien elle peut m'écrire sur un bout de papier « Tu es frigide. Tu n'es pas normale : c'est ta perception de moi, je la laisse chez toi ! » En me restituant mon regard négatif, elle me responsabilise dans mes ressentis et peut me faire prendre conscience que c'est à moi de gérer ma déception ou ma frustration à l'idée de ne pas faire l'amour ce soir-là !

Un jour, ma seconde épouse s'est positionnée de cette façon ! Et j'ai beaucoup évolué à partir de cette situation. J'ai découvert que l'amour ne donnait pas le droit d'exiger de l'autre une réponse ni à nos besoins, ni à nos désirs, ni à nos peurs !

Je me bats ainsi sans relâche, pour tenter d'améliorer la qualité des communications proches et intimes, ce qui aura à long terme comme finalité de revivifier chaque existence, de donner plus d'amour à soi-même et à chaque personne — surtout après avoir découvert que la source de l'amour était l'amour de soi. Amour fait d'estime, nourri de confiance, vivifié par le respect.

Aujourd'hui, je trouve que l'amour est maltraité.

Dans un de mes derniers livres, *Dis papa, c'est quoi l'amour*, j'ai voulu démystifier les pseudo-amours, car il y a beaucoup de malentendus autour de l'amour. On donne à l'amour des missions impossibles, celle de restaurer les blessures, les manques de l'enfance, celle de réparer les difficultés de la vie actuelle, de nous prémunir contre l'angoisse du futur, de nous protéger de tous les abandons, de toutes les trahisons. En oubliant qu'il nous appartient de nous donner les moyens de le rencontrer (et non d'attendre béatement qu'il nous surprenne !).

Si je ne sais pas m'aimer, je ne pourrai pas aimer quelqu'un d'autre car je serai toujours dans le besoin, et parfois l'exigence, d'être aimé.

Cette nécessité d'un apprentissage de l'amour pourrait être conscientisée très tôt, au début de la vie d'un enfant, et donner lieu à toute une éducation affective.

Pour beaucoup, le mot communication ne signifie que transmission d'informations (téléphone, Internet, etc.) et pour évoquer le domaine des relations intimes, ou autres, ils préfèrent employer celui de « communion ». Pourtant, vous, vous donnez toujours votre préférence à « communication ».

La communion est en quelque sorte l'état de grâce de la communication. État éphémère, fragile, limité dans le temps et l'espace, comme peut l'être la rencontre de deux notes qui s'harmonisent, s'amplifient et créent un son unique.

Je ne galvaude pas le mot communication, aujourd'hui utilisé pour nommer différents phénomènes qui n'ont rien de commun.

Parce que je donne un sens concret au verbe communiquer. Communiquer signifie mettre en commun, et j'ajoute un qualificatif précieux qui donnera toute sa qualité, sa profondeur à la communication : communiquer en réciprocité. La question de fond sera : mettre en commun, quoi et comment ?

Mais nous pouvons tout mettre en commun, sans jamais nous rejoindre.

Parfois oui. Car ce qui est mis en commun peut nous éloigner ou nous rapprocher, nous blesser ou nous fortifier, nous faire progresser ou régresser, nous amplifier ou nous réduire. Est-ce que la modalité relationnelle utilisée nous rend plus lucide, plus autonome ou nous leurre et nous maintient en dépendance ? Nous voyons là quelques-unes des interrogations qui sont au cœur de tout échange. Comment je mets en commun ? Comment je demande, donne, reçois ou refuse ? Comment je me relie ? Est-ce dans la réciprocité ou dans la contrainte ? Dans la manipulation ou dans la soumission ?

Pour tous ces domaines, j'ai créé une structure de compréhension à plusieurs étages.

Dans un premier temps : comment passer de l'impression (in = dedans) à l'expression (ex = dehors). Autrement dit, si j'éprouve une émotion, un sentiment, un ressenti positif ou négatif envers quelqu'un, cela se passe à l'intérieur de moi. Il faut déjà que je sache le reconnaître et l'entendre ! Je peux éprouver de l'attirance pour une femme, et parce que je n'ose pas reconnaître ma propre attirance (surtout si elle me menace, me déstabilise), dire : « Ah... C'est encore une séductrice... »

Porter ainsi un jugement sur l'autre me fait faire l'économie de reconnaître que c'est moi qui suis attiré, et que cela me gêne. Nous devons donc en premier lieu *entendre* à l'intérieur, c'est-à-dire accepter, notre impression (in-pression), puis passer à l'expression (ex-pression), mais pour autant, nous ne sommes pas encore dans la communication...

Pour se référer au système scolaire dominant, nous pouvons noter que dans la scolarité d'aujourd'hui, l'école maternelle remplit bien cette fonction, elle favorise largement chez la plupart des enfants le passage de l'impression à l'expression.

Ensuite, il s'agit de passer de l'expression à la communication, c'est-à-dire à une mise en commun à partir d'un échange, d'un partage. Comment suis-je partie prenante ? en tant qu'émetteur, récepteur, actif, passif, centré sur moi, centré sur l'autre ? Est-ce que je prends le risque de me dire et surtout celui d'être entendu ? Est-ce que j'accepte, en faisant une demande, de me confronter à la réponse de l'autre ?

Si je fais une proposition à ma compagne, je peux avoir la liberté de *me dire,* mais elle peut ne pas être d'accord. En clair, cela signifie que chaque fois que je prends la liberté de faire une demande, je dois prendre aussi le risque de la réponse de l'autre. Sinon ce n'est pas une demande, mais une exigence déguisée. Il faut donc pouvoir se dire et être entendu, ainsi que donner les moyens (l'écoute, le temps, l'espace) à l'autre de se dire et d'être entendu. Voilà ce que j'appelle les bases d'une communication possible, dans laquelle chacun peut nourrir la relation.

Et à l'étape suivante, nous devons passer justement à la relation.

Il ne faut effectivement pas confondre la communication et la relation.

Si je suis contrôleur aérien et que vous pilotez l'avion BX12 qui doit atterrir sur l'aérodrome que je contrôle, je vais *communiquer* avec vous, mais je n'ai aucune *relation* avec vous. Je vais communiquer — dans le sens de transmettre — les coordonnées dont vous avez besoin, que d'ailleurs vous me répéterez mot à mot, chiffre à chiffre, afin qu'aucune distorsion ne soit possible entre nous. À ce niveau, la communication dans l'aviation civile est quasi parfaite, c'est pourquoi il y a si peu d'accidents, les malentendus possibles étant éliminés sur la base d'une communication fonctionnelle. Mes propres états d'âme, mon ressenti, mes préoccupations personnelles, restant à l'arrière de l'échange, sont quasi censurés pour laisser place à la circulation d'informations que je détiens et qui vous sont nécessaires pour atterrir.

Dans ce cas de figure, nous restons quand même dans la transmission de données, plutôt que dans un échange intime.

C'est une des collusions les plus fréquentes aujourd'hui de confondre et de réduire la circulation d'informations avec la communication. J'aurais envie de dire qu'une relation s'établit lorsqu'il y a dépassement de la communication fonctionnelle (être connecté pour faire ensemble) pour aller vers la communication interpersonnelle (être ensemble) et la communication intrapersonnelle (être avec soi).

Ensuite, il faut savoir que nous sommes toujours trois. Moi, la personne avec qui je tente de communiquer (dans les trois dimensions ci-dessus), et la relation qu'il y a entre nous, que je symbolise depuis quelques années par une écharpe, pour bien montrer que toute relation a deux extrémités !

Toute relation s'appuie sur quatre éléments : être capable de ***demander,*** de ***donner,*** de ***recevoir,*** de ***refuser.***

Tout échange, toute tentative de partage, à la base de la communication humaine, tourne autour de l'un ou l'autre de ces quatre points. La difficulté majeure, qui n'est pas toujours perçue, est que nous demandons, recevons, donnons, ou refusons à l'intérieur d'un système de référence propre, qui ne correspond pas toujours au système de référence de l'autre.

Si je prends mon propre exemple, durant des années, j'étais quelqu'un qui ne savait pas demander. J'évoluais dans une utopie de type : « Si tu m'aimais, tu devrais entendre mes demandes sans même que je les exprime. » Si bien que je reprochais à ma femme de ne pas entendre les demandes que je ne lui faisais pas. Elle, par contre, osait ses propres demandes, auxquelles je me faisais un devoir de répondre, pour rien au monde je n'aurais voulu la décevoir ! Vous voyez la distorsion et les malentendus possibles dans lesquels nous avons vécu pendant des années !

Si je m'arrête encore sur cette question, je peux dire qu'il m'a fallu quelque trente ans pour apprendre à faire des demandes ouvertes (qui ne contenaient pas déjà la réponse que j'attendais), à donner sans attendre nécessairement un retour ou une réciprocité, à recevoir sans ambivalence de type « d'accord, mais... », et à refuser, plus dans l'affirmation que dans le rejet ou l'opposition.

Actuellement, j'assume cela simplement, avec cohérence, mais personne ne peut imaginer le mal que j'ai eu, les résistances rencontrées, les tâtonnements et les pièges à éviter, pour trouver une plus grande harmonie entre demander, recevoir, donner, refuser.

Si vous transposez tout cela, non seulement aux relations amoureuses ou de couple, mais avec les enfants, dans le monde professionnel, et surtout en amont avec ses propres parents, vous avez une petite idée de la révolution que j'ai tenté d'introduire dans toutes mes relations. Et j'en arrive à penser que, sous une apparente simplicité, avec des concepts élémentaires, la méthode ESPERE contient un ferment révolutionnaire qui peut inquiéter et rendre circonspects ceux qui la rencontrent... pour la première fois, ou qui s'y confrontent dans un échange !

Pourtant la plupart des gens pensent qu'il y a aujourd'hui une plus grande liberté d'expression dans les couples, dans les familles, à l'école.

Le paradoxe, c'est qu'aujourd'hui on s'exprime sans doute plus facilement que par le passé, mais on communique certainement moins. Prenons un exemple. Je suis marié, il est dix-huit heures trente, je rentre du travail et je dis à ma femme : « J'ai vu un enfant se faire écraser, place de la République. » Certes, j'exprime un fait. Mais si j'éprouve le besoin de raconter, cela signifie que j'ai un ressenti, et si ma femme, croyant m'écouter, me répond seulement : « Ah ! j'ai toujours dit que, place de la République, on devrait mettre des feux rouges ! », je ne me sens pas entendu. Tout se passe comme si elle m'entraînait dans un registre qui ne correspond pas à celui dans lequel je m'exprimais.

Elle peut toujours me faire un discours sur les feux rouges, sur les chauffeurs routiers qui roulent trop vite, qui se croient tout permis, etc., mais pour que je me sente entendu, il faudrait que son écoute ne reste pas sur le fait (l'accident), mais rejoigne mon ressenti (ce que j'ai vécu durant l'événement) : « Oui. Et tu as vécu ça comment ? »

Là, je me sentirais rejoint.

La partie la plus fréquemment maltraitée dans la communication interpersonnelle est le ressenti. Ce n'est pas ce qui s'est passé qui est le plus essentiel dans un échange, c'est comment je l'ai ressenti et qu'est-ce qui a résonné, qu'est-ce qui a été touché chez moi. Nous avons tous, j'ai eu aussi, des surdités et des cécités importantes dans les registres qui étaient essentiels pour l'autre.

En fait, si des efforts ont été fournis pour enseigner dès la petite enfance comment s'exprimer, il semble qu'il y ait encore beaucoup de travail dans le domaine de l'écoute. Nous ne savons pas entendre la réalité de ce que l'autre nous dit.

Là encore dans le mot « écoute », je mets un contenu très concret. Il ne s'agit pas simplement d'une intention de disponibilité et de bienveillance, il s'agit de se donner les moyens d'entendre. Écouter, ce sera être capable de redire à l'autre ce qu'il vient d'exprimer ; que ce qu'il vient de dire, je l'ai reçu, que cela n'est pas tombé dans le vide entre lui et moi.

Entendre s'appuie sur quelque chose de plus, sur ma capacité à me décentrer, à ne pas ramener tout à moi, à ne pas confondre mise en mots et mise en cause, pour permettre à celui qui parle d'entendre, lui, où se situent son interrogation, sa problématique, ou son véritable désir.

L'Écoute et l'Entendre sont trop souvent phagocytés par la réponse. Face à une interpellation, on se sent le plus souvent obligé de répondre, de donner un conseil, de généraliser ou de banaliser, faisant ainsi avorter trop souvent les possibles d'un échange ou d'un partage.

Pour être plus concret, si ma femme qui rentre de son travail me dit : « J'en ai vraiment assez, mon chef de service m'a encore tripoté les fesses ! » ; et que, croyant la rassurer ou l'apaiser, je lui réponds : « Ce n'est pas trop grave... Dans deux ans, il sera à la retraite... De toute façon, à son âge, tu ne risques rien ! », il est clair qu'avec une réponse pareille, elle risque de ne pas se sentir entendue ! Elle peut même exploser : « Mais enfin Jacques ! Je ne te parle pas de mon chef de service, je te parle de moi ! C'est moi qui ai eu les fesses pincées, c'est moi qui me suis sentie humiliée, mal à l'aise, et tu me fais un discours en conserve sur lui ! »

Aujourd'hui, dans un échange, j'ai appris à écouter non pas de *quoi* l'on parle, mais *qui* parle. Je m'intéresse à la personne plus qu'au problème. Je ne me laisse plus entraîner sur le tiers : « Vous savez, ma femme me dit qu'elle a besoin de recul, elle voudrait prendre un appartement seule, mettre un peu de distance. Je me demande ce qu'elle a vraiment derrière la tête... » Je reste centré sur la personne : « Oui, la décision de votre femme semble vous interroger, vous inquiéter même. Accepteriez-vous de m'en dire plus sur vos inquiétudes... ? »

L'écoute la plus maltraitée aujourd'hui est l'écoute de la personne même, ce que j'appelle l'écoute de l'intime. C'est regrettable car cette non-écoute du ressenti, du vécu, renforce la solitude, l'incompréhension, la souffrance intérieure, et incite à rester dans le réactionnel. Cette non-écoute du sensible renvoie à la solitude et coupe la personne des possibles d'un partage.

L'écoute active, c'est savoir entendre le ressenti au-delà du fait, et au-delà du ressenti permettre au retentissement d'émerger, de se dire. C'est ce qui permet de déboucher sur une communication pleine, dynamique et vivifiante pour chacun des protagonistes. Malheureusement la plupart des communications restent au niveau des faits et des généralisations, et sont des communications avortées. Quand je songe à toutes les pseudo-communications que j'ai proposées, j'aurais de quoi frémir et m'enfermer dans un silence définitif !

Vous devez le sentir, je n'enseigne rien que je n'ai expérimenté dans ma propre chair. Bien sûr il ne suffit pas de prendre conscience de quelque chose, encore faut-il se donner les moyens de changer et de rester concret, au ras des pâquerettes. L'infirmité relationnelle dans laquelle je me sentais coincé, une grande partie de ma vie d'adulte, a été le terreau qui a nourri chacune de mes découvertes. Chaque fois que je me sentais dans une impasse, que me revenait en boomerang ma propre erreur, j'étais comme stimulé à trouver, à rechercher une autre façon d'être en relation.

Tout votre travail est en fait très lié à votre histoire.

Oui, absolument. De mon enfance à ma vie d'adulte, j'ai dû reprendre, réactualiser, re-baliser et me réconcilier avec les événements significatifs de mon existence. Il y eut tout d'abord le mystère des origines de ma mère, née de mère inconnue, abandonnée à l'Assistance publique, et qui m'est rappelé chaque fois qu'on me rencontre pour la première fois. Comme je suis assez typé de visage, on me demande toujours si j'ai des origines asiatique, tibétaine, mongole ou indienne... Il y a à la fois quelque chose de plaisant, de flatteur et en même temps la remontée d'une interrogation centrale : d'où je viens ? Où est ma place dans ce monde ?

Puis le mystère de mes propres origines : je suis né de père inconnu. En quelque sorte (mes enfants me le disent en riant), je suis le fondateur d'une tribu. Le premier de la tribu *Salomé* qui se développera, s'étendra dans les années et les siècles à venir. Beaucoup de gens me demandent d'ailleurs si c'est mon vrai nom ou un nom d'écriture !

Toute ma vie a été axée sur le désir de ne pas

être passif, de ne pas être victime de ma propre vie, mais d'en être l'acteur, le créateur, le co-auteur. Tous mes écrits autour de la responsabilisation, autour d'une amélioration de la communication pour une meilleure qualité de la vie, pour une meilleure vivance de la vie, sont effectivement très liés aux méandres de ma propre histoire.

Je me souviens du médecin-chef qui, lorsque je suis sorti du sanatorium, m'a dit : « Vous avez de la chance, vous vous en tirez bien, vous pourrez vivre sur un fauteuil roulant. » Pour lui c'était un succès. Mais je n'ai pas accepté ce diagnostic, je n'ai pas accepté cette vision de ma vie, aliénée à un fauteuil roulant. J'ai mis encore quatre ans pour réapprendre à marcher, pour retrouver la station debout et, d'une certaine façon, commencer ainsi à me prendre en charge, à tenter d'exercer une influence directe sur ma propre vie. Pour citer ma grand-mère disant : « le début d'un changement c'est de lever son derrière », je crois que j'ai très tôt été fidèle à cet aphorisme. En français le derrière se dit aussi le fondement !

Ce type de réaction rejoint directement une de mes vulnérabilités, un de mes points faibles : je ne supporte pas la contrainte ! Et cela peut prendre des proportions dérangeantes pour mon entourage, tant je peux être excessif sur cette question. Je n'accepte pas qu'on parle *sur* moi, qu'on me définisse, qu'on pense à ma place, qu'on imagine ce qui peut être bien ou moins bien pour moi...

Sans relâche, j'invite l'autre à me parler de lui et non sur moi. Je peux devenir invivable, tant mon seuil de tolérance est bas dans certains domaines.

J'ai une allergie à la bureaucratie, aux décisions aveugles, imposées.

Si quelqu'un tente de me dicter ce que je dois faire ou ce que je dois être, il touche à mon seuil d'intolérance le plus sensible, celui qui déclenche, chez moi, une violence inouïe, et je préfère parfois renoncer à la relation.

Bien sûr lorsqu'il s'agit d'un domaine sur lequel je n'ai aucune prise, je retrouve plus vite mon assise, mais quand je sens que je peux avoir une influence, qu'il y a une négociation possible, je ne lâche jamais ! Il m'est d'ailleurs arrivé de faire de petits miracles, de bousculer l'inertie, de déplacer d'immenses obstacles. Tant que j'ai le pouvoir de me dire, je ne renonce pas. Tant que je n'ai pas frappé à toutes les portes, tant que je n'ai pas exercé toutes mes ressources, je ne lâche jamais prise. C'est plus que de la ténacité, je suis incroyablement têtu !

Pour l'anecdote, un jour, j'apprends que ma fille aînée, docteur en biologie (BAC + 10...), rentre à l'Institut Pasteur comme chercheur, et qu'elle est payée 3 600 francs par mois ! C'est ce que je donnais — à l'époque — à ma femme de ménage... Furieux, j'écris à l'Institut Pasteur qui me répond que cela dépend du ministère de la Recherche scientifique ; j'écris donc au ministre concerné (il en existait un à l'époque). J'ai eu le sentiment de déclencher un véritable cataclysme : plusieurs chargés de mission s'en sont mêlés, pour me dire que je n'avais pas à me préoccuper de cette question, et quelques mois plus tard les barèmes ont été revus à la hausse !

Ma fille, elle, ne demandait rien, comme beaucoup de chercheurs. Elle vivait comme une étudiante attardée, alors qu'elle était une adulte de vingt-huit ans, et semble-t-il une chercheuse appréciée. Pour moi, c'était inacceptable... Je ne sais si je traque l'injustice ou si l'injustice me poursuit, mais nous avons une relation suivie et fidèle ! *(rires)*

Tous ces combats à mener, contre des entités aveugles, anonymes, qui ne nous voient pas, pour lesquelles nous sommes un numéro, sont à mes yeux essentiels. Cette sensibilité un peu excessive rejoint sans doute ma composante paranoïde, mais en même temps elle me donne une sorte d'énergie, et peut-être aussi de courage pour affronter ce qui au départ paraît insurmontable.

Est-ce cela qu'on appelle l'agressivité positive ?

Peut-être pas, car je me sens plus dans l'indignation et le mouvement dérangeant, que dans l'agressivité. Je ne supporte pas d'être passif, de me laisser définir, de laisser les choses en l'état, à partir d'habitudes ou d'évidences. Un journaliste un jour a présenté son article sous le titre « Profession : Dérangeur ! »

Ce n'est pas par hasard que la principale règle d'hygiène relationnelle que j'enseigne est : ne plus parler *sur* l'autre, mais parler à l'autre ; et son corollaire, ne plus jamais laisser l'autre parler sur soi.

J'ai réellement pour cela un seuil de sensibilité très aigu car je pense que c'est à la base du respect de soi et de l'autre, de ne pas le définir.

En résumé, dans votre enseignement, vous avez désiré vous appuyer sur tous les événements qui vous ont fait souffrir et contre lesquels vous avez dû vous battre ?

Exactement. J'ai dû combattre pour, dans un premier temps, seulement essayer de tenir la tête hors de l'eau, puis pour apprendre, non pas à marcher sur l'eau, mais au moins à nager, et pouvoir explorer quelques-unes des ressources du grand fleuve de la vie.

Dès le début, votre vie a tout de même été ponctuée d'une incroyable somme de difficultés, de manques. Pourtant, loin de vous abattre, cela semble vous avoir galvanisé. Est-ce l'accumulation d'épreuves qui vous a donné cet esprit presque guerrier ?

Je me vois plus comme un passeur, un éveilleur, qu'un guerrier. Mais il est vrai que les combats les plus durs que j'ai menés furent contre moi-même. Guerrier intérieur, combattant de l'intime, affrontant mon double en miroir, jusqu'au désespoir parfois. La désespérance et l'enthousiasme cohabitent au quotidien en moi !

Je pense aussi que tout événement contient des cadeaux. Un accident, une maladie, un cataclysme personnel (la perte d'un être aimé), quand on sait en entendre le sens et le resituer dans une histoire de vie, débouche souvent sur une conscientisation plus positive. Je m'identifie à ces archéologues qui grattent, nettoient, comparent, rassemblent, ajustent des bribes de poteries, de tablettes, de sculptures éparpillées sur des siècles d'oubli. Nous sommes sans cesse en devenir.

Vous utilisez souvent le mot « conscientisation ». Ce n'est pas un terme courant, on l'utilise et on l'entend peu. Il semble cependant

revêtir, pour vous, une signification particulière. Quelle est-elle ?

Nous sommes dans une culture à dominante cartésienne, rationaliste, où l'on cherche la cause des choses (et nous avons énormément progressé) : pourquoi la lune tient-elle seule dans le ciel ? pourquoi le soleil se lève-t-il tous les matins ? Et pourquoi le vent souffle-t-il jusqu'à faire des typhons ? Pourquoi les êtres humains naissent-ils inachevés ?

La culture de l'homme, du moins celle de l'homme occidental, s'est tellement axée sur la tentative de compréhension des phénomènes extérieurs et de leurs explications, qu'elle a débouché sur une culture de la causalité et de ses effets. On sait de mieux en mieux anticiper les causes et prévoir les effets, maîtriser la matière, l'énergie, modifier le déroulement de la vie ; on recule les limites du savoir en amont, en aval du temps, on descend dans les profondeurs de l'infiniment petit...

Il me semble que ce n'est pas suffisant. Au-delà d'une cause rationnelle, logique, perceptible, les événements que nous vivons ont un sens encore plus profond, plus voilé aussi. Ils ont une destination, une finalité qui le plus souvent nous échappe.

L'exemple de ma tuberculose est significatif. Bien sûr que cette maladie avait une cause : le bacille de Koch ; bien sûr qu'il existait des conditions favorisantes : j'étais un enfant sous-alimenté à cause de la guerre, sans doute porteur d'une immunité trop faible.

Cependant, l'arrivée de cette tuberculose à neuf ans dans ma vie a du sens, tout au moins des significations plurielles autres qu'épidémiologiques. Neuf ans est l'âge exact où ma mère perdit sa mère nourricière, la seule femme qu'elle avait pu appeler maman. Enfant abandonnée, placée à l'Assistance publique, elle fut mise chez des parents nourriciers qui malheureusement étaient déjà un peu âgés (la femme avait 51 ans quand elle a pris la petite) et, à 60 ans, cette mère nourricière mourut. Comme on ne laisse pas une petite fille toute seule avec un homme, elle fut reprise par l'Assistance publique. Bien sûr l'Assistance publique a rempli son rôle : elle a envoyé une assistante sociale chercher cette petite fille, l'a placée au foyer, a fait des courriers, a tenté de retrouver une nouvelle famille d'accueil — trois, quatre... La quatrième se révéla la bonne. Ce fut la famille dans laquelle elle restera jusqu'à l'âge de dix-sept ans, âge où elle est *tombée* enceinte.

Mais qui s'est interrogé sur ce que pouvait représenter la blessure inouïe (pour une petite fille qui a déjà été abandonnée) de perdre la seule femme qu'elle avait pu appeler maman ? Personne ! Personne ne s'est mis à l'écoute d'une petite fille qui pleurait à l'intérieur.

Moi, je crois que cette blessure l'a rongée toute sa vie. Comment a-t-elle vécu cette perte ? Comme une trahison, un abandon, une punition ? Comment a-t-elle pu se construire, s'aimer, se projeter dans la vie ? À partir de quels modèles, de quelles attentes, de quel imaginaire ?

Une de mes thèses est que nous sommes, la plupart d'entre nous, des *enfants fidèles* à différents niveaux d'implication. Certains enfants vont se charger d'une mission de fidélité ou de réparation, de restauration, des blessures cachées de l'un ou l'autre de leurs parents, d'autres vont se laisser attribuer des missions avec des injonctions, des rôles, des objectifs à atteindre. C'est pourquoi je pense qu'en mettant au jour cette tuberculose osseuse à neuf ans, en inscrivant une maladie, des *maux,* en moi, je tentais, d'une certaine façon, de dire à ma maman : « Maman, toi aussi à neuf ans, tu as eu une blessure qui n'a pas été soignée et que tu portes toujours en toi, je vais alors en témoigner dans mon corps et entreprendre un immense chantier de réparation, de mises au jour... »

Je suis sûr que certains enfants sont ainsi fidèles à l'un ou l'autre de leurs ascendants ou même à d'autres générations : grand-père, grand-mère. C'est d'ailleurs ce qui explique que, dans une fratrie donnée, chaque enfant ne vivra pas les mêmes événements de la même manière. Chaque enfant ne vit pas la perte, la disparition, ou le divorce, avec la même inscription dans son imaginaire et sa relation au monde.

Il me semble donc toujours important de tenter d'avoir accès au sens, au-delà des causes, pour une maladie comme pour tout événement significatif qui surgit aux détours de notre vie.

C'est ce que j'appelle le devoir de conscientisation. Chercher au-delà du monde des apparences, au-delà des causes possibles, au-delà des explications fonctionnelles, rationnelles, logiques, pour entendre la signification profonde, la place, l'enjeu relationnel, affectif de tout événement de notre existence.

J'ai d'ailleurs trouvé une correspondance à cela dans le bouddhisme, alors que j'écrivais mon livre *L'enfant Bouddha*, où je tente une sorte de « psychanalyse » à l'envers du petit Siddhârta au travers de la vie du Bouddha. En fait, nous savons peu de choses sur l'enfant qu'il a été. Nous en savons beaucoup sur sa vie d'homme, un peu sur sa vie de jeune adulte : il était fils de roi, éduqué pour régner, protégé des « choses de la vie », il épouse une femme, il a un enfant, puis à un moment donné il quitte le palais royal, va dans la forêt où il entreprend, durant sept ans, une démarche personnelle sur le modèle des yogis de l'époque, qui ne donne rien. Il découvre alors sa propre approche, et trouve l'illumination. Ce qu'on sait moins, c'est que le Bouddha a découvert l'illumination autour de trente-cinq ans, qu'il est mort à environ quatre-vingts ans, et qu'il a donc enseigné directement à des disciples proches pendant quarante-cinq ans ! Voilà qui explique la richesse et la prolifération du bouddhisme, qui ensuite s'est bien sûr diversifié en différentes branches. En revanche, on ne sait rien de l'enfance de Bouddha. De même qu'on ne sait rien de l'enfance de Jésus qui apparaît à trente ans, a une vie publique, un enseignement, durant à peine trois ans. Je peux imaginer que l'enfant Jésus a volé des pommes, qu'il a tenté de regarder sous les jupes des petites filles, comme moi, pour savoir le mystère de la différence, qu'il s'est interrogé sur ses origines en voyant le vieux Joseph...

En fait, on ne sait rien sur l'enfance des grands maîtres, et pourtant ils ont été des enfants.

Comme nous venons tous du pays de notre enfance, il est important d'en connaître non pas uniquement l'historique, mais les sens profonds et multiples, attachés à chaque événement de la vie d'un enfant en devenir. À huit ans, je me suis brûlé le visage — tout le côté droit — au troisième degré. Avec des amis, nous avions rassemblé nos économies et acheté des pétards, avec lesquels nous avions fait un tas de poudre pour y mettre le feu. Nous jetions des allumettes, mais comme la poudre ne s'allumait pas, j'ai pris un morceau de papier que j'ai allumé et je me suis avancé... Il y eut une terrible explosion qui me renversa et qui me brûla la moitié du visage, tout le côté droit. Je me souviens, je tournais, tourbillonnais sur moi-même, fou de douleur et d'incompréhension.

Aussitôt appelé, le médecin a dit à ma mère qu'il fallait m'emmener d'urgence à l'hôpital, que la brûlure était très grave « brûlé au troisième degré », que je serais sans doute défiguré, qu'il faudra envisager des greffes, etc. ! Mais ma mère, à la stupéfaction de tous, répondit : « Non, je vais le soigner moi-même. » Le médecin essaya bien de la convaincre, justifiant l'hospitalisation par les risques de complications, d'infections. Mais elle, tout petit bout de femme à côté de ce géant chargé de savoirs et de certitudes, n'a jamais voulu céder. Elle était très pieuse, elle avait une croyance proche de celle des cathares ou, telle que je l'imagine, de celle des premiers chrétiens, qui ne se laissaient pas abuser par les dogmes ou par les apparences parfois pompeuses de la religion. Elle avait une relation directe avec Dieu, et une foi à toute épreuve dans sa propre bonne foi ! « Je n'ai fait de mal à personne, je n'ai jamais volé ou menti, donc j'irai au ciel. J'ai souffert sur la terre, j'ai travaillé toute ma vie, mais je suis déjà récompensée, mes enfants ont pu faire, grâce à Dieu, des études, ils auront une situation dans la vie. » Avoir une situation dans la vie voulait dire pour elle : être à l'abri du manque pour les besoins essentiels, se nourrir, se chauffer, s'habiller, avoir un toit sur la tête. Elle avait une vision extrêmement simple, extrêmement cohérente et consistante de la vie et, forte de sa foi de charbonnier, elle pensait que me soigner lui revenait à elle seule.

Elle avait entendu dire qu'au Moyen Âge certains ordres religieux étaient spécialisés dans la guérison des grands brûlés (affection qui, à l'époque, dans les grandes villes marchandes, était un fléau à cause de toutes les habitations en bois) et que la supérieure du couvent des Récollets[1] avait toujours un baume, une de ces recettes miraculeuses contre les brûlures, transmises de supérieure à supérieure. Elle était allée frapper à leur porte pour demander leur aide. Je me souviens très bien qu'il s'agissait d'un petit liquide bleu. Je garde encore dans le regard le bleu incroyable de cette bouteille. Deux fois par jour, elle m'enlevait le pansement (je hurlais comme un possédé) et m'appliquait ce produit. Quand le médecin me revit quelques semaines plus tard, bien qu'averti par la rumeur du quar-

1. Religieux réformés de l'ordre de Saint-François, appelés ainsi, parce que, par esprit de récollection, ils demandèrent au Pape Clément VII, en 1531, la permission de vivre retirés dans des couvents particuliers, pour y observer à la lettre la règle de leur patriarche.

tier, il fut abasourdi du résultat et l'associa à la possibilité d'un miracle. « C'est incroyable, c'est incroyable. » Et pendant quelque temps, je l'avais oublié, on m'appela « c'est incroyable ».

Mais, pour ma mère, il était évident que Dieu, et surtout saint Antoine de Padoue, patron des causes désespérées, l'avaient entendue, l'Un et l'Autre ! Pour elle, j'étais bien un « miraculé », normal !

Au-delà de l'anecdote, il faut donc être attentif à ce que j'appelle, dans le surgissement de l'imprévisible, le point focal d'une rencontre énergétique. La focalisation sur une situation donnée, sur un individu, sur une rencontre, d'un faisceau d'énergies complémentaires, chargé à la fois et de forces humaines et de forces cosmiques, m'a toujours impressionné. C'est ce qui me fait sentir (sentir et non pas croire) que certes, il existe un monde des apparences que nous maîtrisons de plus en plus, mais qu'en même temps, en parallèle, il existe également un ou plusieurs mondes plus riches, plus complexes (peut-être plus secrets) plus porteurs de vitalité, dont nous sommes la plupart du temps coupés. Mais dont l'irruption dans notre vie inscrit des témoignages surprenants.

J'attribue à notre éducation, à nos aveuglements ou à nos certitudes et à nos sens émoussés, le constat que l'accès à ces forces soit si rare... !

Les hommes, à un moment de leur histoire, de

leur développement, ont dû avoir des antennes plus sensibles que les nôtres, pour se relier à la nature, aux forces vives de l'univers, aux forces singulières de nos possibles inexploités dont nous sommes, aujourd'hui, séparés, amputés.

Parfois, chez certaines personnes, nous retrouvons cette sensibilité et nous disons d'elles qu'elles ont de l'intuition, qu'elles sont médiums, qu'elles ont des « pouvoirs »... Je serais tenté de penser que nous avons tous quelques-uns de ces pouvoirs en nous, mais qu'ils ne sont pas cultivés, pas développés. Ils ont été rabotés, nivelés par l'éducation que nous avons reçue, par le mode de vie que nous adoptons ou que nous subissons. L'un des enjeux à venir de l'existence humaine sera peut-être de se réapproprier ces merveilleux pouvoirs de vie, d'accéder à nouveau à des changements d'état de conscience, à des libertés d'être et de ressources que nous avons oubliés.

Je garde cela comme une utopie précieuse qui me pousse en avant.

Être en chemin vers une étoile est peut-être plus important que d'atteindre l'étoile. J'ai dû écrire dans un article que, pour Christophe Colomb, l'acte décisif n'a pas été de découvrir l'Amérique, mais d'avoir quitté l'Espagne.

Aujourd'hui je peux le dire, toute existence se vit entre le dérisoire et l'héroïsme, entre l'infamie et la grâce, entre l'éphémère et l'incertain.

La vie labyrinthique côtoie tous les possibles de l'imprévisible.

Arracher quelques instants de bonheur à l'avidité de la violence toujours à l'affût n'est jamais du temps perdu.

CHAPITRE TROIS

Et tout ce temps pour découvrir...
Que l'existence n'est faite
Que de bribes de temps
Données à la vie pour apprendre
À aimer...

JACQUES SALOMÉ

Nos vies seraient donc jalonnées d'événements structurants et de rencontres signifiantes, et nous sentons bien à quel point votre mère fut pour vous une « présence signifiante ». En revanche une grande absence s'inscrit dans votre vie, celle du père. Une absence peut-elle également être signifiante, ou structurante ?

Votre proposition est très intéressante. Vous mettez vraiment le doigt sur quelque chose qui m'interroge depuis plusieurs mois. J'ai par exemple été sensible à une absence particulière : le fait que ma mère n'ait pas eu de mère. Au point qu'un de mes rêves d'enfant fut d'imaginer que j'allais un jour rechercher ma grand-mère maternelle et la trouver, pour l'offrir en cadeau à ma mère. Je me voyais (dans ce que j'appelle un rêve éveillé) arrivant, triomphant et faussement modeste, un jour dans la cuisine, et disant : « Maman, j'ai retrouvé ta maman. »

Cela aurait été le plus beau de tous les cadeaux... Le cadeau absolu...

Vous rendez-vous compte... Cela aurait été...

(larmes)

...

Le plus beau cadeau que j'imaginais pouvoir faire était vraiment d'offrir une mère à ma mère. Mais j'ai échoué... Je ne l'ai jamais retrouvée, même si j'ai pu en cerner un tout petit peu la trace, en retrouvant l'endroit où elle avait accouché clandestinement, un 20 décembre 1915, à Toulouse.

J'ai alors inventé une grand-mère symbolique, que ma mère a bien reconnue et reçue comme un cadeau, car je la cite pratiquement dans tous mes livres. Les deux ou trois fois où je ne l'ai pas citée, elle m'a aussitôt dit : « Ah ! Tu as oublié de parler de ta grand-mère cette fois-ci ! »

Cela pour confirmer que, même lorsque nous pensons être bloqués face à une réalité silencieuse, injuste, ou trop opaque, il reste quand même une possibilité d'avancer en prenant appui sur le symbolique, par une mise en jeu métaphorique.

J'ai mis longtemps à m'interroger sur l'identité possible de mon grand-père maternel, lui attribuant en particulier la spécificité de mes traits, de ma morphologie... Cette femme inconnue, la génitrice de ma mère, n'avait pas conçu ma mère toute seule, mais avec un homme ! Or, jamais, jamais, jusqu'à l'âge de cinquante-cinq ans, je ne m'en suis préoccupé. Certes, ma mère avait bâti ce qu'on appelle un roman familial. Tous les enfants dont les origines sont obscures bâtissent un récit, une épopée, tissent une histoire fécondante. Étant née le 20 décembre 1915, elle avait donc compté que neuf mois avant correspondait au printemps 1915. La guerre, déclarée en août 1914, battait son plein ! Dès lors, elle avait deux scénarios possibles. Soit cette femme était mariée, et pendant que son mari était dans les tranchées, elle avait eu un amant, avec qui elle avait conçu un enfant. Ne voulant pas trahir encore plus son mari, elle était venue accoucher clandestinement à Toulouse ! Soit il s'agissait d'une jeune fille de bonne famille qui s'étant retrouvée enceinte, avec son amant mort au front, avait été ainsi contrainte d'accoucher clandestinement !

Quant à moi, et cela m'interroge fort, je n'ai absolument jamais tenté de retrouver cet homme, ni de l'imaginer. Il me vient parfois à l'esprit, comme un coup de flash, que ma morphologie asiatique, indienne, amérindienne... vient de lui !

Quoi qu'il en soit, là, le manque de rêves, d'imaginaire, est très significatif. Pourquoi ai-je braqué le projecteur plutôt sur les femmes, et si peu sur les hommes de mon histoire ?

La centration sur ma mère et sa génitrice est restée dominante.

La quête de la mère fut d'ailleurs si importante que, bien que ma mère eût retrouvé un compagnon à vingt ans (avec lequel elle eut mon frère), et que j'appelais papa, elle attendit d'en avoir cinquante-neuf pour se marier avec lui. Durant quarante ans de vie commune, elle refusa de l'épouser car elle avait l'espoir que peut-être, un jour, sa génitrice la rechercherait et comme, à cette époque, en se mariant, les femmes perdaient leur nom de jeune fille, elle craignait que cette femme ne puisse plus la retrouver !

Elle refusa obstinément de se marier, de changer de nom ! Cet homme, celui que j'appelais papa, Saturnin, la menaçait parfois avec une grosse voix pudique : « Si tu ne m'épouses pas je te quitte ! », mais elle, avec une incroyable volonté, une incroyable ténacité (je crois que je tiens un peu d'elle...) répondait invariablement : « Non. Ce n'est pas possible ! Ce n'est pas possible, car cette femme m'a laissé un nom : Marie-Louise Salomé. Salomé, c'est un nom important, on en parle même dans la Bible... C'est pas rien ! »

Ce n'est donc qu'après quarante ans de vie commune, à cinquante-neuf ans, qu'elle m'écrivit une lettre surprenante et émouvante pour me demander l'autorisation de se marier avec Saturnin...

C'est formidable, non ? Quelle fidélité à un nom, à l'espoir que sa génitrice se manifeste un jour, pour lui dire « J'ai été obligée de t'abandonner, mais je ne t'ai jamais oubliée, et me voilà ! »

Bien sûr, j'étais ravi pour elle de ce mariage qui inscrivait une sécurité. Mais ce jour-là j'ai senti que, pour qu'elle renonce comme ça, il avait dû se passer quelque chose dans l'espace, dans la trame invisible mais présente des relations primordiales... Que sa génitrice devait être morte...

La recherche était finie... Mon rêve de lui offrir une mère, aussi... *(larmes)*

...

Vous avez toujours eu une peine inouïe de ce manque de mère, pour votre propre mère. Au point de passer une partie de votre vie à rechercher une maman à votre mère en ignorant toute recherche envers votre véritable père. Est-ce que cette maman manquait à votre mère ?

Je le crois profondément. Je crois que cela a été à la fois un manque effroyable et un espoir désespéré... Un manque, une béance dans sa chair, qu'elle a, bien sûr, colmaté, et auquel elle a fait face. Elle avait dû quitter l'école à neuf ans. À l'époque, les petites filles de l'Assistance publique devenaient des bonnes à tout faire, que l'on plaçait facilement dans les fermes. C'était une main-d'œuvre reconnaissante, soumise et bon marché. Elle m'a souvent raconté sa petite enfance, dont elle se souvenait avec un luxe de détails pittoresques, joyeux et tragiques.

Nous sommes même allés ensemble revoir la première ferme où elle fut élevée jusqu'à l'âge de neuf ans, par cette mère nourricière qu'elle appelait maman. Ce fut l'occasion de retrouvailles extraordinaires. J'avais garé la voiture devant la maison qu'elle m'indiquait, et soudain redevenue toute petite, elle ne voulait pas sortir « pour ne pas être vue » ! Il y avait une vieille dame, de l'âge de ma mère, qui travaillait dans le petit jardin bordant la route. Je lui ai demandé s'il était possible de visiter, que ma mère avait vécu, il y a bien longtemps, dans cette maison.

— Et comment s'appelle votre mère ?

— Marie-Louise Salomé.

Ce fut instantané, la femme se tourna vers la maison et cria : « Antoinette, Antoinette, viens vite, Marie-Louise est là ! »

Ainsi, à plus de cinquante ans de distance,

deux ex-petites filles, qui avaient fait leur communion ensemble, se reconnaissaient. Les années abolies laissaient surgir mille souvenirs. Et surtout ces deux événements encore vifs au cœur de ma mère. La mère d'Antoinette avait offert à la petite Marie-Louise sa première robe « du dimanche ». La première robe de sa vie, son trousseau de l'Assistance publique (j'en ai lu la copie) ne comportait que des tabliers de toile, des *sarraus*. Et la première femme, celle du jardin, lui rappelait comment elles avaient été chipies avec elle, quand elles la poussaient dans les orties à la sortie de l'école. Car la petite Marie-Louise devait rapporter, chaque soir, un grand sac d'orties pour nourrir les canards de la ferme !

Ma mère a toujours fait face, mais je crois que c'est sur la fin de sa vie que l'on paye les blessures de la petite enfance. Blessures qui s'ouvrent, remontent à la surface et se répandent dans les sillons d'une existence pour en accélérer la dévitalisation.

Elle n'avait jamais été malade, elle avait travaillé très dur (seize heures, dix-huit heures par jour) toute sa vie, sans vacances, sans repos. Elle était solide, infatigable. Elle avait surtout un objectif majeur, prioritaire : nous élever, mon frère et moi, et œuvrer à notre réussite sociale ! Elle a donc fait face à tout, mais sur la fin de sa vie, vers soixante-dix ans, elle a commencé à perdre un peu la tête, à régresser. Elle ne souffrait pas de la maladie d'Alzheimer, mais elle était comme frappée d'une sorte de passivité, de lâcher prise sur ce qui l'entourait. L'immense fatigue de n'avoir pu être soi à pleine vie, qui l'assaillait de toutes parts.

C'était terriblement émouvant. Elle voulait être prise dans les bras, comme un bébé... Sans doute voulait-elle être enfin portée... *(larmes)*

... *(silence)*

En ce qui me concerne, un peu plus tard, autour de cinquante ans, je me suis quand même réconcilié avec la dimension masculine, et je me suis mis à la recherche de mon géniteur.

Pratiquement, jusqu'à l'âge de vingt-trois ans, je ne me suis pas préoccupé de mes origines. Je savais que j'avais été conçu par un garçon de quinze ans se nommant Pierre Lauret, mais rien de plus.

Puis quand je suis devenu père pour la première fois, pendant la grossesse de ma femme, j'ai soudain éprouvé le besoin de rechercher mon géniteur. Parce que je me prolongeais en aval de la vie, j'avais besoin de me relier en amont. J'ai donc tenté de le rechercher, mais ce fut un peu comme un feu de paille, comme un soufflet qui montait, montait, puis retombait. Mes recherches n'ont duré que quelques semaines, sans plus !

L'année d'après, j'ai eu un autre enfant, même scénario ; et comme ça cinq fois de suite. Chaque fois, je m'excitais, je m'agitais, je posais toujours les mêmes questions, puis... cela retombait ! *(rires)*

Quelque vingt ans après, quand ma fille eut sa première fille, cet appel recommença, et là, j'ai enfin trouvé cet homme. J'avais alors cinquante ans, et lui en avait soixante-cinq.

Je n'ai retrouvé ni un père ni un papa, mais mon géniteur, c'est-à-dire celui qui me permettait de me relier à mes origines. Il m'a appris que mon grand-père paternel était armurier, qu'il s'était en quelque sorte suicidé, en faisant essayer un revolver à un client. Il m'a aussi donné quelques informations sur ses origines personnelles : du côté maternel, ils venaient d'Italie, de Gênes ; ils avaient transformé leur nom de Ganini en Ganin ; l'autre branche venait du Poitou.

Lorsque mon géniteur me dit que son grand-père était sculpteur, j'ai été frappé par la concordance des signes, car j'ai moi-même gagné ma vie durant trois ans comme sculpteur. De plus, il ajouta que son grand-père maternel était charpentier, compagnon du devoir. Il participait aux grands travaux entrepris pour restaurer les cathédrales. Il était de ces artisans qui s'installaient dix, quinze ans au pied d'un chantier comme ceux de Strasbourg, Reims, etc., qui réparaient, réalisaient des chefs-d'œuvre. Et moi, de mon côté, j'ai toujours été passionné par le bois, j'ai créé moi-même beaucoup d'ouvrages en bois : mon lit, ma bibliothèque, ma table de travail.

En fait, c'est comme si à travers cette créativité artisanale je m'étais relié, à ma façon, à mes origines, comme si j'avais tenté de témoigner d'une appartenance.

Sans les connaître ?

Sans les connaître. C'est ce que j'appelle les synchronicités. C'est-à-dire l'ensemble des messages infraverbaux qui circulent au-delà des distances, au-delà des mots, au-delà des générations et qui font qu'une information essentielle, nécessaire, aboutira malgré tout et résonnera chez quelqu'un. Il faut, bien sûr, que cette personne soit suffisamment ouverte pour l'accueillir. Les enfants à ce propos ont de véritables antennes d'une grande sensibilité, pour capter les messages infra et ultraverbaux qui circulent entre les générations.

Ma recherche personnelle, tout mon cheminement professionnel touchent à tous les phénomènes de la communication concrète, pratique. La communication, c'est la sève de la vie. C'est cela qui donne une qualité, qui donne du goût, qui donne le plaisir d'exister.

La communication, dans ses développements subtils, peut nous entraîner loin, non seulement à des changements d'état de conscience, mais à des modifications physiologiques et physiques. J'ai vécu une fois, une seule fois, une expérience de décorporation qui m'a entraîné hors de mon corps. Expérience dans laquelle je n'étais plus qu'énergie, un faisceau énergétique qui me reliait à un point de l'univers que je sentais, avec une évidence sans faille, comme central. J'ai fait beaucoup de « Rebirthing » (renaissance) où, avec une approche respiratoire, on régresse et l'on retrouve dans notre corps la trace de notre gestation, ce qu'on vivait, ce qu'on éprouvait dans le ventre de notre mère, ce qui s'est passé à la naissance, à la sortie, les premiers mois de la vie, les premières expériences relationnelles avec les personnes significatives de votre vie.

De nombreux témoignages existent sur ce travail de régression fœtale. Denise Desjardins a repris cela, dans sa forme orientale, avec ce qu'elle appelle le « Lying », la régression renaissance.

Je fus également formateur en Rebirth, et j'ai vraisemblablement été un de ceux qui ont participé à l'introduction de ce type de travail en France, dans les années 68-70. Je me suis ensuite un peu séparé de cette approche, mais j'en ai beaucoup bénéficié. Et je la considère comme une démarche extraordinaire qui permet de se reconnecter avec les premières expériences archaïques, structurantes, de notre inscription au monde.

Le fruit de mes expériences m'a appris qu'aucune thérapie ne peut englober la totalité d'un être humain. La psychanalyse nous fera progresser dans beaucoup de strates de notre existence, quand d'autres ne pourront être touchées que par le Rebirth, la Bioénergie, la Gelstalt Thérapie, ou une approche corporelle. Chaque grande thérapie est un support important, un tremplin qui nous fait avancer dans la connaissance de l'être profond qui nous habite, mais qui en même temps ignore un certain nombre de domaines en nous, qui ne seront pas touchés ou réveillés. Cela ne veut pas dire qu'il faut entreprendre le parcours du combattant et se lancer dans toutes les thérapies ! Nous pouvons entreprendre celle qui nous semble être prioritaire par rapport à notre souffrance, à nos attentes, à notre recherche intime.

Personnellement j'ai essayé beaucoup de choses dans ce domaine. J'ai commencé par une psychanalyse — je suis, en quelque sorte, un enfant de la psychanalyse — je lui dois mon éveil à une écoute plus sensible, à une approche tolérante des conflits intrapersonnels, et surtout à un changement de regard sur ma propre histoire. Ensuite j'ai découvert tout le courant de la Psychologie Humaniste (notamment quand je suis parti au Canada en 1966) avec, entre autres, Carl

Rogers et la théorie de la non-directivité, du développement de la personne. J'ai également travaillé avec Alexander Lowen, le pionnier de la Bioénergie, avec Léonard Orr, l'inventeur du Rebirthing...

J'ai ainsi tenté d'approcher et d'intégrer un certain nombre de supports et de démarches pour continuer à me construire. Pour découvrir que la vie n'est qu'une succession de naissances, que nous passons notre existence à naître, à nous mettre au monde dans différentes dimensions de nous-même. J'espère avoir encore quelques belles naissances à venir. *(rires)*

Selon vous, la communication c'est avant tout « mettre en commun ». Dans l'exemple de la vie de couple, nous savons l'impact essentiel de la communication, mais dans un couple que peut-on mettre en commun sans qu'il y ait de risque fusionnel ?

Tout d'abord, il faut savoir que la dimension fusionnelle n'est qu'une des dynamiques possibles du couple sur les trois grandes dynamiques qui participent à la rencontre du couple.

Par exemple, je suis un homme vingt-cinq ans, je rencontre et j'aime une femme, qui m'aime également, nous avons donc la base, la trame, pour tenter, si tel est notre désir mutuel, de construire une relation de couple. C'est à ce moment qu'intervient la dimension relationnelle. Il ne suffit pas de s'aimer pour s'allier, s'engager et pouvoir rester ensemble, car l'amour ne peut pas se contenter « d'être », nous devons le nourrir. Il faut donc une qualité de relation qui alimentera, au sens fort du terme, cet amour et soutiendra, accompagnera, l'évolution de chacun d'entre nous pour nous permettre de partager le meilleur ou le pire.

Comme je le disais, il y a donc trois grandes dynamiques qui président à toute rencontre. Premièrement (la plus fréquente), la dynamique de la complémentarité : il (ou elle) semble voir chez moi des choses qu'il (ou elle) n'a pas, c'est cela qui va confirmer notre attirance mutuellement. Je peux éventuellement rechercher, chez cette femme, soit la part de masculinité que je pressens en elle et qui peut me manquer (bien que je sois un homme), soit sa part de féminité que je ressens comme forte et développée et qui m'attire d'autant plus que je l'ai peut-être aliénée ou censurée dans ma propre vie.

La dynamique de la complémentarité vise sans doute à une meilleure réconciliation, à une meilleure unification de tous nos possibles en tant qu'homme et en tant que femme. C'est un des enjeux importants du couple, que d'essayer de nous permettre d'accéder à une plus grande complétude, à une plus grande unité. N'oublions pas malgré tout que ceci n'est qu'une dynamique de départ, et qu'ensuite il y aura toute une évolution — soit convergente, soit parfois divergente.

Cette dynamique peut être illustrée par l'image du tenon et de la mortaise : tant que chacun reste sur sa position initiale, tout s'accorde, tout marche très bien. Mais si, lors de mon évolution, de tenon je commence à devenir mortaise, nous allons entrer dans une dynamique antagoniste qui risque de nous séparer. Combien de drames de couples commencent-ils justement, à un moment donné, par un éclatement du système relationnel, ce qui a réuni deux êtres ensemble, dix ou quinze ans auparavant, plus tard les séparent !

Car nous n'évoluons pas toujours dans la même direction, ni au même rythme. Je peux aussi (et je pense à une discussion que j'ai eue à ce propos avec Alexandre Jardin) essayer de voir dans la femme que j'aime toutes les femmes possibles qui l'habitent ! Ce qui peut m'éviter de rechercher ailleurs les autres femmes auxquelles j'aspire. De même, cette femme que j'aime peut tenter de voir tous les hommes qu'il y a en moi, et non un seul — celui qu'elle a aimé le premier jour, au tout début de notre relation.

Fréquemment dans l'amour d'un couple (ou ce qui est considéré comme de l'amour) plus

encore que la complémentarité n'est-ce pas un effet de miroir qui nous séduit ? Nous pensons aimer l'autre, mais en fait nous n'aimons que le reflet qu'il nous renvoie de nous-même ?

Oui, c'est fréquent. Il s'agit de la troisième dynamique dont je n'ai pas encore parlé. La première dynamique est celle de la complémentarité, la seconde est la dynamique antagoniste, la troisième celle de la semblance ou de l'effet miroir.

Quelques mots sur la dynamique antagoniste.

Par exemple, nous avons tous été frappés de voir des personnes vivant ensemble depuis vingt ans et qui ne partagent jamais le même avis ! L'un dit blanc, l'autre dit noir ! Le fait que le premier persiste à dire blanc stimule chez l'autre une créativité incroyable, et inversement. Ainsi ils s'accordent parfaitement, pour n'être d'accord sur rien. Leur propre désaccord est suffisamment stimulant pour les réunir avec un effet créateur qui les rend inséparables et précieux l'un pour l'autre.

De toute évidence, le paradoxe de cette dynamique, c'est que le jour où ils seront d'accord, ils risquent de se séparer ! Ils ne peuvent vivre ensemble qu'en étant en opposition, chacun confortant les positions de l'autre.

Puis, nous arrivons à la troisième dynamique,

celle que vous évoquiez dans votre question, la dynamique de la « semblance » ou du miroir.

On va rechercher chez l'autre l'âme sœur, on va apprécier ce qui nous correspond, ce que l'on croit sentir chez l'autre de semblable, d'identique à nous-même : « Tu aimes Mozart ? C'est formidable, moi aussi ! (Ou la voile, le ski, les livres de Jacques Salomé...) » *(rires)*

Oui, oui, j'ai vu une annonce comme ça, un jour, dans le journal *Libération* :

« *Je vous ai vue le 17 février dans le TGV Paris Lyon de 15 heures, vous aviez une robe rouge et vous lisiez un livre de Jacques Salomé* Si je m'écoutais, je m'entendrais. *J'aimerais vous rencontrer, car nous avons des points communs.* »

Dans *Libération* ! C'est drôle, non ?

Bon, au-delà de l'anecdote, dans la dynamique de la *semblance,* il y a le risque de la fusion : on regarde tous les deux dans la même direction, on passe devant une vitrine et en même temps sort de notre bouche le même commentaire, on ressent, on éprouve, on pense la même chose. C'est un état fusionnel, qui semble bon dans un premier temps, mais qui va se révéler dangereux dans la durée. Car pour qu'il y ait une relation, il faut un espace et donc une distance, une différenciation.

Au début d'une relation amoureuse le fait d'être collé l'un à l'autre nous comble :

« Qu'est-ce qu'il m'aime ! C'est formidable ! Il n'y a pas de différence entre nous... Il me correspond tout à fait ! » Seulement, dans ce type de rapport, le piège à venir c'est qu'il n'y a pas l'espace nécessaire à la relation. La fusion, le trop grand rapprochement, l'indifférenciation, impliquent de terribles conséquences auxquelles les couples, vivants dans cette dynamique-là, ne peuvent échapper. L'un des deux, sinon les deux vont se perdre, s'appauvrir, tourner en rond puis, à un moment donné, un des deux tentera de mettre un peu de distance pour mieux se définir par rapport à l'autre, pour se différencier et tenter de se faire reconnaître avec sa singularité. Se produit alors une crise aiguë, une crise d'une violence folle. Quand l'un commence à prendre la bonne distance — justement pour qu'il y ait une relation — l'autre ne le supporte pas. Plus il (ou elle) s'éloigne, plus l'autre s'accroche, quand il (elle) tentera de la (le) posséder, et par là même de la (le) contraindre, cela lui semblera insupportable et ils se sépareront alors dans une grande violence, un terrible désespoir, et une totale incompréhension. « Comment ! Toi qui m'as aimé, qui étais toujours d'accord avec moi, qui étais si proche de moi, maintenant tu t'éloignes de plus en plus ! » C'est au moment où chacun pourrait reconnaître l'altérité de l'autre que l'on assiste à de véritables sabotages relationnels, à des passages à l'acte où la violence surgit, incompréhensible et destructrice.

Dans votre vie amoureuse, vous étiez (et vous êtes) plutôt dans quelle dynamique ?

Je les ai toutes pratiquées, je crois, dans l'inconscience la plus parfaite ! *(rires)*

Dans mon premier couple, je voyais ma femme très intelligente, beaucoup plus cultivée que moi, avec une spontanéité, une liberté d'être que je n'avais pas. D'ailleurs, quand nos enfants nous demandaient : « Qui a embrassé l'autre en premier ? », elle disait que c'était moi, mais moi j'ai toujours été persuadé que c'était elle : jamais je n'aurais osé... !

J'étais bien dans une dynamique de dépendance et, auprès d'elle, j'ai grandi. C'est ce que j'appelle une « relation pépinière ». Ce n'est pas péjoratif, mais descriptif : « Grâce à toi, ma chérie, j'ai pu grandir. Merci. Et quand j'ai eu le sentiment d'avoir grandi suffisamment, j'ai eu le courage de te quitter... » Cela peut sembler terrible et profondément égoïste ! Bien sûr, ce n'est pas aussi linéaire que je le décris, c'est plus contrasté, plus labyrinthique, plus contradictoire et paradoxal, et toujours plus douloureux et conflictuel.

Est-ce que ça ne ressemble pas un peu au prolongement d'une relation à la mère ?

C'est curieux, mais je ne le sens pas tout à fait dans cette dimension. À la limite ma première épouse aurait plutôt été dans le rôle d'un père idéal, car elle m'a fait découvrir un tas de choses, elle m'a ouvert sur le monde extérieur, elle m'a socialisé et m'a confirmé dans ma valeur professionnelle.

Remontons un peu plus en amont, pour que je m'entende mieux...

Imaginez, après mon expérience de quatre ans dans le plâtre, en sanatorium, je ressors sur une chaise roulante, ensuite j'apprends laborieusement, douloureusement, à me déplacer avec des béquilles, avec des cannes, puis claudiquant, cahin-caha dans la vie.

J'étais devenu un sauvage, introverti, asocial !

Je me souviens même que, lorsque je suis sorti du sanatorium, arrivant le soir à Toulouse, ma ville natale, j'ai vu, ahuri, les rues entièrement illuminées grâce aux néons ! Le néon était arrivé pendant mon séjour au sanatorium, et je ne le savais pas, je n'en avais jamais vu... J'étais stupéfait ! Avant, dans mon quartier, il n'y avait qu'une petite loupiote, au coin de la place du Fer-à-Cheval... La nuit, c'était la nuit ! Les soirs de pleine lune, c'était formidable parce qu'on pouvait jouer un peu plus tard dehors et que l'espace était à notre dimension.

En fait, après quatre ans couché dans le plâtre, j'étais complètement décalé par rapport au monde réel. Mais heureusement un ami d'école, Albert, que j'avais retrouvé, par hasard (!) à la bibliothèque municipale (nous étions l'un et l'autre de grands lecteurs) m'a introduit aux Éclaireurs de France. C'est le scoutisme qui m'a sauvé. Sinon, j'aurais pu basculer dans une sorte de schizophrénie réactionnelle.

À neuf ans, j'aurais pu devenir délinquant et après, dans mon adolescence, j'aurais pu être l'équivalent d'un schizophrène social. Je n'utilise pas ce mot au hasard : je vivais dans un monde imaginaire, coupé de la réalité, honteux de mon corps, ne dialoguant que dans ma tête. Parce que j'étais boiteux, quand j'étais dans la rue, je marchais du côté du mur où j'avais ma jambe folle, et quand je remontais, je traversais la rue pour la masquer à nouveau tout contre le mur... C'est fou...! Je ne marchais jamais au milieu du trottoir, j'avais l'impression que tout le monde voyait que j'étais un infirme, un inadapté. J'ai ainsi marché cinquante ans avec une hanche bloquée et une jambe raide. Aujourd'hui, j'ai une prothèse et ça va un peu mieux, mais à l'époque je me vivais comme un infirme avec un raccourcissement de quatre centimètres qui m'obligeait à marcher en basculant le bassin, tête baissée, mâchoire serrée, si pressé d'arriver...

Alors que j'étais honteux de moi, apeuré et plein de doutes sur mes possibles, les Éclaireurs de France m'ont ouvert sur la nature, sur l'action, le dépassement de soi et surtout introduit à un milieu chaleureux, bienveillant, fait d'amitié, de rencontres, de créativité. Et je peux dire aujourd'hui que cela m'a vraiment sauvé la vie. J'ai une grande reconnaissance envers ce mouvement, le scoutisme, qui m'a socialisé, fait découvrir la joyeuseté du faire ensemble, lancé dans la vie.

Comme je le mentionnais plus haut, je reconnais que ma première femme m'a également beaucoup apporté sur ce plan-là. Elle m'a rassuré, elle m'a ouvert au monde, m'a permis de l'apprivoiser, de trouver une place, d'y être accepté. Comme aurait pu le faire un père, elle m'a permis de « défusionner » avec un univers archaïque, pour m'ouvrir à la vie sociale. Même quand j'étais étudiant (j'étudiais le droit), je ne sortais jamais ! Je ne savais pas danser, je ne fréquentais aucun groupe d'amis. Le dimanche matin, j'allais au marché aux puces pour regarder, surtout regarder ces gens qui paraissaient actifs, vivants, et acheter des livres d'occasion, car je lisais beaucoup, je veux dire sans arrêt.

Voilà pour mon premier couple. En revanche, avec ma seconde femme ce fut une dynamique différente. Là, c'est moi qui me sentais fort, je devais donc l'aider. J'étais dans cette mythologie, fondée sur je ne sais quelle dette, que je lui devais quelque chose. Je n'osais pas lui demander quoi que ce soit, j'aurais été un salaud... Je ne pouvais rien lui refuser non plus : j'aurais été encore plus un salaud... !

Dès lors j'ai vécu dans cette dynamique où je me mettais à son service, et un jour elle a dû sentir qu'elle était suffisamment grande et autonome, et elle m'a quitté !

D'une certaine façon j'ai rejoué la même dynamique que la première fois, mais inversée. Bien sûr je donne ici les grandes lignes d'une dynamique où j'étais dans le donner et le recevoir, où je ne savais ni refuser ni demander. Mais c'est évidemment plus complexe que cela, et surtout plus chargé de sens.

Et votre troisième couple, qui est celui que vous vivez maintenant ?

Ce troisième couple est une relation de rencontres dans la continuité, puisque nous vivons sur deux territoires différents. C'est une relation de compagnonnage. Mon amie vit en Suisse, moi dans le Lubéron, et nous sommes en relation depuis vingt ans maintenant. C'est une relation que je vis avec un sentiment de réciprocité très sécurisant et stimulant à la fois. Relation dans laquelle ni l'un ni l'autre ne sommes en dépendance. Nous pouvons nous rejoindre sur de nombreux plans sans développer de frustrations et d'attentes vaines, avec, ce que j'apprécie le plus, une liberté d'être, rare, joyeuse et ouverte sur des partages ensoleillés.

Est-ce que ce n'est pas une forme de protection de vivre aussi éloignés l'un de l'autre ?

Je ne sais pas si je peux utiliser le mot de protection. J'ai soixante-cinq ans, j'ai commencé cette relation après mon second divorce, il y a environ vingt ans, et en fait ça correspond à l'homme que je suis. J'ai un rythme très personnel et j'ai besoin d'un vaste territoire (je vis seul dans une grande maison). Certes, j'ai un jardinier, un soutien logistique avec une secrétaire-gouvernante qui gère l'intendance, mais je suis en général très autonome, répondant par moi-même à l'essentiel de mes besoins.

Vivre éloigné de mon amie n'est pas vraiment une protection, mais correspond à un accord, à une harmonie qui s'équilibre entre des temps de rencontre et de proximité et des temps de séparation et de distance. Je crois qu'avec ma personnalité, dans la dynamique relationnelle qui est la mienne actuellement, j'ai besoin de ce que j'appelle la bonne distance. Les Indiens du Canada disent que la bonne distance c'est quand on ne voit pas la maison de l'ami, ni sa cheminée, mais seulement la fumée... Il faut donc au moins une colline proche ! *(rires)*

Il me semble d'ailleurs que certains couples resteraient plus longtemps ensemble en acceptant de vivre sur des territoires différents, plutôt que de s'enfermer dans un territoire commun où ils risquent d'étouffer et de s'éloigner par l'intérieur... l'un de l'autre.

CHAPITRE QUATRE

Qui n'a pas eu envie d'aimer à vingt ans
A certainement le cœur en panne.
Qui n'a pas eu envie d'être aimé à trente
N'a vraisemblablement plus de cœur.
Qui n'a pas eu envie de s'aimer à quarante
Est probablement perdu à jamais pour l'amour.
Mais à soixante, tout n'est pas perdu
Il est parfois possible d'inverser le cycle!

JACQUES SALOMÉ

Finalement, tout ce travail que vous avez accompli sur la communication et la relation à l'autre n'était-ce pas une manière d'apprivoiser la solitude?

Absolument. La solitude, ce n'est pas d'être seul, c'est d'être un mauvais compagnon pour soi. Et la pire des solitudes me semble être la solitude à deux ; quand deux solitudes s'ajoutent et pèsent l'une sur l'autre !

Par exemple, dans un restaurant, on reconnaît facilement les couples mariés de ceux qui ne le sont pas. Les couples mariés mangent sans se parler, alors que ceux qui ne le sont pas discutent vraiment car ils ne viennent pas au restaurant pour manger mais pour se rencontrer, pour partager. J'exagère un peu, mais un peu seulement.

Tout au fond de moi, je crois que, fondamentalement, nous sommes seuls. Seuls pour affronter la rencontre avec soi-même, avec ses zones d'ombre et de lumière, avec ses limites et avec ses possibles, seuls pour se confronter à l'imprévisible du futur et au retour du passé.

C'est ce que j'appelle l'humanitude. Même si nous pouvons nous appuyer sur des événements structurants, nous construire avec des rencontres signifiantes, pour l'essentiel, en bout de course, nous sommes sans cesse renvoyés à nous-mêmes et à nos capacités ou insuffisances personnelles pour y faire face.

Le sentiment de solitude est un des facteurs de souffrance le plus répandu, que ce soit dans les couples ou les familles.

La cause principale est-elle le fait que l'on ne sache pas vivre en bonne entente avec soi-même ?

Je le crois profondément. Ce n'est pas la solitude qui, en elle-même, est douloureuse, éprouvante, c'est le fait que, le plus souvent, nous n'avons pas une bonne relation avec nous-mêmes. Par méconnaissance, mais aussi du fait que fréquemment nous nous sommes laissé définir, nous sommes restés enfermés ou emprisonnés dans les peurs et les désirs de nos proches, nous n'avons pas pris le risque de rester fidèles à nous-mêmes !

Souvent le sentiment de solitude ne s'allie-t-il pas à un sentiment d'exclusion ?

Oui, à un sentiment de rejet, d'exclusion et de néantisation, c'est-à-dire à un sentiment de non-valeur. À la base, il y a le manque d'amour de soi. Et lié au manque d'amour de soi, nous trouvons le manque de confiance en soi.

C'est la résultante du système dominant d'incommunication, le système SAPPE, dans lequel nous avons tous été élevés. Système de relation à base :

— D'**injonctions** : « Tu devrais te couper les cheveux ! Tu devrais écouter quand je te parle !

Tu devrais arrêter de fumer ! Tu aurais dû me dire... »

— De **dévalorisations** : « Mais regarde ce que tu as fait ! Tu fais toujours tout de travers ! Tu es vraiment un incapable, on ne peut pas te faire confiance ! »

On voit ce que l'autre n'a pas fait, mais plus rarement ce qu'il a fait de positif. Moi, tout enfant, j'ai rêvé d'un instituteur qui me dise : « Jacques, dans une dictée de quatre-vingts mots, tu en as écrit soixante-quinze justes. » Mais cela n'est jamais arrivé. J'ai toujours eu des enseignants qui m'ont dit : « Tu as cinq fautes ! Tu as encore zéro ! »

— De **disqualifications** : « Regarde ton frère, on n'a pas besoin de lui demander plusieurs fois la même chose ! Lui, au moins, il nous aide à mettre la table, il n'est pas toujours fourré devant des idioties à la télévision ! »...

Je n'ai pas besoin de disqualifier le programme de télévision, je peux apprendre à me définir : « Voilà, je te demande d'éteindre la télévision, et si tu ne le peux pas, je suis capable de le faire. » Je n'ai pas besoin d'ajouter : « Demain matin tu vas encore être fatigué ! » « Et tu as vu ta chambre ? On dirait une porcherie ! ! » Je peux me positionner et dire : « Non, non, je n'entre pas dans ta chambre, je ne me sens pas bien dans l'état où elle est ! »

Je n'entends pratiquement autour de moi, dans tous les milieux, que ce type d'incommunication. J'ai d'ailleurs écrit, sur un mode humoristique, un livre intitulé *C'est comme ça, ne discute pas* ou *Les 36 000 meilleures façons de ne pas communiquer avec un enfant.*

Il y a aussi :

Les **culpabilisations** : « Regarde la peine que tu me fais ! Tu vas faire pleurer le petit Jésus avec tes mensonges ! Qu'est-ce que j'ai fait au bon Dieu pour avoir un enfant comme ça ! »

Ainsi la pratique assidue du système SAPPE entretient avec beaucoup de constance les ***rapports dominant-dominé*** : « Écoute, je sais quand même mieux que toi, moi qui suis ton père (ta mère, ton mari, ta femme...) ce qui est bien pour toi ! », « Je suis votre patron, je sais quand même mieux que vous comment il faut travailler ! Les classeurs ne doivent pas être rangés comme ça ! », « Sans moi tu serais malheureux, et de toute façon tu sais bien que tu ne peux pas me quitter ! »

Et je n'ai cité là que les quelques phénomènes récurrents et tenaces qui irriguent le système SAPPE... Il faudrait y ajouter toutes les autres pollutions relationnelles qui circulent en abondance dans la plupart des relations familiales, sociales, professionnelles, et surtout à l'école (penser à la place de, faire pour l'autre, confondre désir vers l'autre et désir sur l'autre, ignorer qu'une relation a deux extrémités et qu'il m'appartient de me responsabiliser à mon bout, confondre la question et l'interrogation, pratiquer la collusion entre le discours et la personne...).

Comment voulez-vous que quelqu'un développe de la confiance en lui, développe l'amour envers lui-même, et cultive une créativité suffisante, quand il a été élevé dans un système éducatif et scolaire où c'est l'autre qui le définissait sans arrêt !

Prenons le couplage question-réponse qui domine dans le système scolaire.

À partir du moment où j'ai enfermé l'autre dans une réponse, je le prive de toute créativité : Je prends une fourchette, et je pose la question : « À quoi ça sert ? », j'ai une réponse en conserve : « À manger correctement ! »

Vous rendez-vous compte de la pauvreté du système question-réponse, système dans lequel le maître attend la bonne réponse, celle du livre, celle qu'il connaît, lui !

J'aurais aussi rêvé d'un enseignant qui ne me pose pas toujours des questions fermées, telle que : « Où la Loire prend-elle sa source ? » Bien sûr, moi je regardais les copains, devant, derrière, attendant qu'on me souffle la bonne réponse ! Et je finissais par entendre le fatidique : « Comme d'habitude, tu ne sais pas... Tu es vraiment un fumiste, tu as zéro ! »

J'avais toujours zéro... Non parce que je ne

savais pas, je savais plein de choses, mais je ne savais pas ce que l'on me demandait, ce dans quoi on enfermait mon esprit. Et pendant longtemps j'ai eu des cauchemars récurrents. J'étais adulte, dans une classe de CM1 ou CM2, je passais le Certificat d'études, et je ne savais pas, je ne savais rien, avec une boule d'angoisse à la gorge et le regard désespéré de quelqu'un qui se noie, dans tout son non-savoir !

J'aurais préféré un enseignant qui me dise :

— Jacques, donne-moi ta réponse, quelle qu'elle soit. Je vais m'appuyer sur elle pour aller plus loin avec l'ensemble de la classe.

— Mmmh, au mont Saint-Gothard.

— Bon, pour toi Jacques c'est donc au mont Saint-Gothard que la Loire prend sa source. Où est le mont Saint-Gothard ?

On aurait regardé ensemble l'atlas et j'aurais découvert (découvert !) que c'est plutôt le Rhône qui prend sa source à cet endroit-là. On aurait remonté alors la Loire et découvert les deux sources de la Loire, au mont Gerbier-des-Joncs. Ainsi, avec ma soi-disant fausse réponse, on aurait pu faire découvrir bien autre chose à tous les élèves de la classe !

L'enseignement classique à base de questions fermées me semble de la folie !

L'idéal serait un enseignant qui puisse dire : « Ce n'est pas la bonne réponse qui est importante, c'est la tienne. Quelle qu'elle soit, je m'appuierai dessus pour découvrir ensemble plein d'autres choses ! »

Quelle confiance en moi cela m'aurait donné !

Le plus souvent que ce soit l'enseignant, le père ou la mère, aucun ne prend le risque de donner la parole à l'enfant de peur d'être déstabilisé, de perdre son pouvoir.

C'est pourquoi nous sommes dans une culture où dominent la dépendance et donc l'assistanat.

Ce problème d'éducation, et surtout d'enseignement directif et donc frustrant, est de plus en plus dénoncé. Récemment un rapport de la Commission de l'Éducation nationale a justement mis en évidence le fait que l'on empêche la plupart des élèves de s'exprimer.

Mais absolument ! Dans une classe donnée, c'est toujours les mêmes « ténors » qui prennent la parole, et les autres élèves s'appuient sur eux ou se cachent derrière. On ne favorise ni l'expression partagée (qui pourrait être régulée par un bâton de parole[1]) ni la communication

1. Le bâton de parole est un des outils proposé dans la méthode ESPERE de J. Salomé, pour permettre aux enfants de se dire sans être interrompus (tant qu'ils

relationnelle qui s'appuierait sur l'expression du ressenti, sur l'apprentissage du demander, donner, recevoir, refuser.

« Pourquoi tu pleures ? » (question intrusion). « Il m'a pris le ballon » (réponse au niveau du fait). « Ah... Écoute, il faut que tu apprennes à partager ! » (injonction en conserve qui ignore le vécu de l'enfant et nie son ressenti). « Et toi (en se tournant vers l'autre) quel besoin tu avais de lui prendre son ballon, tu aurais pu jouer avec autre chose... » (questionnement fermé qui débouche sur une pseudo-communication !).

N'est-ce pas ainsi que l'on cultive le sentiment de solitude et d'exclusion ?

Surtout le sentiment de non-confiance en soi. La solitude n'est que la conséquence d'une image de soi dévalorisée, d'une non-écoute de nos besoins relationnels fondamentaux (besoin de se dire, d'être entendu, d'être reconnu et d'être valorisé). Les véritables racines sont le manque d'amour de soi, le manque de confiance en soi et le sentiment d'exclusion, d'isolement, de rejet. Ces quelques ingrédients font germer l'arbre de la solitude. J'ai vécu de longues

tiennent le bâton de parole et qu'ils respectent les consignes d'avoir à parler d'eux-mêmes et non sur les autres !).

années en solitude, en repli sur moi-même, amer, plein de ressentiments et d'insatisfactions.

Avez-vous reçu cette confiance en vous, de la part de votre mère ?

Au début de ma vie, non. J'en ai souvent parlé avec elle plus tard. Malgré tout l'amour que j'avais reçu de sa part, elle m'avait proposé une relation typiquement issue du système SAPPE. Je me souviens par exemple d'un événement structurant de ma vie, la naissance de mon frère. Jusqu'à quatre ans, j'avais une maman pour moi tout seul. J'étais, dans ce que plus tard j'ai appelé l'ITPI : Illusion de la Toute-Puissance Infantile. J'avais faim ! J'appelais maman, elle me donnait à manger. J'étais mouillé ! Je pleurais ! Elle venait. Je voulais être pris dans les bras, je m'agitais, elle me prenait. Etc. Nous avons tous connu cela. Moi, j'ai vécu durant quatre ans avec le sentiment que l'univers tournait autour de mon nombril, que le monde entier, du moins ce que j'en percevais, était à mon service. Puis, à l'âge de quatre ans, il y eut un véritable cataclysme, un tremblement de terre : mon frère est arrivé ! Je ne dis pas « est né », non, il a surgi du dehors. Je n'avais même pas vu que maman était enceinte ! Cette maman que, jusqu'alors, je n'avais vue que tournée vers moi, s'occupe alors essentiellement de mon frère, et j'eus le sentiment (même si je sais aujourd'hui que ce n'est pas vrai) que je n'avais plus de maman, mais qu'une mère frustrante, inconséquente, peu fiable, l'avait remplacée.

J'ai des souvenirs très nets. Vers l'âge de quatre ans et demi, je quitte la table et elle m'arrête en me disant : « Attends, n'oublie pas de ranger ta serviette dans le rond. » Je n'avais jamais rangé ma serviette de ma vie ! Avant j'avais une maman qui le faisait pour moi. Je l'entends encore dire avec tendresse : « Ah, cet enfant, il est toujours pressé d'aller jouer. » Et elle pliait ma serviette, rangeait mes affaires, mettait l'univers à mon service. Puis d'un seul coup tout change, les références ne sont plus les mêmes, des exigences que je voyais comme des agressions apparaissent : ranger mes chaussures, faire mon lit, plier mes vêtements, mettre la serviette (et le gant) de toilette à sécher... Bref, non seulement j'avais perdu ma maman « à moi tout seul » mais je découvrais une mère sévère, exigeante, « reprochante ». La maman c'est la partie oblative, comblante, gratifiante, de la relation ; la mère c'est la partie obligative, contraignante, frustrante. Et je sais aujourd'hui que nous avons besoin des deux, mais ce passage de la maman à la mère que j'appelle sevrage relationnel, moi je l'ai vécu de façon trop brutale, sans préparation, à vif !

Alors évidemment, puisqu'il me prenait ma maman, j'ai voulu supprimer mon frère ! J'ai d'abord pris un panier, je l'ai mis dedans et je l'ai amené à une voisine qui voulait un bébé et n'en avait pas... ! *(rires)*

Puis, j'ai même essayé de le tuer, de l'étouffer en mettant un oreiller sur le berceau, quand il dormait, avec plein de jouets dessus !

Il avait la vie dure, il a survécu... *(rires)*

Nous en parlons aujourd'hui avec tendresse et humour, d'autant plus qu'il a grandi très vite et affirmé sa place avec ses propres moyens.

En l'absence du sentiment d'exclusivité d'un amour, peut-on alors éprouver un sentiment d'exclusion, de rejet, et ainsi de dévalorisation de soi ?

Je ne préfère pas introduire cela comme une catégorie, mais plutôt comme une étape. C'est notre immaturité affective qui est à l'origine de la plupart de nos souffrances et malentendus sur le plan affectif. À cet âge-là, quatre, cinq, six ans, si effectivement je ne focalisais pas l'attention sur moi naturellement, je m'arrangeais pour la capter, pour déranger ma mère (surtout quand elle avait le « petit », mon frère, dans ses bras), pour provoquer un incident de façon à ce qu'elle s'occupe de moi, sinon j'avais l'impression que je ne valais rien, que j'étais rejeté.

Mais tout cela n'est pas un état permanent, c'est une phase de revendication (qui chez certains peut malheureusement durer toute la vie) liée à notre immaturité affective.

Plus tard, à l'aube d'une relation amoureuse, l'équation est simple, si je ne m'aime pas, je serai toujours dans le besoin d'être aimé et je serai donc incapable d'aimer vraiment. J'aurais beau dire à l'autre « Je t'aime, je t'aime », cela voudra dire « Aime-moi, aime-moi, ne me quitte pas... » J'ai décrit longuement, pour mes enfants, dans *Dis papa, c'est quoi l'amour ?* ce que j'appelle les pseudo-amours.

Je dois souvent préciser que les parents sont là pour répondre aux besoins des enfants, mais seulement jusqu'à un certain âge ! Après, l'enfant doit apprendre à répondre lui-même à ses propres besoins. Quand je vois de grands dadets de vingt-six ans vivant toujours chez papa et surtout chez maman qui lui lave les slips et les chaussettes, je suis un peu inquiet sur la façon dont ils apprendront l'autonomie à leurs enfants ! À un fils de vingt-six ans une mère devrait pouvoir dire : « Je te montre comment fonctionne la machine à laver. » Les parents sont là pour répondre aux besoins de leurs enfants jusqu'à un certain âge, mais non à leurs désirs.

La base de l'éducation à l'autonomie est là.

Il est certain que ce problème est actuellement majoré, car entretenu et développé par notre politique sociale, notamment en ce début du XXIe siècle où nous sommes de plus en plus dans une culture de la dépendance et de l'assistanat. Ce sont des multinationales qui anticipent ce qu'on va manger dans les prochaines années, comment nous allons dormir, le nombre de mètres carrés de soleil que le Club Méditerranée va nous vendre, etc. ! Pourquoi a-t-on fait trois périodes de vacances scolaires différentes en février et à Pâques ? Pour amortir les chambres d'hôtellerie ! Nous avons plus investi dans l'industrie du tourisme que dans la sidérurgie. Il faut donc rentabiliser ces milliards, et l'on ne peut pas les rentabiliser avec seulement dix jours à Noël, dix jours à Pâques, et trente jours en juillet... Je risque de surprendre, mais si nous croyons que les trente-cinq heures de travail hebdomadaire sont un progrès... nous risquons d'être déçus !

Au XIXe et début du XXe siècle nous étions exploités par l'univers du travail, au XXIe siècle, il est bien possible que nous soyons asservis par le monde des loisirs. On nous « donne du temps » en plus pour consommer plus de loisirs : consommer des heures de télévision, consommer des champs de neige, consommer des heures de cinéma, d'Internet, ou d'heures en grandes surfaces. Déjà certains dimanches, j'ai entendu au téléphone : « Tu n'as pas de projet, si tu as envie de sortir on pourrait aller dans une grande surface... » Passer du temps, consommer !

Mais là encore, même avec des temps de loisirs multipliés par dix, rien n'est fait pour améliorer ou favoriser la communication des êtres humains entre eux. On le constate dans bien des centres de vacances, où ce sont souvent des solitudes qui côtoient d'autres solitudes.

Pour combler cette solitude, c'est-à-dire pour éviter de se rencontrer, on fait du remplissage. On passe le temps (on le tue et il nous le rend bien !), on achète, on accumule, on vit par personnages de cinéma ou de télévision interposés entre nous et la réalité, le virtuel et la fiction grignotent tous nos espaces de rêve.

Autre phénomène (je saute du coq à l'âne) aux États-Unis, le nombre de femmes et d'hommes qui deviennent obèses est significatif. Et ça devient aussi le cas dans notre pays. On mange trop — une alimentation riche, mal équilibrée — on consomme beaucoup trop, comme pour remplir la vacuité de l'existence.

Nous sommes dans un cycle de leurres qui retarde chez beaucoup d'entre nous la rencontre avec le meilleur de soi-même.

Nous sommes dans un curieux mouvement. Ce mouvement, qui semble pour l'instant inexorable, nous entraîne vers une dévitalisation de plus en plus grande de la vie. Une stérilisation du vivant de la vie. La tomate que je mange au mois de janvier ne contient aucun principe vital, elle est élevée sur un lit de sable et de nitrate ! Les corn flakes que mangent les enfants affichent sur le paquet des taux de potassium, calcium, vitamines, etc., mais ils contiennent moins de vie que le morceau de pain au froment que mon arrière-grand-père mangeait, il y a cent cinquante ans.

Il y a une dévitalisation de la nourriture, une dévitalisation dans les relations essentielles de notre existence, celles du couple, de la famille, de la convivialité, de la proximité nécessaire dans l'univers du travail, donc une dévitalisation du principe vital que nous avons la mission de vivifier !

Certaines personnes n'ont quasiment jamais de contact avec la « terre », mais seulement avec du béton, avec du fabriqué. Ceux qui vivent dans les grandes métropoles ont perdu le contact avec les énergies telluriques. Voient-ils encore le ciel ? De temps à autre... Éprouvent-ils un sentiment de communion avec la nature ? Pratiquement plus...

Nous ne rencontrons plus d'aurores scintillantes, d'aubes lumineuses, de crépuscules étonnés, nous passons de la nuit au jour, du jour à la nuit dans une grisaille inodore et sans saveur.

Malheureusement, le plus souvent pour des raisons économiques, on ne peut pas échapper aux cités de béton. Comment faire ? Comment s'ajuster ?

Avant de s'ajuster, il faut résister.

Mais comment résister lorsqu'on n'a pas d'autre choix que celui de vivre dans un tel environnement ; et heureux encore celui qui a un toit sur la tête ?

Il peut aller à la rencontre d'un arbre. Je me souviens de l'époque où j'étais chargé de cours à l'Université de Lille. Je m'y rendais huit jours par mois, bloquant sur une courte période toutes mes interventions, je logeais dans un petit hôtel près de l'ancienne faculté des lettres et, pour aller donner mes cours, je passais chaque fois par un square. C'était un square minuscule, peut-être cent mètres carrés, et tous les matins, je voyais un Chinois qui faisait du Tai Chi. C'était sublime. De seulement voir cet homme me réconciliait avec le ciel, avec la terre, avec les énergies. À l'époque je ne pratiquais pas, mais j'étais fasciné par cette sculpture vivante, par l'harmonie de ces gestes répétés depuis des années pour arriver à une forme parfaite. Avec le Tai Chi, cet homme avait trouvé comment résister et non pas comment s'adapter. Résister en créant une bulle de vie, un temps et un espace pour nourrir la vivance de sa vie.

Mais on peut aussi y parvenir par d'autres chemins. Avec seulement un arbre, même un arbre encerclé de béton, que l'on peut serrer dans ses bras, ou encore dans le fait d'avoir un pot de terre chez soi, et de cultiver une plante dans un mini-jardin... De se relier à l'eau, de respirer, de rêver. Bref, d'arrêter le cycle de la consommation et de la consumérisation pour s'ouvrir à des échanges, à des partages, afin de continuer à vivifier le cycle du demander, donner, recevoir, refuser, qu'est le cycle bienfaisant de la communication relationnelle.

Il s'agit d'être attentif et d'aimer ce qui est, même si « ce qui est » est enfermé dans du béton ou cerclé de fer ?

Oui, parce que ainsi on peut se relier aux forces vives de l'univers, si l'on accepte d'être une antenne énergétique entre le point focal où nous sommes et le reste de l'univers. Je me souviens, lorsque j'ai vécu en Inde, je vivais chez une habitante, pauvre d'entre les pauvres. Je voyais ses trois filles partir dès le matin pour ramasser les bouses de vache qu'elles mettraient à sécher pour faire le seul combustible dont toute la famille aller disposer pour cuisiner. Cette femme avait un tout petit jardin intérieur d'un mètre cinquante au carré, où elle préparait son feu pour cuisiner. Mais son premier geste du matin était, avec une cassolette d'eau, de jeter quelques gouttes d'eau en direction des quatre points cardinaux. Cette femme-là, qui survivait dans des conditions de vie minimales, dans une pauvreté incroyable, avait un rituel pour se relier, à travers les quatre directions, aux quatre éléments. Je n'ai jamais connu la signification exacte de son rituel, mais il me fascinait, je sentais qu'il y avait là du sens, un ancrage à l'intemporel de la vie. Chaque matin, je me levais en avance, et avant de faire ma propre méditation, avec laquelle j'allais me relier, à ma façon, à une part du divin qui m'habite, je regardais, ému et troublé, cette femme qui s'inscrivait dans la grande roue de la vie.

Est-ce que le fait de savoir se relier à l'univers, à la nature, avec seulement une attention plus soutenue à ce qui est, peut changer le visage de la solitude ?

Je crois qu'une des clés est d'apprendre à être un bon compagnon pour soi-même. Moi, j'ai mis quarante ans à découvrir que la personne avec qui je passais l'essentiel de ma vie, c'était moi.

Que la personne avec qui je vivais la plus grande part d'un bonheur possible, ou de difficultés liées à l'irruption de l'imprévisible, c'était moi-même. Il fallait donc que je prenne soin de cette relation ténue, fragile, maltraitée ou ignorée... de moi-même ! Moi qui étais psycho-machin-chose, qui m'occupais des autres, qui me dépensais sans compter (j'avais la réputation d'être quelqu'un de chaleureux, de disponible, de bienveillant, d'ouvert), je ne m'occupais pas assez de moi. Non seulement je n'étais pas un bon compagnon pour moi, mais j'étais un tyran épouvantable avec l'intime de moi-même.

Le problème c'est que, dans notre culture, il est plutôt mal vu de s'aimer.

Oui, c'est être perçu comme égoïste, égocentrique, individualiste... S'aimer n'est pas une valeur recommandable dans notre société.

L'idéal semble même être l'abnégation de soi. En somme, toute notre culture paraît aller à l'encontre du fait de s'aimer soi-même. D'ailleurs, vous dites qu'il vous a fallu quarante ans pour y parvenir. N'est-ce pas un peu désespérant, d'imaginer qu'il faut traverser plus de la moitié de sa vie avant de découvrir comment

s'aimer soi-même, alors que vous enseignez que c'est la base essentielle de la relation à l'autre ?

Je vais le dire avec la dose d'humour qu'il faut, car je ne cherche pas à me comparer à lui, mais Sigmund Freud, un homme que j'admire beaucoup, n'a pas eu, lui, de psychanalyste. Il a travaillé seul, sur ses tripes, sur ses angoisses, et enfin, à quarante ans, il découvre l'inconscient. Seulement à moi, cela m'a permis de découvrir mon inconscient à vingt-quatre ans ! Le travail solitaire de Tonton Freud m'a fait gagner plusieurs années !

À certains égards, tout comme lui, je me ressens tel un défricheur. J'ai effectivement mis quelque quarante ans à me découvrir, et je rencontre souvent des personnes plus jeunes qui me disent que grâce à moi (et à d'autres aussi, bien sûr...) elles ont enfin commencé à mieux vivre.

Je peux imaginer qu'un certain nombre de gens pourront gagner quelques années grâce à mon travail, dans l'amélioration de leur relation à eux-mêmes et aux autres, dans l'orientation de leur qualité de vie, et j'espère qu'ils en feront ainsi gagner quelques-unes à leurs enfants, à ceux qui leur sont proches. C'est un mouvement en spirale qui s'élargit à tous ceux qui veulent devenir coauteurs de leur vie, et plus responsables de la qualité de leurs relations.

Cela dit, je vais à contre-courant du mouvement général qui vise au nivellement, à l'uniformisation, à des relations de plus en plus fonctionnelles, fondées sur le faire et la réussite consumériste, au détriment des relations interpersonnelles, fondées sur l'être et l'intériorisation. Ce n'est d'ailleurs pas par hasard s'il y a une censure très active pour tout ce qui touche à la communication. Pas nécessairement à mon égard (mais tout de même...). Par exemple, mes ouvrages, mes travaux, ne font pas l'objet d'analyses, ou d'articles critiques dans les grands médias. Je bénéficie cependant d'un soutien et d'une amplification importante par le bouche-à-oreille.

Est-ce parce que les médias considèrent que la communication est d'un intérêt mineur ?

Non. Parce que proposer une autre façon de communiquer met en cause toutes les grandes structures, comme la santé, la justice, l'éducation, la famille, et que cela est perçu comme dangereux, inquiétant, à cause des changements que cela peut provoquer !

Toutes les démarches de changement suscitent des résistances incroyables de la part de l'entourage proche. Dans un couple, si c'est la femme qui commence, le mari ne le supporte pas : « Mais qu'est-ce que tu fais ? Ce sont des conneries ! Tu perds ton argent ! Tu es dans une secte, tu as un gourou !... »

Toute démarche de changement sécrète des résistances, des rejets, et parfois des violences de la part des proches (famille, amis). Combien de maris ont dénoncé leur femme, disant qu'elle était dans une secte, parce qu'elle faisait une démarche en Bioénergie, en développement personnel, ou de simples sessions en formation personnelle ? Combien de femmes n'ont pas supporté le changement de leur partenaire parce qu'il s'était engagé dans une psychothérapie ?

En fait si l'un des partenaires commence à changer, l'autre est, d'une certaine façon, entraîné à revoir toute la relation et surtout le système relationnel qui sous-tend cette relation. Par exemple, je ne peux pas continuer à exploiter ma femme, à l'obliger à me servir à la maison, de contrôler ses sorties, si elle est devenue plus capable de se différencier et de s'affirmer !

Il est curieux de constater que les démarches en formation personnelle et en communication soient encore si mal perçues alors que la psychologie est tout de même mieux acceptée que par le passé ?

Le problème s'est inversé, et l'on en vient à trop « psychologiser » les relations humaines. C'est pourquoi je me présente rarement comme *psycho-quelque-chose,* mais plus volontiers comme formateur en relations humaines. Je ne fais pas de psychologie, je fais des relations humaines !

Pourquoi n'êtes-vous pas psychologue ou psychanalyste ? Pourquoi n'avez-vous pas ouvert un cabinet ?

D'abord, parce que l'intimité d'un cabinet, le face-à-face, n'était pas ma tasse de thé. Mais la raison principale réside dans le fait d'avoir découvert, à l'âge de vingt-cinq ans, le travail de groupe. Le groupe est un outil de changement extraordinaire, une caisse de résonance telle, qu'il me semble que l'on peut progresser plus vite, que l'on va plus loin avec le support d'un groupe.

Je vais faire hurler tous les thérapeutes individuels, mais dans un groupe de formation continue (avec des gens appelés à se revoir durant six mois, un an, deux ans), il existe un niveau d'écoute, une qualité de relation, un effet de résonance, qui sont autant de supports possibles pour un changement. Il y a des phénomènes d'amplification qui vous portent, vous permettent d'entendre, qui vous stimulent pour aller loin sur les chemins de votre propre transformation.

Je suis totalement acquis au travail en groupe.

C'est un outil d'évolution fabuleux. Je me souviens, il y a plus de trente ans, combien j'avais été émerveillé en lisant le livre de C. Rogers sur les groupes de rencontre. Ma lecture rejoignait les découvertes sur lesquelles je balbutiais à cette époque. Je parle ici dans une perspective de formation incluant un travail sur soi, pour ce que j'appelle des normosés, des gens comme vous et moi. Pour les personnes présentant certaines pathologies ou certaines difficultés personnelles, la relation interpersonnelle sera davantage privilégiée et vraisemblablement plus souhaitable. Mais pour ce qui est de l'ordre de la formation, du changement, de l'évolution personnelle, je suis pour la formation en groupe, avec des participants qui viennent par choix personnel et en toute liberté. Un des effets pervers du travail de groupe c'est qu'il est également utilisé par les sectes, qui sont bien conscientes que leur message passe mieux, et qui ont développé des stratégies très au point pour créer et entretenir la dépendance et l'aliénation.

Dans le cas de groupe, certaines personnes viennent-elles en couple, ou de préférence seules?

Lorsque je faisais des formations (ce n'est plus le cas depuis trois ans), je déconseillais aux gens de venir pour la première fois en couple, y compris sur des sessions ayant pour thème le couple. Cela dit, comme je ne gère pas le « bout » de l'autre (une relation a toujours deux bouts, et je ne gère que le mien) je me contentais de me définir en disant : « Je ne vous invite pas à venir en couple, mais si votre choix est vraiment celui-ci, je ne vous refuse pas. » Certains suivaient alors mon conseil et découvraient, que chacun ayant des cheminements différents, il fallait en premier aborder les problèmes de sa propre histoire, avant d'aborder les problèmes de couple. Les problèmes de couples ne sont au fond que des problèmes individuels qui sont majorés, exacerbés, réveillés, par la proximité, l'intimité de la relation du couple.

Parfois, notamment dans le couple, le sentiment d'isolement, de solitude, a pour origine le fait de ne pas se sentir compris de l'autre. Mais est-il réellement possible de comprendre les émotions de l'autre?

Rappelons tout d'abord qu'on ne peut être le thérapeute de son conjoint. Ensuite, que je ne proposais pas de séances thérapeutiques, ni de session de résolution de problèmes, mais bien des démarches de formation visant à la découverte et à l'intégration de nouvelles modalités relationnelles (réunies sous le vocable de Méthode ESPERE). Je tentais dans ces sessions de faire découvrir, autour de quelques concepts clés, des règles d'hygiène relationnelle et la mise en pratique de quelques outils favorisant la mise en commun, tels que la visualisation, la symbolisation, le bâton de parole, l'écharpe relationnelle.

Dans tout échange, nous sommes toujours trois. Il y a l'autre, moi, et la relation que je symbolise par une écharpe.

Durant des années, j'ai toujours eu une petite écharpe en soie dans ma poche, et chaque fois que j'étais en relation avec une personne, je lui tendais un bout de cette écharpe et j'expliquais que je ne me sentais responsable que de mon bout, que j'avais à gérer ce qui se passait en moi.

Pourquoi voulons-nous à tout prix intervenir sur le bout de l'autre, le comprendre, ou vouloir le changer ? « Pourquoi tu m'as trompé ? », « Pourquoi veux-tu un deuxième enfant, alors qu'on ne dort déjà plus à cause du premier ?... », « Tu ne devrais pas accepter ce poste, il va nous obliger à déménager... »

Porter l'interrogation sur l'autre, exiger des réponses, des explications à ce genre de questions est un leurre. C'est vain et c'est voué à l'échec. Porter l'interrogation sur l'autre nous fait faire l'économie d'avoir à nous interroger sur nous-même. Qu'est-ce qui est touché, réveillé, chez moi par le comportement de l'autre? Qu'est-ce qui me heurte, me blesse, m'irrite ou me satisfait? Il ne s'agit pas, dans un premier temps, de chercher à comprendre, analyser, expliciter l'autre, mais de se responsabiliser à son bout!

Est-ce que je me donne les moyens, moi, à mon bout de l'écharpe, de l'entendre; pas de le comprendre, de l'entendre?

Prenons ici deux exemples, un exemple parental et un exemple conjugal. Exemple parental : je suis avec ma fille. Elle travaille mal à l'école. Je voudrais modifier son comportement, lui faire prendre conscience des progrès qu'elle « doit faire », car elle n'a pas les résultats que moi, son père, j'attends d'elle. Vais-je essayer de comprendre pourquoi elle travaille mal, ou vais-je essayer d'entendre qu'avec ses difficultés scolaires elle tente à sa façon de dire quelque chose, d'affronter un conflit intrapersonnel ou interpersonnel important?! Entendre l'autre, c'est le rejoindre là où il se trouve, au point focal de son interrogation.

Deuxième exemple parental. Cela concerne mon fils. Depuis quelque temps, il fait pipi au lit, alors qu'il a onze ans et qu'il était propre jusque-là. Est-ce que sa mère et moi allons l'emmener chez le psychologue, chez le pédiatre, chez le psychanalyste, pour essayer de comprendre pourquoi il fait subitement pipi au lit, ou à mon bout de la relation vais-je essayer d'entendre, que c'est un langage. Qu'est-ce que mon fils tente de dire avec son pipi au lit, qu'il ne peut pas dire avec des mots... ? C'est à moi ou à sa mère de tenter de l'entendre. Peut-être son professeur de musique le tripote-t-il ? Tonton André a-t-il eu un geste particulier avec lui ? Peut-être est-il l'objet d'un racket à l'école, d'une déception amoureuse ?

Combien d'énurésies qui surgissent brutalement ne sont que des tentatives pathétiques et désespérées pour un petit garçon ou une petite fille, de dire l'indicible. C'est pourquoi si on emmène son enfant chez le psychologue pour essayer de comprendre, on risque de ne jamais l'entendre. Mais il arrive parfois à certains psychologues de ne pas se laisser piéger et... d'entendre. Parfois !

J'enseigne donc que, paradoxalement, il est vain d'essayer d'agir sur le bout de l'autre, il faut simplement essayer d'agir sur son propre bout.

Maintenant, un exemple conjugal. Tel homme va-t-il essayer de comprendre pourquoi, après dix ans de mariage, sa femme a ouvert une autre relation amoureuse avec un collègue de travail, (« elle m'a trompé ! Elle m'a trahi ! » dira-t-il), ou va-t-il essayer d'entendre ce que ça touche en lui, quand il découvre que la femme qu'il aime a une relation avec un autre homme ? Quelles blessures cela réveille-t-il ? Quelle panique ? Quelle peur d'être abandonné ? S'il ne s'interroge pas, à son bout de la relation, et qu'il reste enfermé dans des accusations, scotché aux questions qu'il se pose sur le pourquoi de la conduite de son épouse, à l'autre bout de la relation, il va vivre un enfer. Il va vers une rupture de la relation (et dans beaucoup de cas vers de la violence). Peut-être que sa femme se soumettra, qu'elle quittera cet autre homme, qu'elle rentrera dans le rang (comme on dit) et, magnanime, qu'il lui pardonnera. Mais il vaudrait mieux qu'il s'interroge sur sa propre position relationnelle dans le couple. A-t-il, par exemple, compris qu'il n'était pas assez là, que c'était pour cela qu'elle avait ouvert une autre relation, ou qu'il était trop rapide en lui faisant l'amour, qu'avec lui elle n'a jamais eu de plaisir alors qu'elle l'a découvert dans cette autre relation !

Bien sûr, que cet homme peut comprendre tout cela... Mais la blessure qui a été réveillée en lui quand il a découvert qu'elle avait une autre relation est toujours là ! Va-t-il mettre le couvercle dessus, jusqu'au moment où elle explosera ? Est-ce qu'un jour il fera une tumeur, un cancer, un passage à l'acte somatique parce qu'il n'aura pas voulu prendre soin de cette blessure ancienne, réactivée par l'aventure extra-conjugale de sa femme ?

Pour ne pas aller jusque-là, pour éviter une

telle conséquence, il aurait pu se servir de cet événement qui l'a tant perturbé pour, au lieu de passer du temps à comprendre le « pourquoi » du comportement de son épouse, essayer d'entendre ce qui était touché en lui, pour dynamiser sa propre vie.

Voilà, entre autres choses, ce que je tente d'enseigner depuis trente ans.

De même, quand la femme que j'aimais m'a dit, il y a très longtemps : « Je t'aime, mais je suis amoureuse d'un autre homme », j'ai aussitôt rétorqué : « C'est lui ou moi ! Si c'est moi, ça va... Si c'est lui, tu fiches le camp ! » Je me comportais comme un macho inconscient.

En l'occurrence qui se maltraitait ? Non pas elle, mais moi-même !

Il s'agissait d'une relation importante pour moi, à laquelle je tenais, et pourtant j'osais lui dire, avec une surdité sincère : « Si c'est lui, tu fiches le camp ! » Mais c'est elle qui m'a recentré en se positionnant clairement, me disant : « Pas du tout. Je tiens à cette relation avec toi. Ce sera lui et toi. Et si c'est trop insupportable pour toi, peut-être que ce sera toi qui me quitteras, mais tu seras seul à prendre cette décision ! »

Je vous assure que cette attitude claire m'a immédiatement recentré sur moi et sur la relation !

Cette seule phrase m'a fait découvrir que j'étais prêt à maltraiter une relation à laquelle je tenais, que je voulais faire prendre à cette femme une décision (allant dans le sens de mes désirs) pour éviter d'avoir à me confronter à la mienne, et que si je tenais vraiment à cette relation il fallait que j'en prenne soin.

Elle ne m'a pas quitté, et moi non plus.

J'ignore ce qu'il s'est passé avec « son amoureux », cela lui appartient. Mais j'ai appris une chose capitale : si je voulais que cette femme reste avec moi, au lieu de partir vers un autre, il fallait que je nourrisse notre relation, non avec des accusations, des reproches, des disqualifications, mais avec de l'amour, de la présence, une certaine qualité d'être. Et surtout un respect vigilant pour les sentiments qu'elle pouvait avoir... pour un autre !

En fait, cet inconnu m'a beaucoup aidé, il m'a fait progresser. Il a fait que nous sommes restés dix ans de plus ensemble.

Nous sommes fondamentalement des êtres de relations. Nous ne pouvons pas vivre seuls, nous avons besoin d'être reliés. Même un ermite solitaire au fond de sa caverne est relié à Dieu, ou à l'idée qu'il se fait de Dieu.

Il existe trois grandes relations qui structurent notre existence, la relation à soi-même, la relation aux autres, et la relation au divin. Nous pouvons travailler, à certains moments, plus sur l'une ou l'autre de ces directions.

La relation à soi est d'apprendre à vivre en

bonne compagnie avec soi-même, d'apprendre à rencontrer le meilleur de soi pour se l'offrir, pour s'appuyer dessus.

La relation à autrui — en dehors des relations fonctionnelles ou de survie — c'est d'apprendre à aller vers le meilleur de l'autre pour, éventuellement, lui proposer le meilleur de soi s'il accepte de l'accueillir. C'est la qualité de la relation à l'autre qui participe à notre croissance et à notre épanouissement.

La relation au divin nous relie à la part d'universel, d'intemporel qui nous habite ; elle transcende notre existence en lui donnant du sens. Un des sens qui me semble traverser ma propre existence est de maintenir vivante la vie, et d'accroître la vivance de cette vie. J'entends par là d'agrandir l'amour et l'énergie dont a besoin la vie pour continuer à se répandre.

La relation est au centre même de l'humanitude, et aujourd'hui, avec la mondialisation, nous prenons encore plus conscience que nous sommes des êtres planétaires, directement concernés par tout ce qui se passe sur cette planète.

Je suis, par exemple, personnellement concerné par l'Amazonie. Quand un de mes amis brésilien me dit : « Arrête de me casser les pieds avec la déforestation de l'Amazonie, nous on ne vous a pas interpellés au sujet du tunnel sous la Manche ! », je lui réponds : « Le tunnel sous la

Manche, en reliant deux pays, est un outil favorisateur de passages. Il peut sans doute sécréter quelques pollutions, mais c'est sans commune mesure avec l'importance de ce que vous faites en Amazonie, en détruisant chaque année des centaines de milliers d'hectares de forêt ! »

L'Amazonie produit aujourd'hui environ 30 % de l'oxygène du monde, si les Brésiliens continuent à déforester, elle ne produira plus que 20 % de l'oxygène de mes enfants, 10 % de celui de mes petits-enfants.

Voilà pourquoi je suis concerné par le problème de l'Amazonie.

Devenant des êtres planétaires, nous ne pouvons plus continuer à gérer la planète terre comme un bien national, comme un bien privé, nous devons la gérer comme un bien commun appartenant à chacun. Et cela repose la question centrale de la répartition des richesses et du bien-être pour chacun.

Il y a un lien étonnant entre la relation que nous avons eue avec la terre depuis le début de l'humanité, et les relations humaines telles que je les conçois. Depuis le début de l'humanité, nous avons eu avec Gaïa, la terre, une relation d'exploitation, une relation d'asservissement et de violence. Nous l'avons maltraitée, pillée : nous avons arraché, labouré, ensemencé. En bref, nous avons « pris », en ne redonnant en échange que très peu.

Cela a duré environ quelque deux à trois mille ans, mais durant le siècle dernier, avec l'accélération de l'industrialisation et le développement des technologies, cette sorte d'exploitation, d'asservissement, de maltraitance de la planète est devenue telle, qu'un signal d'alarme a commencé à retentir : nous sommes attentifs aux problèmes de la couche d'ozone, de la pollution dans les océans, du réchauffement de la planète, et un courant, une sensibilité écologique, est apparu. Ce courant écologique s'est éveillé dans la conscience de nombreux individus, mais surtout dans la conscience des scientifiques. Nous avons constaté qu'effectivement nous ne pouvions plus continuer à avoir une relation à sens unique (maltraitance, exploitation, violence) à l'égard de cette terre qui nous portait, et qu'il fallait installer une relation d'amour, une relation de réciprocité, une relation de bienveillance. Si je prends quelque chose, il faut qu'en contrepartie je donne quelque chose.

Les Amérindiens, par exemple, le savaient bien, puisque chaque fois qu'ils tuaient un bison, ils en réservaient un petit morceau à leur Déité, au dieu suprême de la création.

Ainsi, une conscientisation écologique a commencé à se développer.

Eh bien, il y a justement un parallèle à établir avec les relations humaines. C'est d'ailleurs pour cela que j'ai formé l'expression « écologie relationnelle ». En effet, dans le système SAPPE, système d'anticommunication quasi universel qui régit la plupart des relations, on en arrive à des relations d'exploitations d'un individu sur un autre individu, d'un groupe sur un autre groupe, sur la capacité à prendre le pouvoir, à exercer une influence pour contraindre, asservir et, d'une certaine façon, à mettre l'autre au service de ses propres besoins ou d'une idéologie. La révolution relationnelle commence dans un couple quand, à partir d'une attitude qui semble banale comme : « Tiens, il n'y a pas de sel aujourd'hui sur la table ? », et que l'autre se lève pour aller chercher le sel ; « Tu saurais où sont passées mes chaussures ? » et l'autre se met à chercher les chaussures..., l'autre ne se lèvera plus, n'ira plus chercher les chaussures, mais se positionnera autrement en disant peut-être un jour : « Oui, j'ai entendu que tu ne voyais pas le sel sur la table ! Oui, j'entends bien que tu cherches tes chaussures... »

Des millions de personnes vivent dans de tels mini-systèmes d'exploitations non mutuelles, car très rapidement dans un couple, dans une famille, les positions se figent. Si j'aime le football, évidemment je ne m'interroge pas si ce soir-là il y a un film qui intéresse ma femme, et je mets la chaîne du football ! Soit ma femme est soumise, accepte et va chez sa meilleure copine regarder le film ; film que je ne manquerai pas parfois de juger férocement et de disqualifier : c'est insipide, ce sont des histoires à l'eau de rose, etc., soit elle accumule du ressentiment, un sentiment de non-reconnaissance.

Que ce soit de peuple à peuple, d'ethnie à ethnie, de certains groupes sociaux à d'autres groupes sociaux, ou d'individu à individu, globalement, nous proposons le plus souvent une relation d'asservissement que, bien évidemment, nous entourons de nombreux alibis... ! « C'est pour ton bien ma chérie que je te place en pension... », « C'est parce que je t'aime, que je t'interdis ceci ou cela, que je te dis que tu dois te faire couper les cheveux... », « Je ne voulais pas te faire de la peine en te révélant que j'avais une autre relation ! »

Il existe ainsi une foultitude de situations où une personne va être définie, aliénée, conditionnée, par le regard, par le jugement, par le type de relation que quelqu'un de proche lui propose. Elle tentera peut-être plus tard, à son tour, de reprendre à son compte cette forme de relation (même si elle en a souffert) en veillant bien, cette fois, à avoir la position dominante.

J'ai créé ce terme d'*écologie relationnelle* pour montrer qu'il est possible de créer et de proposer beaucoup plus de relations en réciprocité, de relations gagnant-gagnant, de relations de respect mutuel, davantage tournées vers la croissance et l'épanouissement de la personne.

De même que nous sommes en train de changer notre relation à la planète terre, il est temps de changer la qualité de nos relations avec nos semblables. Et cela non pas à partir d'une idéologie, d'un politiquement correct universel, mais à partir d'une pratique qui s'appuierait sur quelques règles d'hygiène relationnelle communes.

Ce changement de regard sur la planète terre date en réalité de ce qui s'est passé en juillet 1969 — quand l'homme a posé pour la première fois les pieds sur la lune. Avant cette date, nous étions les petits-fils et les petites-filles de Jules Verne. Nous pensions que si un jour ça tournait mal sur la terre, nous pourrions nous embarquer à bord d'une fusée (quelques-uns, une élite...) et aller coloniser une planète, Mars, la Lune, dans l'univers proche. Nous avions, à des degrés divers, plus ou moins consciemment, cette mythologie-là. Puis, le fait d'avoir mis les pieds sur la Lune, et surtout le compte rendu des premiers astronautes, nous parlant de cette petite « planète bleue », nous a fait prendre conscience que nous n'avions qu'une terre d'accueil. Même si statistiquement, dans l'univers, il pouvait y avoir d'autres planètes porteuses de vie, dans notre conscience nous avons compris que nous n'en avions qu'une à notre portée et que nous devions en prendre soin, la protéger, l'aimer, qu'il fallait établir une relation de partenariat plus congruent avec elle, une relation de réciprocité, une relation d'amour.

Dans ma pratique, je m'inscris dans ce courant, car je pense qu'il est temps, entre les hommes, de tenter d'enrayer la violence, non pas en aval, en essayant d'en limiter les conséquences, mais en amont, sur la base d'une éducation à la conscientisation pour sortir d'une incommunication généralisée, en développant un enseignement de la communication à l'école, dans tous les cursus scolaires.

L'incommunication qui domine aujourd'hui n'entraîne pas seulement à faire la guerre aux autres, mais aussi à se faire la guerre à soi-même, au meilleur de soi, en ignorant nos potentialités réelles, en ignorant cette part d'amour, ce dépôt d'énergie que nous avons tous reçu à la conception. Cette ignorance nous entraîne à maltraiter, à violenter sans cesse notre relation à nous-mêmes et notre relation à autrui.

Tout changement, en profondeur et durable, passe par un travail de conscientisation, d'éveil, de réappropriation d'un pouvoir de vie, sur sa propre vie, et surtout sur la qualité des relations à soi-même.

Je m'inscris dans cette mouvance, et je tente d'apporter, avec mes moyens, à ma façon, quelques jalons, quelques petits cailloux blancs (comme le Petit Poucet), quelques repères. Ma grand-mère disait qu'à défaut de père il fallait des repères... ! Repères qui peuvent permettre à chacun d'entre nous de mieux se respecter et de respecter ses potentialités, pour les mettre au service de la vie.

Chez l'homme moderne, le fait de se retrouver seul est plus souvent un facteur d'angoisse qu'une opportunité pour apprendre à se découvrir. Déjà à son époque, le philosophe Pascal disait que « le drame de l'homme moderne est qu'il ne peut plus rester seul dans une chambre ».

Cette incapacité à être seul peut-elle devenir une source de conflits avec l'autre, dans la mesure où l'on peut se rendre terriblement exigeant... ?

D'une certaine manière, vous évoquez là toute la problématique de la dépendance.

Naissant inachevés, la première relation que nous créons en venant au monde est une relation de dépendance. Le piège c'est que cette relation de soins, d'accompagnement proche qui, au départ, se doit d'être structurante, risque de se prolonger. Par exemple, avec une mère abusive, intrusive ou possessive ou un père oppressant, qui empêchera l'enfant de grandir, ce qui est une des perversions de l'amour parental. Je rappelle toujours que l'amour parental est le seul amour qui est donné à l'enfant, pour lui permettre un jour de nous quitter. Et nous quitter avec suffisamment d'indépendance, d'autonomie affective, relationnelle, matérielle, pour qu'il puisse s'engager dans d'autres relations d'amour, et construire sa propre famille.

Les adultes qui ont du mal à vivre seuls ont souvent beaucoup d'exigences envers leurs proches, leur conjoint, et peuvent pratiquer ce que j'appelle du terrorisme relationnel. « Si tu m'aimais, tu aurais envie de faire l'amour, tu me dirais où tu vas. Tu n'irais pas sans moi. Je ne comprends pas pourquoi tu lis quand je suis là... Alors ce livre t'intéresse plus que moi ! »

Tout ce jeu de captation de l'attention, de la présence, de possessivité, d'intrusion dans la sphère intime de l'autre, est la source même d'un terrorisme relationnel subtil et violent. Le terrorisme le plus dangereux n'est pas le terrorisme politique (ETA, IRA, etc.) dont nous avons parfois quelques échos. Il est vrai qu'il se traduit par de nombreux morts, mais ce n'est rien comparé à la violence qu'il y a dans l'intimité de nombreux couples, des familles, où quelqu'un qui n'a pas accédé à l'indépendance, à l'autonomie affective, matérielle, relationnelle, va mettre tout son entourage en dépendance vis-à-vis de ses besoins, et exercer une véritable tyrannie matérielle, émotionnelle et psychologique !

Un des paradoxes de cette dynamique sera que

c'est celui qui est dépendant qui s'arrangera pour mettre en dépendance celui qui est le plus autonome. Pour moi c'est la représentation même d'une relation perverse. Si, par exemple, tel homme rencontre une femme qui a suffisamment d'autonomie, avec un travail et des revenus confortables, il va s'accrocher à elle ; il n'a pas de travail, mais elle l'héberge, elle le nourrit, elle l'habille, elle prend soin de lui. La dépendance de cet homme va la mettre, elle, en dépendance. En effet, s'il lui arrivait d'avoir envie de vouloir changer de travail, ce qui lui donnerait peut-être moins de sécurité matérielle, mais lui apporterait plus de joie et de plaisir, elle ne pourrait pas le faire, car son compagnon dépend trop d'elle ! Mettre quelqu'un en dépendance, à partir de sa propre dépendance, revient à le contrôler.

Ces jeux de dépendance, de prise de pouvoir, font éclater un grand nombre de couples, car il vient un temps où ce n'est plus supportable pour celui qui ne se respecte plus, en étant au service des besoins de l'autre.

Certaines femmes affirment qu'elles adoraient danser avant leur mariage, mais comme leur mari ne dansait pas, cela fait quinze ans qu'elles n'ont plus dansé ! Elles découvrent un jour que cela fait quinze ans qu'elles ne vivent plus, ou seulement par conjoint interposé...

Cela peut se jouer dans de multiples domaines. L'un s'ajuste sur la zone d'intolérance de l'autre.

« Il n'aime pas le bruit... Alors moi qui aimais tant la musique, ça fait cinq ans que je n'allume plus la chaîne hi-fi, je m'aperçois aussi que je ne ris plus ! »

On se dépersonnalise complètement ?

Dans certaines relations trop proches, oui, on peut se dépersonnaliser, on se coupe de soi en se perdant dans l'autre. Il y a aussi le risque de perdre sa propre autonomie, par la dépendance de l'autre à notre égard.

Une relation peut être infectée, dévitalisante, sans qu'on parvienne à y mettre fin. Il y a beaucoup d'enjeux de fidélités, de missions de réparation, d'injonction à soi-même, qui maintiennent ensemble deux êtres à l'encontre de leur propre évolution personnelle. Je me souviens d'une femme dont le mari était un alcoolique redoutable, mais qu'elle ne pouvait quitter, en disant, chaque fois que son entourage l'invitait à se respecter, à retrouver dignité et indépendance : « Si je le quitte, il va se clochardiser. » Après l'avoir quand même quitté, six mois plus tard l'ex-mari avait passé son permis de conduire (ce qu'il avait refusé de faire durant vingt ans de vie commune), il avait trouvé un poste à responsabilités et engagé une nouvelle relation amoureuse.

Les missions que certains se donnent « Il a

besoin de moi, sans moi il serait perdu, si je n'étais pas là, je ne sais pas ce qu'il deviendrait... » sont un ciment puissant pour maintenir un statu quo paralysant chez l'un et l'autre.

Ce qu'on appelle amour, n'est-ce pas souvent de la complaisance ou un simple attachement ?

Tout à fait. Et l'attachement n'est pas un sentiment, il est de l'ordre du relationnel, du besoin de la présence de l'autre, de la vérification de son existence, et de la validation du bien-être de l'autre, grâce... à nous !

Je pourrais l'appeler pseudo-amour. Il peut alors s'agir de complaisance ou encore d'autre chose plus complexe. Par exemple, une personne qui est très autonome, indépendante, va se donner les moyens de se mettre sur le dos, de prendre totalement en charge quelqu'un de dépendant, de fragile ou de vulnérable, qui va lui faire perdre son autonomie et donc la faire régresser. Comme si, dans sa dynamique personnelle, elle avait tout de même le besoin de ne pas rester trop longtemps autonome et de régresser en perdant cette autonomie.

J'ai vu certaines femmes, certains hommes, ayant réellement une maturité, une indépendance, et qui se retrouvent totalement aliénés au bout de quinze ans de vie commune. Je ne sais pas de quelle preuve ils avaient besoin ? Quelles dettes ils paient, quels renoncements à vivre ?

Est-ce la liberté qui ferait peur ? Peur au point qu'« inconsciemment » on s'arrange pour vivre avec une personne qui va nous amputer de cette autonomie acquise ?

Je pense plutôt que ça doit relever de ce que j'appelle les *fidélités* et les *missions de réparations.* Prenons le cas de figure d'une petite fille ayant eu un père tyrannique. Elle voit sa mère comme une véritable bonne à tout faire, toujours soumise à son mari. Toute petite, elle se dit : « Moi je ne ferai jamais ça. Je n'épouserai jamais un type comme papa... Je ne ferai jamais comme maman... »

Elle construit alors sa future autonomie : études, indépendance, etc. Puis, elle épousera un homme qui sera l'inverse de son papa : peut-être quelqu'un de mou, de totalement soumis. Dans un premier temps, cela ira. Elle est en position dominante. Mais peu à peu la situation se détériore, et trente ans plus tard elle peut se trouver dans la même position que sa mère : emprisonnée, dépendante, non pas face à un homme fort, mais limitée par un homme faible.

Les modalités relationnelles de son mari ne seront pas du type « petit tyran domestique » comme son père, mais elles seront vécues sur le mode de la plainte, d'éternelle victime, de persécuté, de toujours battu à l'avance, d'impuissance, qui vont la tirer vers le bas et la faire passer à côté de sa propre vie.

Il existe ainsi des répétitions qui prennent des chemins surprenants pour déjouer nos intentions, nos décisions les plus affirmées.

Selon vous une solitude à laquelle on doit subitement faire face, est-elle un événement structurant ?

Une solitude qui surgit après une perte, une séparation, un accident, peut déboucher sur une nouvelle naissance. Au début, on ne sait pas dans quel sens cet événement sera structurant (il peut m'éveiller, me réveiller, ou me faire plonger, m'anesthésier, me paralyser), mais la solitude, qu'est la possibilité d'une rencontre avec soi-même, est un événement qui va parfois obliger, ou inciter, à se rencontrer, à prendre appui sur ses ressources, à quitter une dépendance qui étouffait des aspirations, qui ne stimulait aucune créativité.

Si une personne qui se sépare, qui change de pays, qui se retrouve seule, peut faire l'expérience de la solitude habitée, avant de s'engager à nouveau, de recommencer un couple, elle va découvrir des aspects d'elle, qui peuvent la consolider, la structurer pour une meilleure relation avec elle-même.

L'être humain moderne se trouve très souvent écartelé entre son désir d'être aimé et son besoin d'indépendance. Le dialogue peut-il réconcilier ces deux espoirs, ou bien sont-ils condamnés à toujours être en compétition ?

Le dialogue peut effectivement réconcilier ces deux espoirs, mais après une étape préliminaire. Avant de dialoguer avec autrui, il faut apprendre à négocier, à dialoguer avec soi-même. Dans notre culture (de même que dans d'autres cultures du monde) nous sommes tous pris entre deux besoins qui vont se combattre ; deux besoins aussi forts l'un que l'autre, aussi fondamentaux.

Premièrement nous avons un grand besoin d'approbation : « J'ai besoin de ton amour maman ou papa, j'ai besoin de ton approbation, j'ai besoin de ton quitus, de ton accord, pour grandir, pour oser, etc. »

Mais, en même temps, nous avons un besoin de différenciation, un besoin d'affirmation de notre unicité de notre singularité. Or, besoin d'approbation et besoin d'affirmation sont antinomiques. Ils ne peuvent pas cohabiter l'un avec l'autre.

Dès lors, qu'est-ce que devenir adulte ? Devenir adulte, c'est renoncer à satisfaire son besoin d'approbation, pour accepter le risque de répondre à son besoin d'affirmation, à son besoin de différenciation.

Un exemple personnel illustre le conflit possible : « C'est vrai, maman, que lorsque j'étais expert-comptable, je gagnais bien ma vie, j'avais une étiquette sociale, une profession prestigieuse, et que lorsque je t'ai dit que j'allais commencer une école d'éducateur spécialisée dans l'enfance inadaptée, et donc que je renonçais à l'expertise-comptable, je n'ai pas eu ton approbation... Je t'ai bousculée dans toutes tes valeurs, je t'ai angoissée, irritée, mais pour m'affirmer, il a bien fallu que je prenne le risque de renoncer à ton approbation, donc de te faire de la peine, de te laisser affronter seule ton angoisse au sujet de mon avenir... »

Avant d'arriver au dialogue avec l'autre, il vaut mieux apprendre à dialoguer avec soi-même, car de toutes les façons, quand on est dans un processus de changement, dans un processus de mutation, on fera inévitablement de la peine à ceux qui nous entourent, on va les déstabiliser et donc les inquiéter. On va blesser leur croyance, choquer leurs convictions : « Mais comment ! Quand on a quatre enfants on ne divorce pas ! On fait un effort, on reste ensemble... ! » ; « Eh bien, je vais quand même divorcer. Je n'aurai pas ton approbation, c'est vrai. J'aurai même peut-être à me confronter à ta colère, à ton rejet, à tes jugements de valeur, mais moi j'ai besoin de m'affirmer, j'ai besoin de me différencier, j'ai besoin de sortir de ce couple qui n'est pas bon pour moi, j'ai besoin de me respecter dans l'homme que je suis aujourd'hui ! »

Voilà un des fondements de tout parcours humain. Prendre le risque de se définir, de se positionner, de faire des choix de vie sans avoir le soutien de ceux qui nous ont élevés, accompagnés, sans avoir l'approbation de ceux qui nous aiment... tels qu'ils nous veulent et qui vont avoir beaucoup de mal à maintenir des relations aimantes ou respectueuses avec nous !

Il est très rare que l'on trouve dans une démarche de changement, surtout venant d'un être proche, un quitus, un accord, un encouragement.

En clair, même si cela vous paraît injuste : ne comptez pas trop sur ceux qui vous aiment pour être encouragés dans un processus de changement !

C'est un des paradoxes les plus troublants de la relation intime.

Cela dit, le dialogue, quand il est possible, ouvert, peut bien sûr favoriser la prise de conscience et soutenir un processus de changement. À travers des thérapies comme celles que j'ai moi-même suivies : psychanalyse, démarches de travail sur le corps (bioénergie, gestalt, rêves éveillés, psychodrame) qui ont, à certaines périodes, beaucoup investi ma vie, il est vrai que j'aurais aimé avoir la compréhension de mes proches. Mais mon propre changement, mes propres découvertes, mon besoin de m'affirmer, de me définir, les ont le plus souvent menacés, les ont inquiétés, les ont trop bousculés et, dans un premier temps, ont créé entre eux et moi une sorte de rupture, une mise à distance.

Il semble que ce soit le prix à payer. Toute démarche de changement comporte un prix à payer, celui de mettre en danger les relations essentielles de notre vie. Quand je dis « en danger » ça ne veut pas dire qu'elles doivent nécessairement se briser ou se distendre, mais de toutes les façons, nos intimes seront menacés et le surgissement, parfois intempestif, de nouvelles interrogations suscitera des réactions passionnelles difficiles à intégrer au quotidien.

Je me souviens d'un homme qui avait fait un stage sur la communication, autour de l'entretien d'aide, de l'entretien à l'accompagnement, à l'écoute active, etc., et qui à la fin du stage, me téléphona le soir même et me dit : « Voilà le résultat de votre stage... Je suis dehors, je téléphone d'une cabine téléphonique, je suis parti de chez moi ! J'ai tenté de partager avec ma femme les découvertes extraordinaires que j'avais vécues durant ces trois jours, et comme elle n'était pas sur la même longueur d'onde, elle a commencé à me critiquer, à porter des jugements de valeur sur moi, sur ma démarche, sur ce type de formation... Alors moi qui avais tellement reçu des uns et des autres, reçu une écoute inconditionnelle, bienveillante et même amplifiante, je n'ai pas supporté ce retour à la réalité, aussi brutal, aussi dévalorisant, de la part de quelqu'un que j'aime et qui prétend m'aimer. Je me suis senti blessé, j'ai pris mon manteau et je suis parti. Pourtant j'étais rentré chez moi avec un tel désir de partager, de communiquer (de mettre en commun)... J'avais découvert la lune... ! J'avais découvert des choses en moi que j'ignorais, d'immenses possibilités, alors qu'auparavant je me vivais dans la victimisation, dans l'incompréhension. J'étais prêt à partager mes découvertes, et voilà le résultat de ces stages à la con... Mais je reviendrai, je veux aller plus loin dans la compréhension de moi-même ! »

Et cet homme sanglotait et riait en même temps au téléphone, de ses propres contradictions, et ce faisant, il commençait à dépasser sa propre panique.

Oui, au début d'un processus de remise en cause personnelle, cela crée un tel effet de choc sur nos proches, qu'ils ne le supportent pas et veulent à tout prix nous remettre dans la position antérieure. Si on ne se laisse pas faire, il y aura (dans un premier temps) moins de dialogue, avec parfois une position de repli, des expectatives, des attentes, avant que nous puissions à nouveau nous rapprocher et éventuellement pouvoir dire : « Voici ce que j'ai découvert chez moi, qu'est-ce que cela menace chez toi ? Qu'imagines-tu perdre si je ne suis plus l'homme soumis (ou l'homme tyrannique) que j'étais ? », « Qu'imagines-tu qu'il va se passer si je ne réponds pas toujours à tes désirs, si je suis une femme moins soumise, moins dépendante, plus ouverte sur l'extérieur... ? »

Est-ce la raison pour laquelle vous avez intitulé un de vos derniers ouvrages* Le courage d'être soi *? En fait le plus grand courage ne serait pas de devenir soi-même, mais d'affronter les résistances des autres et de prendre le risque, au-delà de la désapprobation, qu'ils ne nous aiment plus ?

Oui, c'est une de nos plus grandes peurs. Qu'ils ne nous aiment plus, qu'ils nous rejettent, qu'ils s'éloignent de nous. C'est pourquoi certaines personnes amorcent des démarches de changement, puis s'arrêtent, dévient, rentrent au bercail (rentrent dans le moule). Ou encore (et là je risque de choquer en disant cela mais je l'ai souvent vu) elles opèrent une fuite, un déplacement, vers ce que j'appelle le « spiritualisme », qui est lié à la pratique d'une pseudo-spiritualité !

Il arrive à certaines personnes de commencer une démarche d'interrogation, une démarche de découverte en matière de relations humaines et la réaction de l'entourage est telle qu'ils dévient pour s'engager dans une voie parfois plus idéologique, moins concrète, qui va rester au niveau des vœux pieux, d'une intentionnalité pleine... d'intentions ! Le besoin de fuite peut aussi venir de leurs propres angoisses, parce qu'ils ont vu remonter à la surface des choses qu'ils censuraient depuis des années, en particulier l'une ou l'autre des quatre grandes blessures de l'enfance : l'humiliation, l'injustice, l'impuissance et la trahison. Tout cela peut ressurgir telle une bombe à retardement. Car lorsque vous osez vous dire devant quelqu'un, vous prenez un risque énorme, celui qu'il vous écoute et vous permette ainsi de vous entendre, vous !

Ce que j'appelle l'écoute active n'est pas uniquement l'écoute de celui qui vous parle, mais une écoute suffisamment dynamique pour permettre à celui qui parle d'entendre enfin ce qu'il dit.

La véritable écoute est donc celle qui permet à celui qui parle d'accéder à sa vérité, et non pas simplement de jeter des mots, ou de se débattre dans les « contes » qu'il peut se raconter à lui-même ; contes, illusions, dont on a eu besoin à un moment donné, pour survivre. Par exemple : « Si mon mari m'a quittée, c'est un salaud. De toute façon c'est un coureur ! On me l'avait dit... »

Tant que cette femme se raconte ces histoires, elle fait l'économie de s'interroger sur elle-même : « Mais quelle relation lui ai-je proposé ? Est-ce que je lui ai apporté du positif ; ou au contraire du négatif qui le faisait fuir, alors que j'avais envie qu'il vienne vers moi ? »

Souvent, une démarche de formation, entreprise dans l'enthousiasme des premières découvertes va être ainsi freinée, oblitérée, et nous renvoyer à des positionnements de vie insatisfaisants, mais moins déstabilisants. Soit nous revenons dans le modèle antérieur parce que le changement est trop coûteux énergétiquement, trop anxiogène pour nous-même ou pour notre entourage ; soit au contraire, on sent bien que l'on va être conduit vers un dévoilement, accéder à une partie censurée de sa propre histoire (tels des traumatismes liés à un inceste, à des violences sexuelles qui avaient été oubliées, recouvertes par un oubli de survie). Toute violence subie, non pas seulement sexuelle mais également physique, morale, verbale peut remonter ainsi à la surface et entraîner troubles, désarrois, ou encore un déni, un refoulement pour tenter de censurer à nouveau cette partie trop souffrante de notre histoire. Une petite phrase jetée par un père en colère à une adolescente : « Toi, de toute façon, avec le caractère que tu as, tu ne trouveras jamais quelqu'un qui voudra rester avec toi ! » Il y a là un anathème déposé sur cette jeune fille, ou ce garçon, qui va déjà oblitérer une partie de ses engagements amoureux ou de couple à venir.

Et parfois, justement, l'échappatoire favorite sera une fuite dans le spiritualisme.

Le spiritualisme, c'est l'entrée dans un groupe à prétention spirituelle, dans lequel se trouve un gourou, un maître, ou même le représentant d'un guide extraterrestre, voire d'un ange qui est là pour veiller sur nous et nous conduire vers l'illumination ou un état de grâce : « J'ai eu une révélation. Le guide m'a dit qu'il allait m'aimer, qu'il veillait sur moi. Un ange m'accompagne... » C'est très à la mode depuis quelques années... On nous parle d'anges gardiens qui sont censés nous prendre en charge, nous guider, nous accompagner, ou d'un maître issu d'une culture supraterrestre, d'un gourou porteur de pouvoirs extranaturels, et bien sûr tout cela débouche le plus souvent sur une secte ou une mise en dépendance ! Il y a parfois de véritables hémorragies de vie et d'énergie vers les sectes, un besoin de croyance en un irrationnel de pacotille, accompagné de rituels et de dévotions particulières qui, à juste titre, surprennent l'entourage tout en le laissant démuni.

Il s'agit de véritables fuites en avant, fuite d'une réalité, pour éviter de se rencontrer et peut-être de se libérer des obsessions de sa propre histoire.

Dans le milieu bouddhiste, certaines personnes font les fameuses cures « 3 jours, 3 mois, 3 ans », mais il serait quelquefois souhaitable qu'elles puissent faire avant un travail sur elles, pour ne pas alimenter un processus de fuite et d'évitement, pour aller à la rencontre de leur vérité profonde ! Certes, elles peuvent se sentir bien dans un milieu protégé, dans un milieu d'acceptation inconditionnelle puisqu'un monastère bouddhiste est un lieu où circulent à la fois beaucoup d'amour et de rigueur. Néanmoins, la problématique de la personne risque d'être toujours là, en sommeil. Nous sommes là dans un échange ouvert, je n'ai aucune autorité particulière pour porter de telles appréciations sur des démarches qui sont engagées avec une grande sincérité.

Ce type d'engagement serait encore une illusion ?

Je pense que de nombreuses démarches entreprises aujourd'hui, par un certain nombre de personnes, vers ce qu'on appelle globalement une recherche spirituelle, ne sont en réalité qu'un des chemins de fuite vers le spiritualisme. Cette distinction de termes entre spiritualité vécue et consommation spiritualiste me permet de différencier au niveau de l'engagement, la recherche spirituelle centrée sur l'approche du divin, de cette échappée vers des valeurs confuses et des entités troubles, avec un amalgame entre intériorisation et représentation.

Cela peut paraître très valorisant, plein de bienveillance et d'amour, et je ne prête d'ailleurs pas, à ce que j'appelle de faux messies, des pensées tordues ou malsaines, car je les crois le plus souvent sincères, eux-mêmes enfermés dans leurs propres visions !

Je sais par expérience que nous pouvons nous leurrer avec une grande sincérité, que nous pouvons être mortifères avec beaucoup d'amour et un total aveuglement, mais il nous appartient alors de prendre le risque d'une supervision, d'un contrôle par un pair, par un collègue compétent. D'avoir la plus grande transparence sur sa pratique. Les livres et les articles que j'ai écrits ont cette fonction de me permettre un recul, une distanciation et une analyse critique sur ma pratique de formateur.

Le plus regrettable, n'est-ce pas de détourner certaines paroles d'une religion ou d'une philosophie spirituelle au profit d'une secte ou autre mouvement « spiritualiste », et ce, au risque de dévaloriser l'essentialité de la foi première ?

La foi qui s'exprime dans les grandes croyances institutionnalisées n'a, je crois, pas à craindre de telles péripéties, sinon leur récupération par des mouvements intégristes. Ce qui me frappe actuellement, c'est la prolifération des autoproclamés, porteurs d'un enseignement (toujours initiatique), d'une révélation spécifique très égocentrique, d'une pratique originelle, et d'une « absolue garantie » pour un monde meilleur ! Aujourd'hui, n'importe qui pratiquement peut se présenter comme le messie d'une annonciation à venir, le guide vers une vie sans problème, le gardien d'un savoir, le maître d'une démarche, le transmetteur d'un message, l'accoucheur d'une renaissance, à partir d'un enseignement réservé à ceux qui voudront bien adhérer, se soumettre et parfois se dépersonnaliser !

L'être humain n'a-t-il pas un immense besoin de rêver, « d'y croire », et ainsi de créer sa propre petite histoire ?

Bien sûr que l'homme a besoin de rêver. De créer sa mythologie personnelle autour des grands thèmes de l'existence : l'amour, la mort, l'après-vie, le bonheur, la sécurité, l'image de soi, la reconnaissance de sa valeur..., oui, chacun d'entre nous l'a fait. Moi par exemple, avec une intense production de rêves éveillés.

Comme je l'ai déjà dit, ayant eu une enfance un peu douloureuse, disqualifiée, je bâtissais ce que je nomme aujourd'hui des « rêves éveillés de restauration ». J'avais en particulier deux scénarios bien rodés, que je polissais chaque soir avant de m'endormir. Dans l'un d'eux, je plongeais dans l'eau et j'allais sauver une femme en train de se noyer (alors que dans la réalité je savais à peine nager...) !). Je la tirais sur le bord, puis je m'éclipsais, et j'entendais alors le chœur des gens accourus, s'émerveillant : « Mais quel est ce valeureux sauveteur qui, au péril de sa vie, n'a pas hésité à plonger dans une eau glaciale (bien sûr c'était en hiver...) pour sauver cette femme, et qui a la modestie de se retirer... ? » *(rires)*

Ah, que ces louanges sur ma petite personne étaient bonnes ! Comme elles caressaient mon ego !

Je construisais aussi un rêve éveillé à base de punition, de culpabilisation de tous ceux qui m'aimaient mais ne me comprenaient pas. Je me sentais à l'époque un grand incompris ! « Je vais mourir, et là ils verront bien qui j'étais ! » Alors, à l'intérieur de mon cercueil, j'entendais les regrets : « Ah... Nous ne l'avons pas connu tel qu'il était réellement, quel dommage ! Nous sommes passés à côté de lui et pourtant c'était un garçon formidable, un être exceptionnel... » Ce thème-là était lié à ma problématique centrale de reconnaissance. Sans géniteur connu, sans ancêtres repérables, mon besoin de reconnaissance et de valorisation était assez conséquent, jamais totalement comblé. Encore aujourd'hui, où je suis pourtant connu, relativement apprécié et valorisé par mes succès éditoriaux, il reste toujours une faille, un manque, une blessure non cicatrisée. Il y a en moi une demande pathétique, toujours à l'affût d'un regard de bienveillance, d'une acceptation inconditionnelle, d'un amour gratuit.

J'avais donc quelques scénarios de rêves éveillés de restauration, comme ceux que j'ai décrits plus haut, dont aujourd'hui je ne suis pas dupe, mais qui à l'époque étaient importants pour moi. Ils m'ont permis de traverser cette tranche de mon existence où je n'étais pas encore dans la vie, mais dans la survie.

Ces rêves d'enfants (dont je ne parlais à personne) que je me racontais avant de m'endormir étaient un baume que j'étendais sur les blessures de la journée pour affronter le lendemain, une récompense pour compenser les frustrations et les déceptions vécues.

Ces rêves avaient-ils pour but la revalorisation ?

Oui, revalorisation et restauration. À ce propos, j'aimerais noter une étonnante et amusante synchronicité. Dans mon rêve de sauveteur, j'étais donc le héros qui cassait la glace et plongeait pour sauver une femme (parfois il y avait aussi des enfants, trois maximum, parce que je n'ai que deux bras !). Puis, trente ans plus tard, un soir une de mes filles me téléphone et me dit : « Sais-tu ce qu'a fait Bruno (mon second fils) ? Il y a quelques jours, en plein hiver, il a plongé dans le Tarn et il a sauvé une femme qui se noyait avec son enfant, il les a déposés dans un café et il est parti ! » Dans les journaux, il y avait un article disant : « Qui est ce valeureux sauveteur, qui au péril de sa vie, avec une modestie exemplaire a sauvé... » Exactement le scénario de mon rêve éveillé !

Vous voyez combien nos enfants sont parfois d'une fidélité redoutable ! *(rires)*

Vous qui êtes agnostique avec toutefois une cosmologie personnelle, vous semblez pourtant très attiré par la philosophie bouddhiste. Qu'est-ce qui vous a le plus séduit dans le bouddhisme, qui est pourtant, d'une certaine façon, une religion ?

Tout d'abord, je dois vous dire que je ne considère justement pas le bouddhisme comme une religion. Le mot *philosophie* que vous avez employé, philosophie de vie, me convient assez bien. Je dirais même que c'est un art de vivre. Un ensemble de propositions qui constituent les bases d'une éthique de vie fondée sur la compassion, l'impermanence, la responsabilisation, la tolérance et la non-violence.

Je n'utilisais pas le terme « religion » dans le sens dogmatique, mais plutôt en faisant référence à l'étymologie : religare qui signifie relier; qui permet de se relier à l'univers mais aussi de relier les hommes entre eux.

Dans ce sens, je peux tout à fait accepter cette dimension du bouddhisme. Pour moi, le bouddhisme est avant tout un art de vivre qui ne fait pas référence à une déité, qui place chaque homme devant sa propre responsabilité (ce qui me séduit beaucoup), qui ne développe ni culpabilité, ni accusation, ni menace potentielle, qui renvoie chacun à des choix de vie : je peux faire ceci, je peux faire cela.

Je n'ai à rendre de compte qu'à moi-même et à assumer les conséquences de mes actes dans le cycle de mes existences à venir (si je crois à la réincarnation) et surtout dans le déroulement de mon cycle de vie dans cette existence-là !

Ce qui me séduit vraiment dans le bouddhisme, même si je ne me situe pas comme un bouddhiste (je ne suis qu'un compagnon de route), c'est que de toutes les approches spirituelles, elle est celle qui rejoint le plus mes positions de vie, mes aspirations profondes, et qui me laisse le plus de liberté. C'est une démarche qui ne m'impose pas de choix, dans laquelle je n'ai pas de contraintes formelles, en dehors de celles que je me donne. Chaque fois, je suis maître de mes positions, de mes affirmations, de mes choix de vie, et cela me convient tout à fait.

Je pense également que l'enfant Bouddha est un peu un modèle pour chaque enfant qu'il y a en nous, dans le sens où, à l'origine, il fut un enfant hyperconditionné par son milieu. Cet enfant a vécu dans une sorte de bulle familiale (le palais ou le domaine, entouré de serviteurs) puis il va aller au-delà du monde des apparences. Il va se questionner et sortir de ce cocon protecteur (il est marié, il a un enfant) et tout quitter : la richesse, la gloire, le confort, la sécurité. Durant sept ans, il méditera dans la forêt, pratiquera, entre autres, le jeûne, la macération du corps c'est-à-dire les techniques qui avaient cours pour les Yogis, les Sanyas, les apprentis de l'époque. Il échouera, et fera ensuite une démarche plus personnelle, découvrira « l'éveil » et tentera alors de transmettre un enseignement à la cohérence intérieure.

Cet enfant-là me semble précieux, c'est un modèle pour chacun. Il est conditionné, on parle pour lui, on lui dicte ce qu'il doit être, ce qu'il doit sentir, ce qu'il doit faire, et il s'extrait de ce monde des apparences, pour découvrir que la mort, la vieillesse, la maladie, la souffrance, existent, alors que dans le palais de son père, il était protégé de cela, puisque lorsqu'un serviteur vieillissait, il était aussitôt remplacé, quelqu'un de malade était tout de suite écarté, etc. En clair, on repeignait le quotidien aux couleurs du bonheur, on construisait le décor de sa vie autour de lui, pour le maintenir dans l'illusion des apparences. Son père croyant ainsi le capter et l'amener à lui succéder pour exercer son métier de roi. Mais c'est l'inverse qui se passera : il ira au-delà de ce monde illusoire, il prendra le risque de tout perdre pour découvrir sa propre richesse.

J'ai écrit avec beaucoup d'engagement un petit livre sur l'enfance de Bouddha[1], pour tenter de retrouver et d'entendre l'enfant en interrogation qu'il a été.

Vous nous dites que nous avons tous en nous un enfant Bouddha, ne pensez-vous pas aussi

1. *L'enfant Bouddha*, Éd. Albin Michel.

que la cité dans laquelle nous évoluons ressemble étrangement à ce palais où tout était mis en œuvre pour gommer la réalité ? Aujourd'hui, dans nos cités, on écarte les personnes âgées, on cache la souffrance, la mort est taboue... Chacun d'entre nous aurait donc à dépasser le monde aseptisé des apparences ?

Ce que vous dites au sujet de la cité est tout à fait juste, et également des mondes annexes à la cité. Par exemple le monde virtuel qui se répand de plus en plus. L'arrivée de la télévision, c'est l'introduction d'un tiers, d'un étranger, l'écho du monde, proche et lointain, qui nous parle d'une vie complètement aux antipodes de la nôtre. Quel point commun peut-il y avoir entre la vie d'un mineur ou d'un paysan du Larzac et celle du feuilleton Dallas ?! Certes, lorsqu'on voit le film *Pretty Woman*, on peut s'amuser à rêver qu'un milliardaire puisse s'intéresser à une prostituée, dépasser ses propres défenses, découvrir l'amour et accepter d'établir avec elle une relation de réciprocité, mais ce sont les contes de fées d'aujourd'hui ! Et cet univers virtuel qui envahit les gens en moyenne quatre à cinq heures par jour ouvre une rupture, débouche sur une fuite, une évasion et surtout une coupure d'avec la réalité.

Ce sont-là des choses graves car elles nous égarent, nous éloignent de nous-même, nous coupent de nos racines et freinent l'accès à des émotions réelles.

Au Moyen Âge on disait de quelqu'un qu'il était possédé par le diable, par des démons ; aujourd'hui ce n'est plus la possession qui me paraît dangereuse mais la dépossession ! Nous sommes dépossédés de la rencontre avec nous-même. Il y a tellement de champs de force, tellement de pressions, tellement de moyens technologiques pour nous déposséder de la rencontre avec nos possibles.

Le problème que nous avons évoqué plus haut, de ne plus avoir de contact direct avec la terre, de ne marcher que sur du béton, participe à cette entreprise de dépossession. Si nous ne sommes pas très vigilants nous risquons d'être dépossédés de la relation à notre corps, d'être coupés de nos ancrages énergétiques, d'être décervelés.

Néanmoins, dans le même temps, et c'est cela qui m'encourage, il n'y a jamais eu autant d'hommes et de femmes qui font de la méditation, qui ont entrepris un travail sur eux-mêmes, pour justement arrêter d'être séparés de l'essentiel, du meilleur d'eux-mêmes ; pour mieux se retrouver par une démarche, par un cheminement, avec une relation plus centrée, une relation posée sur un axe, qui donne une consistance à notre corps, et un sens à notre existence.

CHAPITRE CINQ

Nous nous pensons ouverts,
Mais nul ne sait à l'avance
Dans l'imprévisible d'un échange
Le surgissement émerveillé
D'une rencontre vraie.

JACQUES SALOMÉ

Face à tout ce que nous devons affronter pour vivre en accord avec soi-même — résistances des autres à notre changement intérieur, poids d'une société de consommation, etc. —, il faut effectivement du courage. Mais la nécessité du courage implique la peur. De quoi avons-nous essentiellement peur ?

Nous sommes fondamentalement des êtres de peur. Des peurs qui viennent du fin fond de l'humanité, du temps où nous vivions dans des marécages ou dans des grottes et où nous étions donc à la fois très vulnérables et en contact direct avec une nature libre. Une simple peau d'homme face aux éléments naturels ou aux animaux de l'époque témoignait d'une grande fragilité.

Si l'on se réfère à la théorie de l'évolution, il y a dans notre histoire une succession d'adaptations, de combats, d'épreuves chez tout homme pour dépasser des menaces et donc l'inscription, dans notre imaginaire, de peurs très anciennes, très archaïques. Puis, indépendamment de celles-ci, il existe des peurs liées aux conditions mêmes de notre existence.

Il faut savoir que nous naissons inachevés.

Si notre achèvement biologique se poursuivait dans le ventre de notre mère, on ne pourrait pas sortir de l'utérus, c'est pourquoi nous arrivons au grand jour, à la sortie du ventre, inachevés ! Lorsque nous sortons de la matrice, incomplets, dépendants, nous avons alors besoin d'assistance, nous avons besoin de soins, nous avons besoin de l'amour de l'entourage. Si l'on pose un bébé par terre, et que personne ne s'en occupe, il meurt ! Ce qui n'est pas le cas de certains animaux. Quand le petit poulain sort de la matrice de sa mère, il se secoue, il tremble sur ses pattes, il se redresse, se dirige vers le pis de sa mère et commence à se nourrir. Il a déjà une autonomie, une mobilité qui lui procure un début d'indépendance, que n'a pas le bébé humain. Certes, si nous posons un bébé sur le ventre de sa mère, il va, en rampant, se diriger naturellement vers le sein ; mais s'il est posé par terre, il est clair qu'il ne pourra rien faire et sera dépendant des attentions qui lui seront prodiguées ou non !

Notre drame est là.

C'est un drame avant tout lié à l'histoire de l'humanité. Premièrement, à des conditions de vie très violentes, très difficiles, qui ont inscrit des peurs archaïques, puis à des conditions liées à l'évolution intra-utérine et à notre propre naissance.

Le piège de cette dépendance physiologique est qu'elle se poursuivra parfois en dépendance affective, en dépendance émotionnelle, en dépendance matérielle. Et cela peut durer très tard. Quand nous voyons de grands enfants de vingt-six ans — et parfois plus — qui sont toujours chez papa et maman ! Nous voyons aussi des personnes qui font un déplacement de leur dépendance. Ils quittent papa et maman, mais se font prendre en charge par un compagnon, qui deviendra leur partenaire conjugal.

Je crois que l'on s'imagine mal (je l'ai personnellement revécu dans un travail de Rebirth) la violence que peut être la sortie du ventre. Nous devons passer d'un univers clos, d'un univers entier, dans lequel nous n'avons même pas besoin de faire des demandes, à un univers sans limites, ouvert sur l'infini des mondes. Sortir du ventre, c'est tomber dans l'infinitude de l'univers. On est déposé provisoirement sur la terre, mais la terre n'est qu'un grain, une particule si petite, si instable, dans l'immensité de l'univers ! C'est pourquoi je me demande si l'on se rend bien compte de ce que peut représenter comme bouleversement, pour un bébé, de sortir du ventre — univers limité et fermé — pour *tomber* dans un univers infini. On tombe véritablement dans le gouffre du ciel. Je ne sais pas si vous avez déjà vécu cela, mais il arrive parfois qu'au moment de s'endormir, on ait l'impression de basculer, de tomber ! Je crois que cela nous renvoie à notre naissance, quand pour la première fois nous avons basculé dans le gouffre infini de l'univers.

Même si, dans le meilleur des cas, il y a deux bras pour nous accueillir provisoirement, l'insécurité s'inscrit, donc la peur ; la peur de l'imprévisible, de l'inconnu, du non-maîtrisable.

Ensuite, après les peurs archaïques et les peurs de la naissance, interviennent toutes les peurs de la petite enfance. Pour un tout petit enfant il y a une grande différence entre la réalité et le réel (le réel est la façon dont il vit la réalité). La réalité ne vient que par bribes, elle est appréhendée de façon parcellaire, morcelée.

Par exemple, quand une petite fille entend sa mère dire : « Depuis que j'ai perdu son père, je me suis remise à travailler. » Nous adultes, nous entendons bien que cette femme a dû retravailler depuis que son mari est mort, mais cette petite fille à qui l'on a raconté l'histoire du Petit Poucet quelque temps auparavant est soudain bouleversée : « Mais alors c'est maman qui a été perdre papa, c'est pour ça que je ne le vois plus. Elle m'a dit qu'il était enterré, mais ce n'est pas vrai. C'est elle qui l'a perdu dans la rue, dans la forêt... comme le chat de la voisine... »

J'ai rencontré des ex-petites filles qui avaient inscrit ce message-là au plus profond d'elle-même et qui se disaient : « Eh bien moi, je le retrouverai mon papa », et ont ainsi passé l'essentiel de leur vie d'adulte à s'accrocher à des hommes qui avaient trente ans de plus qu'elles !

Enfant, quand j'entendais la voisine du premier dire de son mari qui buvait « C'est un véritable trou sans fond », chaque fois que je le voyais je cherchais sur son corps le fameux trou ! Un jour, je me suis fâché avec la voisine du second dont le mari, lui, « avait les mains percées ». « Pourquoi vous mentez toujours pour votre mari, lui ai-je dit, il n'a pas les mains percées... Même qu'elles sont toutes gonflées ! »

Une fois, j'avais fait une tache sur une robe de ma mère, et pour supprimer la tache, j'avais découpé tout autour, pour la faire disparaître ; pour ne plus entendre le reproche que je tachais tout ce que je touchais... !

Ce que nous venons d'évoquer va ainsi inscrire une multitude de déformations, d'appréhensions et surtout de peurs incroyables.

Ainsi, de peur en peur, j'ai mis quarante-deux ans à découvrir ce qui me paraît aujourd'hui une évidence, et qui est un des pivots de mon enseignement : derrière toute peur il y a un désir !

Je me souviens d'un jour où mes enfants étaient tous là. Soudain l'un deux nous dit : « j'ai peur de... », et le chœur familial s'est écrié d'une seule voix : « Chouette ! C'est que tu as un gros désir derrière ! » Il a éclaté de rire, et il est passé de sa peur au désir, en reconnaissant qu'effectivement, c'était un désir important !

Il en va ainsi de toute peur, dont la fonction est de nous annoncer le désir... qu'il y a derrière !

Si j'ai peur que ma femme me quitte, c'est que j'ai le désir qu'elle reste le plus longtemps possible avec moi. Si j'ai peur que ma mère puisse mourir d'un cancer, c'est que je désire qu'elle n'ait pas un cancer. Si j'ai peur que mon père se mette en colère ou me frappe, c'est que j'ai le désir qu'il ne s'emporte pas en voyant les résultats de mon carnet scolaire.

Derrière une peur il y a toujours un désir, cette notion me semble d'une telle évidence, que je me demande pourquoi personne n'a découvert cela plus tôt. Pour moi qui étais un être anxieux, qui entretenais un sentiment de persécution, cette notion a changé ma vie, a bouleversé toutes mes relations au monde. J'ai découvert que puisque derrière toute peur il y avait un désir qui se cachait, il valait mieux que je reconnaisse et travaille sur mon désir plutôt que de me laisser paralyser par ma peur.

Si une femme est enceinte et qu'une de ses amies vient d'accoucher d'un enfant trisomique, il est possible qu'elle soit angoissée à l'idée de mettre au monde, elle aussi, un enfant trisomique. Mais si elle a cette peur, c'est qu'elle a le désir d'avoir un enfant qui ne soit pas atteint de trisomie 21. Et ce n'est pas rien de reconnaître ce désir, de lui faire une place dans la relation avec le fœtus. Elle peut, par exemple, symboliser son désir par un objet, et chaque soir le présenter au-dessus de son ventre et en parler avec son enfant : « J'ai vraiment le désir que tu te développes bien en moi, que tu puisses trouver tout le bon dont tu as besoin. Et comme ce désir est important, je vais te faire écouter du Bach, ou t'offrir une rose ! »

Nous pouvons parler à un désir, nous pouvons le montrer, nous pouvons aller au cinéma avec lui, et même acheter deux billets, un pour nous, un pour notre désir. Si on a envie de faire quelque chose pour son désir, on peut lui offrir une promenade, lui faire écouter du Mozart, lui lire du Verlaine, du Paul Eluard ou des mots de Christian Bobin !

Ce que je décris à travers ces réflexions, qui vont sembler légères et sans consistances à certains, est un des outils les plus performants que je propose en matière de relation humaine. Ces outils sont d'une part la visualisation (montrer par un objet ce dont je parle), et d'autre part une des fonctions dérivées de la visualisation qui est la symbolisation. La symbolisation, c'est donner un sens à un objet qui représente ce que l'on veut exprimer.

Toutes les cultures dites primitives, et que je préfère appeler primordiales, se relient par le symbolique aux forces vives de l'univers, à des entités bienveillantes. Pour nous, la pratique du symbolique peut nous permettre de nous relier au divin, à une dimension transcendantale de notre existence matérielle et terrestre. Le symbolique peut être un pont, une passerelle pour terminer une situation inachevée. Une femme qui a perdu son bébé dans les premiers mois de sa vie peut aller un jour redéposer sur sa tombe la violence que cette mort lui a faite. Elle peut aussi, dans un second temps, trouver un objet qui représente tout l'amour qu'elle lui aurait donné s'il avait vécu, et qui se trouve sans destination, comme un poids énorme en elle, et le déposer aussi sur la tombe : « Voici l'amour que je t'aurais offert dans les cinquante prochaines années... » Cela lui évitera de le déposer sur un enfant à venir (de remplacement) ou même de le maltraiter en elle, parce que sans destinataire pour le recevoir !

Malheureusement, en Occident, notamment depuis René Descartes, nous nous sommes coupés de toute relation au symbolique, confondu avec des pratiques magiques ou ésotériques. Pourtant le symbolisme est un des langages les plus puissants, les plus merveilleux qui soient, pour accéder à un équilibre, pour accéder à des vérités cachées, pour se réconcilier avec soi-même après une séparation ou une perte.

Je me souviens d'une démarche importante à l'époque où j'ai retrouvé mon géniteur, j'avais cinquante ans. Depuis des années je voulais avoir un diamant bleu. C'est relativement rare. J'avais un ami diamantaire qui m'avait promis de m'en obtenir un, ce qu'il fit environ sept ans après ma première demande.

Quand je lui avais fait cette demande, je n'avais que quarante-trois ans et je ne pensais pas alors retrouver mon géniteur. Il se trouve que j'ai enfin reçu ce diamant bleu la même semaine où j'ai retrouvé mon géniteur. Au-delà d'une coïncidence heureuse, j'y ai vu un signe. Et la deuxième fois où nous nous sommes vus, où nous nous sommes rencontrés, je lui ai montré ce diamant, qui était encore enveloppé dans un simple papier de soie et non encore monté sur un bracelet comme aujourd'hui. Je lui ai dit avec beaucoup d'émotion : « Tu sais, Pierre, je ne vais pas passer le reste de ma vie à t'accuser d'avoir abandonné maman ; je ne vais passer le restant de mes jours à te reprocher de ne pas t'être occupé de moi. (J'avais la gorge serrée en tenant ce discours que j'avais répété cent fois dans ma tête...) Je voudrais te remercier du cadeau extraordinaire que tu m'as fait en me concevant. Avec maman tu m'as donné la vie, et je trouve que je n'ai jamais reçu un cadeau aussi merveilleux dans toute mon existence. Et pour me rappeler que je suis responsable de cette vie que tu m'as donnée, que c'est à moi de ne pas la maltraiter et de l'honorer, je choisis ce diamant pour symboliser cette parcelle de vie reçue en dépôt, et pour me souvenir à jamais que je dois en prendre soin. »

J'ai ensuite fait monter ce diamant sur ce bracelet pour ne jamais oublier que je ne dois pas — comme je suis parfois encore tenté de le faire — me punir, m'autopriver, rester dans le ressentiment ou la plainte, bref, que ce n'est pas à moi de maltraiter la vivance de ma vie.

Ce diamant me rappelle surtout que je n'ai qu'une vie, qu'elle m'a été donnée conjointement par un garçon de quinze ans qui, pour des raisons qui lui appartenaient dans cette phase de sa vie, n'a pas été capable de m'accompagner aux premiers temps de ma venue au monde. Elle m'a aussi été donnée par une jeune fille de dix-sept ans, qui a pris cette vie en charge, dans les vingt premières années de mon existence, et qu'aujourd'hui c'est moi — et moi seul — qui en suis responsable.

Je suis bien responsable de tout ce qui m'arrive... Je ne vais pas recommencer mon discours favori ! *(rires)*

Comment votre géniteur a-t-il reçu cette parole ?

Il a été très ému. Il est devenu soudain très dense, vibrant. Je me souviens qu'il a pris le diamant, l'a caressé sans un mot, et me l'a rendu. Quelques mois avant sa mort (sept ans après), il m'a reparlé de cela et m'a dit : « Tu ne sais pas le cadeau que tu m'as fait lorsque tu m'as dit cela... Ça m'a libéré, agrandi. De tous mes enfants, tu es celui qui m'a proposé la relation la plus respectueuse, la plus intense. »

Mais était-il au courant de votre naissance ?

Oui, il savait. Mais rappelez-vous, il n'avait que quinze ans et il était très dépendant de sa mère, la terrible Elise, qui était veuve, et vivait à ce moment-là le grand amour de sa vie, introduite dans le beau monde par celui-ci. Elle conduisait une torpédo et fréquentait la jeunesse de l'époque, sans d'ailleurs trop s'occuper de son fils unique, qu'elle avait placé comme apprenti horticulteur dans la même ferme où se trouvait ma mère ; elle-même « placée » par l'Assistance publique. Mais comme Elise, ma grand-mère paternelle donc, ne voulait pas de mésalliance, qu'elle pensait que ma mère, à quinze ans, avait détourné son fils du droit chemin, elle s'interposa, enleva Pierre et le plaça ailleurs. Elle savait ce qu'elle faisait car il ne s'agissait que d'une répétition. Elle-même avait été enceinte de son fils à dix-sept ans par un monsieur de quarante-deux ans, Jean-Baptiste, mon grand-père paternel (armurier à Toulouse). Mais son propre père, Antoine Ganin (sculpteur, professeur adjoint aux Beaux-Arts de Toulouse), l'avait forcé de « réparer » en l'obligeant à se marier ! Réparer. Ce mot est un des mots structurants de mon histoire, réparateur, réconciliateur et passeur de vies, pour tant et tant de personnes.

Pour revenir à votre question, Pierre connaissait-il ma naissance ?

Oui, il savait.

J'ai appris par ma mère que trois jours après ma naissance il avait fugué pour venir me voir à la maternité. Il n'osait pas me prendre dans ses bras parce qu'il avait peur de me laisser tomber. Il était en pantalons courts, et les religieuses de la maternité croyaient qu'il était le frère de ma mère ! Elles n'auraient pas imaginé qu'il était l'amant de cette jeune fille de dix-sept ans qui venait d'accoucher toute seule comme une grande... ! Mais même s'il n'est resté que quelque vingt minutes, ce premier regard qu'il a posé sur moi est un regard qui m'a fait du bien. J'étais vu, même si je n'étais pas reconnu.

Moi qui suis dans une dynamique récurrente, avec le besoin important, douloureux, d'être reconnu, d'être valorisé, d'être confirmé dans une place, d'avoir un ancrage au monde, ce fut déjà un premier jalon.

Ce que je lui ai dit avec le symbole du diamant l'a beaucoup touché parce qu'il s'attendait plutôt à des reproches — comme c'est souvent le cas —, à des agressions, à du chantage peut-être, ou à une culpabilisation de ma part.

Même si je l'ai appris tard dans ma vie, je sais aujourd'hui me définir dans une relation, et c'est bien intégré ! Que ce soit dans une relation professionnelle, en définissant mes attentes, mes apports, mes limites et mes zones d'intolérance ; ou dans une relation parentale, ou encore dans une relation plus personnelle, plus intime. Il y a l'accord de départ, et ensuite les ajustements, les balisages, parfois les impasses ou les limites imposées par des attentes qui dépassent nos possibles. Dans une relation de rencontre sexuelle ou une rencontre de plaisir, je peux dire : « Je ne vous propose pas une relation de durée mais seulement une relation de rencontres, dans le plaisir et le respect mutuel d'être ensemble. Si cela est acceptable pour vous, nous pouvons vivre quelque chose de bon, de joyeux et même de durable... Mais je ne m'engage pas vis-à-vis de vous dans une relation continue, avec un partage de territoire, un projet de vie en commun. »

Les relations de rencontre sont fonction de la liberté intérieure, de la liberté de chacun. Elles peuvent être d'une grande richesse quand elles ne sont pas dévoyées par la possessivité, par le contrôle ou la projection.

De véritables miracles existent dans ce domaine. Il peut y avoir une intensité extraordinaire dans une rencontre, on est littéralement porté, et il ne se passe rien d'autre que ce qui se vit dans le temps de la présence partagée... Personnellement, je garde au fond de moi des relations de rencontre, qui sont des trésors. Ces personnes peuvent me téléphoner parfois (ou moi-même) alors qu'on ne s'est pas vus depuis quinze ans. On a peut-être eu une relation intime deux ou trois fois seulement, mais ces relations restent incroyablement vivantes et denses, nourries par le souvenir du bon partagé. Par contre, il y aura évidemment souffrance si l'un des deux attend, au-delà de la rencontre, une relation différente, fondée sur d'autres enjeux tels : la vie en commun, l'unicité des sentiments, une emprise sur la vie de l'autre... Le sujet est inépuisable, car il touche aux fondements mêmes de la liberté intérieure, au respect de soi et au respect de l'autre.

Nous avons presque tous connu, à un moment ou à un autre, un sentiment de culpabilité généré par le système SAPPE. Pourtant, si certains semblent y être très sensibles — en souffrir —, d'autres en revanche semblent hermétiques à la culpabilisation. Pourquoi ?

C'est très juste. Alors, pourquoi ? Comme je l'ai précisé, nous reconnaissons le système SAPPE à sept ou huit phénomènes récurrents (c'est-à-dire qui se renouvellent spontanément) qui nous maintiennent dans des rapports de dépendance, et développent parfois des rapports d'aliénation. Il est vrai que chacun de ces phénomènes aura plus ou moins de prise suivant la dynamique de vie dominante de chacun. Personnellement, je sais que j'ai beaucoup souffert de l'injonction mais assez peu de la culpabilisation.

« Avec tes mensonges, tu fais de la peine au petit Jésus... »

Eh bien, tant pis pour lui... ! Cela ne m'a pas beaucoup troublé... *(rires)*

Ce qui me troublait le plus, c'est que je me sentais obligé de mentir pour préserver un peu d'indépendance et de jardin secret, pour échapper aussi à l'emprise des adultes que je ne sentais pas bonne ou bienveillante pour moi ! Et quand on me disait : « Tu es grand maintenant, tu dois aimer ton frère ! Tu dois être gentil avec lui ! »

etc., en fait, quand on me dictait des sentiments, des comportements, des attitudes, que j'aurais dû ressentir, avoir ou produire, et que je n'avais pas, cela me troublait beaucoup. J'étais troublé parce que je sentais confusément, ou plus exactement j'imaginais, que si je n'entrais pas dans l'injonction ou dans le désir de l'autre, je risquais de perdre son amour, ou qu'il se détacherait de moi. C'est d'ailleurs pour cela que, plus tard, j'ai défendu l'idée qu'il faudrait supprimer la phrase « J'aimerais que... ».

« J'aimerais que tu mettes la table, que tu arrêtes enfin la télé, que tu manges correctement, que tu fasses tes devoirs... »

Ça paraît banal de dire cela, je l'ai moi-même dit des milliers de fois.

Mais cette petite phrase est pernicieuse, car elle laisse croire à l'enfant qu'il aura plus d'amour de la part de ses parents, s'il met la table (ou s'il prend sa douche, s'il fait ses devoirs, etc.), bref, s'il rentre dans leurs désirs. C'est plus pervers qu'on ne le croit.

Le sigle SAPPE, je le rappelle, veut dire : S comme sourd, A comme aveugle, P comme Pernicieux, Pervers, et E comme énergétivore !

Non seulement ces phénomènes — l'injonction, la dévalorisation, la disqualification, le chantage, la menace, la culpabilisation — sont récurrents, mais ils sont majoritaires dans la plupart des relations. Dès lors chacun d'entre nous va se défendre ou s'approprier à son profit chacune des positions relationnelles qui en découlent. Par exemple si la culpabilisation ne m'a jamais posé de problème, pour quelqu'un d'autre ce peut être terrible. Imaginer qu'on peut faire de la peine à sa mère, à celui (celle) qu'on aime, à Dieu, sera insupportable.

Pour certains d'entre nous, tels ou tels des poisons de la gamme du système SAPPE sont l'équivalent de véritables cancers détruisant le tissu relationnel, oblitérant la possibilité d'échanges libres, authentiques, personnalisés. Mais si un de ces poisons de la gamme SAPPE peut être l'équivalent d'une bombe nucléaire pour les uns, pour les autres il ne sera qu'un pétard. Nous ne retentissons pas de la même façon. Chez moi, par exemple, une injonction peut entraîner un blocage, une fuite ou une transgression.

Les poisons de la gamme SAPPE peuvent entraîner la fuite, le blocage, mais aussi le conflit, la colère. À ce propos une parole populaire me semble surprenante, voire déstabilisante : « Une bonne dispute ressoude le couple. » Est-ce vrai ou faux ?

Je ne crois pas que cela soit vrai. Ce n'est pas la dispute qui ressoude un couple, c'est qu'à travers la dispute on a eu le courage de dire des choses que l'on retenait, que l'on censurait. Toutefois, la dispute est souvent un obstacle à l'écoute.

L'enjeu de la communication intime est justement d'être capable de passer du réactionnel au relationnel.

Bien sûr, au départ, l'élément déclencheur peut être la dispute en tant que mouvement d'humeur. Par exemple, je suis marié et ma femme et moi sommes invités à dîner chez des amis. Au cours du repas, elle a dit aux autres, en riant : « Oh ! Jacques... On ne peut rien lui demander... Il ne sait même pas planter un clou ! », ils se sont tous mis à ricaner et il y en a même un qui a dit « De quel clou s'agit-il ? ». Moi j'ai senti que l'on faisait allusion à ma sexualité, à ma virilité. À partir de là je peux me fermer, me bloquer, et lorsque l'on rentre chez nous, dans la voiture, je fais la gueule. Et soudain j'éclate : « Tu es vraiment insupportable ! Tu ne peux pas t'empêcher de me disqualifier devant tout le monde ! Tu m'as même fait passer pour un impuissant... ! » Etc. Bien sûr ma femme tombe des nues. Pour elle, le fait de dire que je ne sais pas planter un clou n'a rien de péjoratif, c'était un petit clin d'œil à mes tentatives de bricolage et d'ailleurs elle me rappelle que « c'est vrai puisque l'étagère de la cuisine attend depuis trois semaines que je m'en occupe, etc. ».

Le problème est que, si l'échange commence sur le mode de l'accusation, du reproche, on risque de n'arriver à rien, car ce qui retentit en moi réveille d'autres disqualifications. Ma femme va aussi se fermer devant ma réaction en répliquant : « On ne peut rien te dire ! De toutes les façons, tu as toujours raison... Tu es invivable ! », et d'accusations en reproches, nous nous éloignons, sans entendre l'un et l'autre notre vécu.

En revanche, la confrontation plus que l'affrontement nous autorise, nous donne l'énergie de dire des choses que l'on a censurées, et nous permet après la phase aiguë — réactionnelle — de revenir dans un peu plus de relationnel, alors, oui, elle peut être utile.

Si la colère — en tant que désinhibiteur — peut nous aider à nous exprimer, comment ne pas tomber dans l'agressivité gratuite ?

Je peux très facilement répondre à cette question, car j'ai également beaucoup travaillé sur cette question centrale dans les relations proches. Comment passer du réactionnel au relationnel, et en particulier quand la colère fait écran ? Il conviendrait de faire un pas de côté par rapport à la colère de l'autre, pour demander à la personne ce qu'elle a ressenti.

Prenons encore un exemple de couple (ce sont les plus fréquents et les meilleurs dans ce domaine). Avec mon amie, nous nous sommes donné rendez-vous, pour aller au restaurant et ensuite au théâtre, à six heures. Mon amie arrive en avance dès six heures moins le quart, car elle est un peu anxieuse d'arriver en retard. Moi, j'essaie d'arriver à l'heure alors que mon patron m'a retenu jusqu'au dernier moment, je saute de métro en métro, et je suis là à six heures et sept minutes. Mon amie m'accueille alors en me disant : « Tu as vu à quelle heure tu arrives ! Ça fait une heure que je t'attends ! » Évidemment, ça ne sert à rien que je lui dise que ça ne fait pas une heure mais à peine dix minutes... Ces dix minutes de retard, plus le quart d'heure de son angoisse, font qu'elle a vécu cela comme une heure insupportable à vivre ! Avec les mêmes données, avec les mêmes éléments, le vécu intime de l'un et de l'autre est toujours différent. On ne peut communiquer que sur des différences ! Quand le vécu est semblable, ce qui est rare, cela s'appelle une communion !

J'ai mis douze ans à apprendre, quand j'étais devant quelqu'un en colère, à faire un pas de côté. Avant, combien de soirées, de week-ends, je me suis gâchés avec des bêtises, des petits trucs bénins, qui servaient d'éléments déclencheurs tel un retard ou encore : « Fais attention à la voiture. Je t'ai déjà dit de faire attention en braquant les roues... Tu as vu, le pneu qui mord le trottoir ! Redresse les roues ! » Etc.

Enfin, des petits riens qui nous mettaient l'un et l'autre en colère, et comme nous étions enfermés dans le réactionnel, nous échangions de comportement écran à comportement écran, sans nous voir réellement, sans pouvoir dialoguer. Ne voyant que la colère de l'un et n'entendant que les justifications de l'autre, ce qui redoublait l'incompréhension.

Un jour, j'ai décidé de faire un pas de côté, physiquement, parce que si je reçois la colère de quelqu'un de plein fouet, tel que je me connais, je réponds par une contre-agressivité, avec une escalade de la violence en moi. Une fois, au restaurant, le serveur m'a même dit : « Mais pourquoi changez-vous sans arrêt de place ? » Je lui ai répondu que ce n'était pas son problème, mais que de toutes les façons, je ne voulais pas rester dans l'axe de la colère de ma Bien-Aimée. Bien sûr, il ne comprenait pas... *(rires)*

Vous tourniez autour de la table ?!

Mais oui, car au fur et à mesure que je me déplaçais, mon amie faisait de même pour me remettre, elle, dans l'axe de sa colère ! *(rires)*

Mais un soir (c'était toujours une histoire de retard), je lui ai dit : « Qu'as-tu ressenti lorsque tu m'as vu arriver ? » Son visage s'est alors complètement transformé, illuminé, et elle m'a répondu : « Ah, qu'est-ce que j'étais contente, de te voir. »

Eh bien ça, elle ne me l'avait jamais dit ! Elle exprimait avec facilité sa colère mais pas son sentiment réel, qui était lié au plaisir de me voir. Et si je m'étais laissé entraîner par une contre-agressivité, comme souvent par le passé, je n'aurais pas pu lui dire comment, par exemple, depuis le matin, je travaillais comme sur un nuage en pensant à cette soirée, à tout le plaisir que j'avais anticipé à nos retrouvailles, etc.

À partir de cet instant, nous avons pu nous dire des choses que nous ne nous étions jamais dites auparavant, et passer une excellente soirée.

Nous étions passés du sentiment écran au sentiment réel, au plus proche de notre ressenti.

Passer du réactionnel au relationnel, en ne restant pas dans l'axe de la colère de l'autre et en tentant d'accéder à ses sentiments réels.

Je peux vous donner un deuxième exemple pris dans le domaine parental. Il y a bien longtemps, la spécialité d'une de mes filles était de débouler dans notre chambre conjugale, sans frapper ! Psychologiquement, je sais très bien que les enfants sont toujours très curieux de savoir ce qui se passe entre papa et maman, leur besoin de nous capter aussi... Mais elle, le plus souvent, elle arrivait vraiment au mauvais moment —

c'est-à-dire au bon moment pour moi... ! *(rires)* Et bien sûr, ça me mettait hors de moi ! Un dimanche matin, elle débarque encore une fois, évidemment au moment le plus sensible... Je me lève, hors de moi, j'enfile un pyjama, je l'attrape à bras-le-corps et, pour ne pas réveiller les autres enfants, je la traîne dans le salon. En moi, résonnaient deux voix. L'une me disait : « Tu vas lui faire mal, tu vas lui faire mal. Calme-toi. », et l'autre : « Il faut qu'elle comprenne une bonne fois pour toutes ! Nom d'un chien ! Cette intrusion permanente ne peut pas durer, il faut qu'elle apprenne à frapper avant d'entrer ! » Arrivé dans le salon, je la jette sur le divan avec l'idée de lui donner une fessée magistrale. Heureusement j'aperçois alors un vieux coussin rouge et une vieille raquette de tennis qui servaient justement à « ça », à *ex-merder* nos problèmes, à exprimer nos colères, à libérer nos tensions. J'attrape la raquette à deux mains et je dis à ma fille : « Regarde. La colère que j'ai contre toi, je ne vais pas la jeter sur toi car je pense que je vais te faire mal, mais c'est très important pour moi que je te la montre. » Je me suis alors mis à taper sur le coussin en hurlant comme un possédé : « J'en ai assez ! C'est insupportable, etc. » Aujourd'hui encore, je revois ma petite fille (qui devait avoir environ cinq ans et demi) avec ses couettes, sa petite chemise de nuit, qui me disait calmement en me regardant : « Oh alors ! Eh bien... qu'est-ce que t'étais en colère... »

Cela m'a confirmé que, si j'avais jeté ma colère sur elle, je ne lui aurais rien appris, parce qu'elle n'aurait rien entendu de ce que je lui disais, mais elle aurait seulement engrangé de la peur, et un peu plus de souffrance en elle.

Ce genre de petites balises, que j'ai progressivement introduites dans ma vie, m'ont fait faire des bonds considérables dans mon évolution et, me semble-t-il, m'ont permis d'améliorer la qualité de mes relations.

Beaucoup de personnes luttent contre la colère et finissent par être inhibées. Il vaut donc mieux la laisser venir mais en sachant la gérer ?

Pouvoir l'exprimer sans la déposer sur l'autre. Nous avons le droit d'être en colère, pour des raisons qui nous appartiennent. Vous avez le droit d'être en colère contre moi, vous pouvez l'exprimer devant moi, mais cela ne vous donne pas le droit de la déposer sur moi. Avec les enfants c'est extraordinaire, ils saisissent bien la différence.

Nous avons le droit d'être en colère contre les actes d'une personne, mais pas contre la personne elle-même ?

Tout à fait. Car c'est bien à moi de différencier la personne de son comportement, de ne pas l'identifier à ses conduites.

Êtes-vous coléreux ?

Oui, très. Plus souvent d'ailleurs dans ma tête que dans la réalité de la rencontre. J'en arrive parfois à me faire un vrai cinéma qui doit certainement remplir une fonction cathartique de sublimation, qui me permet d'évacuer de nombreux sentiments négatifs.

Ça vient d'où ?

Les colères, les comportements réactionnels, viennent la plupart du temps de nos frustrations, de notre ITPI (Illusion de la Toute-Puissance Infantile) dont la survivance est tenace.

Un exemple chez moi. Je désirais changer de carte grise et je découvre que le service des cartes grises n'est pas ouvert à 14 heures, quand il est indiqué que l'ouverture est de 14 heures à 16 heures ! Je commence à pester dans ma tête sur l'incurie des fonctionnaires, pour découvrir au bout d'une demi-heure d'attente et de « rouspétance » que le mardi le service est ouvert de 9 heures à 12 heures ! Je suis quand même resté encore deux minutes à me plaindre !

Avez-vous, encore aujourd'hui, ces bouffées de colère ?

Oui un peu, quelques reliquats, quelques vieux démons qui remontent à la surface. Mais aujourd'hui je m'empoisonne moins l'existence. Par exemple quand un automobiliste tarde à démarrer au feu vert, je me dis qu'il est seulement en train de prendre quelque chose dans sa boîte à gants, qu'il n'a pas remarqué le changement de feux, qu'il ne va pas tarder à redémarrer, et je patiente un peu. Alors qu'avant, je hurlais aussitôt, quasi automatiquement : « Mais quel con ! Il ne va pas avancer, non ! Il se croit seul au monde. »

Les bouffées de colère, d'impatience, m'arrivent surtout en voiture. *(rires)*

Le mot « putain », qui ne fait habituellement pas du tout partie de mon vocabulaire, est un mot que j'utilise très volontiers en voiture, pour exprimer irritation, étonnement, impatience. *(rires)*

Comment était votre mère avec vous? Était-elle colérique?

Je ne l'ai jamais vue en colère. Je ne la sentais pas passive ou indifférente, elle avait une sorte d'autorité naturelle qui lui faisait aborder sans drame l'imprévisible (parfois violent) de la vie.

Elle parvenait à maîtriser sa colère, ou est-ce vous qui n'aviez pas un comportement exaspérant?

Pour ce qui concerne notre relation, je ne la mettais pas en colère, je l'inquiétais, je l'angoissais surtout! Je faisais des bêtises... La prunelle de ses yeux risquait sa vie. Par exemple, je me prenais pour un champion du lancer de poignard, et c'est mon petit frère qui tenait la cible!

(rires) Nous passions d'une maison à l'autre, à travers toits et balcons, jungle naturelle qui nous permettait, à mon frère et à moi, d'être les jumeaux de Tarzan!

Je n'ai jamais vu ma mère en colère, elle avait une sorte d'affirmation tranquille, qui lui permettait de faire face avec une fermeté étonnante! Quand elle disait quelque chose, il n'y avait pas de discussion. La toilette, par exemple, était un moment auquel je ne pouvais échapper. Tous les jours, au retour de l'école, grande toilette; le matin était réservé au débarbouillage; un petit coup de gant sur le visage et un coup de peigne suffisait. Je me souviens d'un jour où, quelqu'un lui disant en riant : « Vous allez l'user cet enfant à force de le laver... », elle répondit : « Un amour entretenu ne s'use jamais ! »

Parmi les affirmations qui circulent de génération en génération il en est une qui ne s'essouffle guère : il ne faut jamais mélanger l'affectif et le professionnel.

Alors, faut-il réellement ne jamais mélanger l'affectif et le professionnel — sommes-nous à ce point clivés ? Est-il même souhaitable d'y parvenir — ne risquons-nous pas de devenir des robots ?

Ne jamais mélanger l'affectif et le professionnel est ce que j'appellerai un vœu pieux. La question est de savoir quelle est la zone d'impact de l'affectif pour l'un et pour les autres.

Il se trouve que la relation professionnelle est une relation très particulière, qui oblige à faire cohabiter trois registres relationnels.

Le registre fonctionnel : le *faire* ensemble. Nous sommes collègues dans le même bureau, dans la même équipe, dans la même entreprise, et nous avons à produire, à faire ensemble. On nous paie pour que nous soyons le plus efficient, le plus opérationnel possible, et qu'il y ait le moins de déperdition, le moins de ralentissement possible dans la production que nous avons en charge.

Parallèlement à cela, existe la dimension interpersonnelle.

Je peux, par exemple, préférer travailler avec une femme, plutôt qu'avec le gros Léon qui dit des âneries toute la journée... ! Mais cette dimension interpersonnelle peut être positive ou négative suivant les signaux qui circulent entre deux personnes. Si la femme avec qui je travaille me rappelle la femme qui m'a quitté quelques années auparavant, je travaillerai avec elle, mais je serai tenté soit de lui faire payer, à elle, tout ce qui n'a pas été réglé avec mon ex-femme, soit de la séduire pour réparer ce que je n'ai pu vivre avec ma femme !

C'est ce qui explique qu'au-delà de la dimension fonctionnelle, il peut aussi y avoir entre collègues des relations interpersonnelles conflictuelles, extrêmement violentes, chargées d'accusations, de ressentiments, de sabotages ou d'attentes vaines.

Enfin, la troisième dimension présente dans les relations professionnelles est la dimension intrapersonnelle. Qu'est-ce que l'autre (le patron ou un collègue) touche chez moi — toujours dans le cadre des blessures de l'enfance, humiliation, sentiments d'impuissance, d'injustice... ?

Par exemple, je travaille dans le même service que vous, et je vous vois très belle, je vais peut-être essayer de me faire aimer de vous, mais vous ne me voyez même pas ! Je suis un homme qui ne compte pas. D'ailleurs, votre mari est un grand blond d'un mètre quatre-vingt-cinq, aux yeux bleus, alors que je suis un petit rachitique d'un mètre soixante-dix, tout brun, tout boiteux... Je ne fais pas le poids ! Mais je vais quand même essayer de vérifier si j'ai de la valeur pour vous, si j'existe, et pour cela je vais en faire des choses... ! Y compris en vous mettant en difficulté...

Vous allez, la plupart du temps, ignorer tout ce que vous déclenchez en moi, sans que nous partagions là-dessus !

Dans une relation professionnelle épanouie, ces registres — fonctionnel, interpersonnel, intrapersonnel — peuvent aussi tout à fait bien cohabiter.

La dimension affective n'est en fait qu'un des registres possibles qui va irriguer la relation, parfois de manière positive, et quelquefois aussi dans une possible dimension sadique ou perverse !

Puis, indépendamment de cela, il y a un autre aspect dans votre question. Qu'en est-il lorsqu'une relation amoureuse (ou sexuelle) se noue entre deux êtres qui travaillent ensemble ?

Là les enjeux se compliquent.

Il s'agit de savoir comment faire cohabiter une dynamique personnelle d'intimité avec les contraintes d'une relation professionnelle. On ne peut pas s'embrasser devant tout le monde. Je peux trouver que vous portez des jupes un peu trop courtes, que vous parlez très facilement avec des hommes plus jeunes que moi ! Je peux mal supporter les ordres ou les consignes que vous allez me donner !

En réalité, il est tellement difficile de faire cohabiter ces deux dimensions, que bien souvent c'est la dimension professionnelle qui l'emporte sur la dimension intime. On le remarque dans certaines professions où les couples travaillent ensemble : ils ont l'un envers l'autre un comportement relativement impersonnel, froid, distant. Ils retrouveront une dimension plus intime, quand la boutique sera fermée... Et encore...

J'ai souvent été frappé de cette froideur, cette apparente insensibilité dans une relation qui pourtant ne la justifiait pas. Si nous sommes mariés, nous avons le droit de nous embrasser. J'ai le droit de mettre ma main autour de la taille de ma femme (si elle l'accepte), ou sur son épaule, ou de la prendre dans mes bras. Mais il y a souvent une censure impliquant le regard ou l'imaginaire des autres. La froideur, la distanciation, le recul, semblent colorer ce type de relation, quand la dimension professionnelle, fonctionnelle, domine.

Peut-être faut-il ajouter aussi que les gestes de l'intimité sont à réserver à l'intimité et que l'on peut faire passer beaucoup de choses dans un regard, dans l'infime d'une attention plus personnelle...

Nous entendons souvent parler de QI — Quotient Intellectuel —, plus récemment de QE — Quotient Émotionnel — et vous, vous introduisez la notion de QR — Quotient Relationnel. Quelle en est la définition ?

Nous avons pu constater, au cours de nos rencontres, de nos échanges et de nos engagements relationnels, que de certaines personnes émanent plus que d'autres une sensibilité particulière, une ouverture chaleureuse et une invitation stimulante à des relations de réciprocité. Par leur présence et leur disponibilité, par leur tolérance et leur simplicité, elles favorisent des partages dans lesquels les valeurs humaines de dignité les plus essentielles sont préservées, en même temps que la clarté des positionnements et la rigueur des choix sont assurés.

Le modèle prégnant dans notre culture, que j'ai désigné sous le sigle de système SAPPE, entretient plutôt les enjeux de rapport de force dominant-dominé ou les issues gagnant-perdant. Il incite les uns aux positions de puissance et à la jouissance du pouvoir et de ses abus, et il impose aux autres la servitude, la soumission, et la crainte. Il suscite les oppositions et les affrontements dans les échanges, cultive la méprise et le doute, la non-confiance et la mésestime, et par là même, maintient la dépendance et l'emprise, développe la méfiance vis-à-vis d'autrui et la tendance au repli sur soi.

Il existe donc tout un contexte ambiant implicite de la communication et des relations interpersonnelles, qui ne permet guère, que ce soit au niveau de l'éducation familiale, scolaire, ou au niveau de la vie sociale en général, de stimuler et de favoriser le développement d'un quotient relationnel élevé, chez la plupart des individus.

J'appelle quotient relationnel l'ensemble des compétences, des moyens, des outils et des repères dont dispose une personne donnée, pour pouvoir communiquer et entrer en relation, et pour entretenir et nourrir ce lien dans la durée, que ce soit avec les autres ou avec elle-même.

Le quotient relationnel d'une personne est palpable, il se sent dès les premières rencontres. Sa manifestation ou son impact suscite chez l'interlocuteur divers sentiments et impressions globales, immédiatement reconnaissables. Ils sont repérables à quelques attitudes perçues en soi : lâcher prise, écoute active, disponibilité à une implication plus grande, amplification des ressentis, ouverture aux résonances et aux associations verbales, meilleure aptitude à se responsabiliser pour gérer le bout de sa relation[1].

Je constate qu'un individu possède un quotient relationnel élevé quand, par sa manière d'être, il induit généralement des relations énergétigènes, créatives, stimulantes et enrichissantes pour l'autre et lui-même. Il a une autonomie relationnelle suffisante pour désamorcer les engrenages réactionnels des pratiques communes, telles que chantages, menaces, culpabilisations, reproches ou réactions négatives qui structurent le système SAPPE. Il est vigilant et collabore le moins possible à entretenir les pollutions et les sabotages qui le constituent.

À l'inverse, je peux constater qu'un individu dispose d'un quotient relationnel moyen ou bas, quand il a tendance à susciter ou à déclencher des relations infantilisantes, énergétivores et aliénantes, pour autrui et lui-même.

Pensez-vous que l'on pourrait ainsi mesurer, avec précision, le quotient relationnel d'une personne ?

Non, je ne le crois pas, mais on peut, au

1. Comme je le répète souvent, je considère qu'une relation a toujours deux extrémités et que nous sommes seuls responsables de ce qui se vit et de ce qui se passe à notre extrémité.

mieux, en apprécier la cohérence et la valeur, par son impact sur autrui. Nous pourrions définir un âge relationnel, non pas d'un point de vue quantitatif mais qualitatif, et ceci à partir de trois niveaux d'observation ou trois grandes catégories de critères :

Le degré de contrainte ou de liberté dont dispose une personne donnée lors de ses positionnements relationnels ou de ses échanges.

La dynamique du rapport à l'autre et à soi.

La nature des énergies déployées lors du contact ou de la rencontre et de la mise en commun.

Mais je ne vais pas m'étendre plus loin, car cette approche suppose d'être approfondie. Elle me paraît intéressante pour commencer à poser quelques balises qui pourraient permettre à chacun de s'interroger, et par là même d'évoluer, pour agrandir son propre quotient relationnel que je ne vois pas comme quelque chose de figé et de définitif, mais bien comme une potentialité en devenir.

Ne risquez-vous pas de soulever beaucoup de passions autour de ce point ?

Peut-être, la passion est aussi un des moteurs de la recherche...

CHAPITRE SIX

Avec les mots offerts, avec les mots
Accueillis, on ne se méfie
Jamais assez!
Quelques mots déposés, envolés,
N'ont l'air de rien, des petits vents,
Des petits sons, des bribes de sens,
Qui s'enracinent loin de nous!
Des mots de quelques lettres accrochées
Ensemble et on reste là, suspendu au milieu
De ses émotions en attente de tout.
Oui, de tout!
Les mots ont cette vocation d'ouvrir
Le cœur et prolonger le temps
Bien au-delà d'une existence.

Jacques Salomé

Tous les problèmes de relation aux autres, devenir soi-même, s'apprivoiser, sont rarement simples à affronter, et souvent l'utilisation du mensonge devient l'arme la plus facilement

accessible. Le mensonge est même parfois comme une parade d'urgence face à la peur, face à une angoisse profonde d'être soi et de ne pas correspondre à ce que l'autre attend. Ce mensonge-là, l'avez-vous déjà utilisé, savez-vous le contourner ?

D'abord, je dois avouer que, dans mon enfance, j'ai été un grand inventeur de mensonge ! Quand j'étais à l'école, j'inventais des mensonges pour mes copains de classe, afin de les sortir de situations difficiles. Si l'un d'eux avait vendu (ou échangé) son blouson, il fallait expliquer à sa mère la disparition du blouson. Alors il me demandait d'inventer un mensonge. Je lui proposais de dire qu'en passant sur le pont Saint-Michel, un coup de vent d'Autan avait jeté le blouson dans le fleuve. Que lui et moi, avions évidemment cherché à le rattraper en prenant des risques énormes, mais en vain ; que l'on était d'ailleurs arrivé en retard au catéchisme, c'est pour cela que jeudi prochain, le curé nous prendrait trois heures de plus... (le deuxième mensonge était tout bénéfice, car il nous permettrait en plus d'aller au cinéma le jeudi suivant... !).

Ces mensonges que j'inventais, je les échangeais contre des billes. Comme inventeur de mensonges, j'étais très renommé dans mon école, parce que tous ceux qui avaient besoin d'un mensonge qui fasse « vrai » savaient qu'ils pouvaient m'en demander un sans crainte de se trouver confondu ou en mauvaise posture...

Vous étiez vraiment doué...

Oui, je crois que je l'étais, vu le succès et la quantité de billes que je recevais ! Pour être cru un mensonge doit paraître vrai. D'ailleurs une fois, j'ai fait un mensonge qui s'est avéré réellement vrai, et j'ai dû en rembourser le prix, à savoir cinq billes. Un de mes copains ne voulait pas faire signer son carnet de notes, et je lui avais conseillé de dire que sa grand-mère était morte, que ses parents avaient dû aller à l'enterrement, etc. Mais la grand-mère est effectivement morte le jour même ! Évidemment j'ai dû rembourser les billes que mon copain m'avait données en échange du mensonge, puisque, s'est-il empressé de me dire : « Je n'aurais pas eu besoin du mensonge ! »

Si vous étiez, grâce aux mensonges, très courtisé par vos petits camarades, ça ne devait pas être la même chose avec les adultes ?

Ah, non, ça n'arrangeait pas du tout mes affaires... ! J'étais une mauvaise fréquentation ! *(rires)*

De toute façon les adultes de mon enfance avaient une opinion très négative sur moi ; dès la maternelle, je me suis senti jugé, critiqué et agressé par eux, parce que non conforme !

Cela dit, en ce qui concerne le mensonge en général, il est vrai que j'ai beaucoup menti dans ma vie, mais je dois dire qu'il y a maintenant longtemps que je n'ai plus menti. Tout se passe comme si je n'avais plus besoin de mentir, les mensonges sont devenus inutiles.

En effet, ou je dis, ou je ne dis pas... Je n'ai donc pas besoin de mentir. Mais je ne confonds pas le « ne pas dire » et le non-dit.

Le non-dit implique que je ne peux pas dire, que j'ai une obligation de me taire faute de quoi, je risque de déclencher un drame. En revanche, dans le « ne pas dire », c'est moi qui choisis de ne pas exprimer tels ou tels aspects de ma vie, qui appartiennent à mon intimité, à mon jardin secret.

Voilà pourquoi je n'ai plus besoin de mentir. D'autre part, je n'accepte pas non plus de répondre à certaines questions, si je les vis comme une intrusion dans ma vie personnelle. « Qui est-ce qui t'appelait au téléphone ? », « C'est quelqu'un qui m'appelait au téléphone. »

Souvent ce genre de réponse crée une ambiance torride !

(rires)

Ah, mais je suis terrible sur ce plan-là !

Le respect de l'intimité de chacun dans une relation proche me paraît une priorité. Moi, je ne poserai jamais une question indiscrète, concernant l'intime de l'autre. Je n'ouvre pas une lettre qui ne m'est pas adressée, je n'ai pas une conduite intrusive dans la vie de l'autre, j'estime avoir droit à la réciproque. Je fonctionne comme cela, y compris lorsque je téléphone à quelqu'un. Imaginons que je vous appelle, je demande : « Pourrais-je parler à Marie s'il vous plaît ? », si l'interlocuteur me dit : « C'est de la part de qui ? », je réponds : « Je vais le lui dire moi-même. »

Si quelqu'un décroche le téléphone, il faut qu'il assume que ce ne soit pas pour lui, et qu'il dise simplement : « Je vous la passe... » Sinon, il doit se garder de décrocher !

Vouloir maintenir ce genre de position, n'est-ce pas tout de même souvent une source de conflits ?

Si nous sommes amenés à mentir, c'est pour deux raisons principales. Soit nous sommes menacés par la conduite ou la réaction de l'autre, soit nous voulons protéger une image de nous-même, que nous ne voulons pas laisser remettre en cause par l'autre ! Ce problème du mensonge rejoint également ce que j'appelle le mythe de la transparence : « Nous, on ne sera pas comme les autres, on se dira tout, etc. » Cela me paraît d'une violence inouïe ! Imaginez un mari qui dise : « J'ai une relation tierce. C'est merveilleux comme elle fait l'amour. C'est le paradis. Avec elle je me sens compris, équilibré comblé... » Si c'est à sa femme qu'il dit cela, il doit s'interroger sur son propre sadisme !

Cette transparence recherchée est souvent l'occasion d'une sadisation, d'une prise de pouvoir, d'une maltraitance de la relation humaine.

Ainsi, par principe, j'en suis arrivé à poser très peu de questions car je considère que le questionnement est fréquemment intrusif, et je ne réponds pas aux questions sur lesquelles je souhaite ne pas entrer en matière ; ainsi je n'ai pas besoin de mentir.

Si je suis amené à vivre quelque chose dans ma vie personnelle, je n'ai pas besoin d'en parler, cela appartient à la relation, là où elle se passe et uniquement à cette relation.

Je tente d'être cohérent, parce que j'enseigne qu'il ne faut jamais mettre dans une relation ce qui appartient à une autre. Si une femme est mariée et qu'elle a une relation avec un autre homme, aux questions que son époux lui pose, elle peut ne pas répondre. Elle n'a pas besoin de mentir, et confirmer chaque fois : « Je n'entre pas en matière sur ton questionnement, il ne concerne pas notre relation. Si par contre, tu veux me parler de ce qui se passe entre toi et moi, cela est possible. Si tu veux me parler de toi, si tu veux me dire que tu es inquiet, angoissé, que tu as peur que notre relation soit menacée ou que tu soupçonnes que quelqu'un prenne trop d'importance pour moi, là je peux t'écouter. Si tu me parles de toi, j'écoute, et j'entre en matière. Mais si tu veux me parler — ou me faire parler — de ce qui se passe dans cette autre relation qui serait censée se dérouler ailleurs, je n'entre pas en matière. »

Bien sûr, dans un premier temps, un tel discours peut paraître insupportable à l'homme, surtout quand il découvre ainsi que ses conduites de contrôle, d'appropriation, ne fonctionnent plus !

Ces expressions : « je n'entre pas en matière » ou « je ne réponds pas à une question qui ne concerne pas notre relation », font fréquemment partie de mon vocabulaire.

Le problème est ailleurs. C'est que la plupart des gens qui posent des questions ne sont pas capables de gérer les réponses qu'ils ont déclenchées.

Je me souviens que lorsque je faisais de l'accompagnement d'adolescents, nombreux étaient ceux qui me disaient : « Je ne peux rien dire à ma mère. Quand elle me demande si ça va bien à l'école, je lui réponds toujours, oui oui très bien ! Je ne peux pas lui dire que j'ai eu un cinq en géographie, que je me suis disputé, etc. Ça l'angoisserait tellement, que je préfère mentir... et sauver ma soirée, surtout si la journée a été épouvantable. »

Un des problèmes du mensonge, et de la recherche de la vérité, est fondé sur ce principe : si j'interpelle l'autre, si je pose une question, je dois être capable de gérer la réponse, je suis responsable de ce que je découvre ! Si au lieu de cela, je retourne la réponse contre celui qui me la donne, pour en faire un enjeu de pouvoir, je l'escroque !

On ne peut dire sa vérité qu'à quelqu'un qui peut l'entendre et qui accepte ainsi de découvrir sa propre vérité, souvent très différente.

Bien souvent, sous couvert de réclamer la vérité, les gens n'ont-ils pas souvent envie qu'on leur dise ce qu'ils veulent entendre. En clair : mentez-moi ?

Oui, bien sûr, cela existe aussi dans certaines relations. C'est surtout le système SAPPE qui entretient cela. Dans le système SAPPE, le mensonge est sans cesse présent, j'aurais presque envie d'ajouter : nécessaire.

Le domaine du mensonge est très complexe.

Le mensonge existe à l'intérieur d'un système relationnel donné, celui où domine le système SAPPE. Poser certaines questions ne fait pas partie pour moi de la méthode ESPERE, si je ne suis pas prêt à assumer les réponses. Par ailleurs, il m'arrive parfois de poser des questions qui peuvent être vécues comme intrusives, et ce serait violation de l'intimité de l'autre si je n'ajoute pas « Ce n'est pas ta réponse qui est importante, mais le chemin qu'ouvre ma question... »

J'ai une reconnaissance infinie pour ma compagne. Elle ne me pose jamais de questions, et ne me donne jamais le sentiment qu'elle est intrusive dans ma vie. Si elle s'autorise à me parler, elle, de ce qu'elle vit, je suis capable d'écouter. Si ce qu'elle vit met en cause une tierce personne, je lui dis que je préfère qu'elle parle de cela avec la personne concernée.

Je tente d'appliquer vraiment dans ma vie le fait de ne jamais mettre dans une relation ce qui appartient à une autre, en invitant chaque fois l'autre à me parler seulement de lui-même.

De plus, même un questionnement banal peut inciter à mentir, ou à déplacer la réponse sur un autre sujet.

Par exemple, le matin, vous arrivez à votre travail, et votre collègue vous dit : « Alors ça va ? Tu as bien dormi ? » Vous avez peut-être envie de parler de choses plus intéressantes, mais en plus si, par malheur, vous donnez la réponse qui correspond vraiment à votre état d'esprit : « Non, ça ne va pas du tout, je suis très angoissée, etc. », comme vous le disiez, vous déstabilisez complètement l'autre. Quand l'un pose une question en conserve « Alors, ça va ? », l'autre donne le plus souvent une réponse en conserve « Oui, oui ça va... » Mais là, nous sommes dans la pseudo-communication !

Personnellement je ne souhaite pas entretenir cela, je me sens à des années-lumière de ce type d'échanges. Vous ne m'entendrez pas vous demander si ça va bien ; je préfère vous dire par exemple que je suis content, que le soleil brille, que je viens de lire un livre formidable, ou encore j'exprime ce que je ressens vis-à-vis de vous, que je vous trouve lumineuse et rayonnante. C'est plus vivant. *(rires)*

Mettre à la place du questionnement un témoignage. En remplaçant le questionnement par une offrande, nous allons plus loin, c'est-à-dire plus près dans l'échange.

C'est devenu pour moi d'une telle évidence, que je participe rarement à ces pseudo-communications, et quand je suis entouré de pseudo-communiquants au cours d'un repas ou d'une soirée, je tente d'établir un échange personnalisé avec une seule personne, je tente de créer un espace de partage concret, centré sur le vivant de la rencontre.

Certains mensonges sont aussi utilisés pour protéger une personne. On le voit notamment dans le cas de personnes gravement malades. Qu'en pensez-vous ?

J'associe cela à un des effets pervers de la répression imaginaire. C'est-à-dire que j'infantilise la personne, lorsque, par exemple, je ne la crois pas capable de supporter la révélation de son cancer, ou d'une maladie grave, si j'ai cette information de la part du médecin. C'est une situation très ambiguë. Si le médecin me révèle quelque chose qu'il n'a pas dit directement à la personne concernée, je dois lui demander : « Dans quel but me dites-vous cela ? Que comptez-vous que je fasse de cette information ? Que je sois plus attentif ? Que je me prépare à sa disparition ? Que je la lui révèle ? Que je la lui cache ? »

Car là aussi le médecin transgresse une règle, puisqu'il met chez moi quelque chose qui appartient directement à sa relation avec le malade !

En réalité, le plus grand problème n'est pas de dire la vérité mais d'entrer suffisamment en relation avec quelqu'un pour entendre s'il est prêt à la recevoir, à l'accueillir, pour en faire quelque chose de dynamisant !

Selon-vous, le mensonge ne peut donc pas être un outil évolutif dans la relation?

Non. Le mensonge est un symptôme. C'est le symptôme qui nous montre que nous sommes dans une relation de type SAPPE. Une relation où la liberté de s'exprimer est trop dangereuse risque de menacer soit l'équilibre de l'autre, soit notre propre équilibre si l'on craint, en révélant telle ou telle chose, que l'autre nous rejette. C'est un symptôme de protection contre une menace réelle ou fantasmée. Le mensonge est toujours une protection que l'on met en écran entre ce qu'il serait possible de se dire, et la capacité d'être entendu.

Pour ma part, aussi loin que je remonte dans le temps (au moins trente ans) je ne m'entends pas mentir. Je peux préserver mon intimité en étant dans le « ne pas dire » et le respect de cette intimité.

Il faut pour cela une grande confiance en soi et une forte maturité.

Je pense plutôt qu'il faut s'appuyer sur le respect de soi. Je suis pour des relations vivantes et en santé. Des relations dans lesquelles je peux avoir la liberté de me dire, et l'autre la liberté de m'entendre. Il ne s'agit pas en l'occurrence d'une pseudo-liberté extérieure à s'autoriser n'importe quoi, mais d'une liberté intérieure. Quand ce n'est pas mutuellement possible, quand nous avons par exemple affaire au scénario suivant : tel homme est très attiré par une femme et témoigne de cette attirance à son épouse !

— Tu sais, j'ai rencontré une femme, il ne s'est rien passé mais je sens vraiment une attirance très forte, je me sens comme habité par elle...

— Comment ! Je le savais, tu ne m'as jamais aimée...

— Mais ce n'est pas ce que je suis en train de te dire. Je ne suis pas en train de te dire que je ne t'ai jamais aimée...

— Mais tu ne te rends pas compte ! Me confier ton attirance pour une autre, cela signifie que moi je ne vaux rien ! D'ailleurs, tu ne me regardes même plus, depuis quelque temps ! Je comprends mieux, tu regardes ailleurs !

— Ce n'est pas ce que je suis en train de te dire. Je suis en train de te dire que je vis avec toi (je ne t'ai pas quittée), je suis troublé car je suis attiré par une autre femme, pour l'instant, je partage avec toi mon remue-ménage intérieur. Je découvre que j'ai commis une erreur en te parlant ainsi, que je viens de réveiller de l'insécurité, que ta vulnérabilité ne te permet pas de m'entendre. Alors je reprends mes mots. Je n'aurais pas dû mettre dans notre relation ce qui appartenait à une autre relation...

Il faut confiance en soi et maturité affective, pour ne pas se leurrer mutuellement. Que cherchait cet homme ? Une autorisation, une permission, une écoute neutre, alors qu'il est engagé avec une femme sensible !

Il faut donc être toujours très attentif, pour savoir quel est le degré de sensibilité et de réceptivité de la personne à laquelle on parle ?

Il faut surtout être attentif à soi. Il ne s'agit pas nécessairement de l'autre. Quand je pose une demande, quelle est ma véritable attente ? Quand je prends le risque d'écouter l'autre, suis-je capable d'entendre ce qui retentit, ce qui est touché en moi ?

Les règles d'hygiène relationnelle, je les pratique à mon « bout », je ne les pratique pas en fonction de l'autre. J'enseigne par exemple qu'il faut rendre les disqualifications, les violences verbales, en particulier à nos proches, à nos parents. À ce propos, il arrive souvent que des gens me disent : « Mais enfin... Ma mère a quatre-vingt-douze ans... Je vais la tuer si je lui restitue toutes les disqualifications, toutes les violences verbales, qu'elle a déposée sur moi depuis mon enfance ! »

C'est donc cette personne (qui pourtant a été violentée) qui pense qu'elle va blesser ou maltraiter celui ou celle qui l'a persécutée pendant des années ! Pour des raisons qui appartiennent à sa mère, elle a eu besoin de dévaloriser, par exemple, sa fille, durant toute son enfance, et même, dans la foulée, plus tard. Je propose à cette ex-petite fille devenue adulte de dire : « Maman, il s'agit d'une démarche symbolique de réconciliation avec moi-même. Dans cette boîte, j'ai noté sur des bouts de papier toutes les disqualifications, toutes les remarques désobligeantes que j'ai reçues de toi : "tu n'es pas agréable, tu ne souris jamais, tu as mauvais caractère, tu n'es pas intelligente, tu es bête comme tes pieds, etc."

« J'ai porté en moi ces disqualifications pendant des années, mais aujourd'hui je te les restitue. C'était ton point de vue sur moi, je le laisse chez toi. »

Bien sûr certaines personnes vont s'écrier aussitôt que c'est de la folie, que l'autre ne comprendra pas, qu'il va se sentir blessé...

Je précise que s'ils prennent comme alibi le fait de penser à la place de l'autre, et de gérer ainsi le bout de la relation d'autrui, alors c'est bien leur décision de garder en eux tout ce qu'ils ont reçu de polluant ou de pernicieux.

Il faut accepter d'entendre, peut-être, que celui qui a reçu des agressions morales, verbales, physiques, engrange ressentiments, rancœurs, mobilise autour de ces violences des énergies, comme s'il tentait de les circonscrire, de les maintenir à minima, mais que c'est toujours garder en soi l'équivalent d'une bombe à retardement. Cette bombe risque de se réactiver à partir d'une circonstance banale, d'un événement insignifiant qui va faire office d'élément déclencheur, et fera remonter à la surface angoisse, désarroi, détresse, qu'on avait cru désamorcés.

Nous sommes apparemment loin du mensonge, mais c'est pour montrer que le mensonge est un symptôme dans un type de relation donnée qui va s'inscrire comme une réponse adaptée à un système relationnel lui-même pervers.

Si enfant, j'inventais des mensonges pour mes copains, c'est que ceux-ci sentaient bien que leurs parents ne supporteraient pas la réalité qu'ils avaient vécue. Car autrement il serait toujours possible de dire ce qu'on a fait ou pas fait et de l'inscrire dans un partage, un échange, qui permet, au-delà d'une compréhension, un ajustement, un changement d'attitude ou une mise au point.

Vous dites qu'enfant vous mentiez pour vos camarades, mais mentiez-vous aussi pour vous-même ?

Oui, enfant, j'utilisais fréquemment un type bien précis de mensonge, qui consistait à ne jamais mêler les adultes à ma vie d'enfant à l'extérieur de la maison. Un cloisonnement très étanche, qui me permettait de vivre une vie en parallèle très intense, très active, tournée vers un monde totalement reconstitué (avec la présence de jungles, de pampas, de déserts, de savanes, de Montagnes Rocheuses ou de banquises). Tous mes jeux comportaient un héros, justicier au grand cœur, défiant une foultitude d'ennemis. Parfois la réalité faisait irruption dans cet univers, alors pour le protéger, il fallait mentir...

J'habitais dans le quartier Saint-Cyprien, quartier populaire dans lequel étaient mélangés tous les immigrés de la terre — mais surtout des Espagnols et gitans (donc pauvres) —, et c'était la guerre. Guerres perpétuelles entre les Français et les Espagnols, les Espagnols et les gitans, les Français et les Espagnols ensemble contre les gitans, etc.

À l'époque, une de mes passions était d'aller dans ce qu'on appelait « la Prairie des filtres », un terrain vague au bord de la Garonne qui ressemblait à la grande savane d'Afrique, et où je faisais souvent un tour en rentrant de l'école. Bien sûr, ma mère me l'interdisait, prétextant que je risquais de me noyer, de rencontrer des gitans qui y campaient souvent « et qu'ils enlevaient les enfants », etc. Mais un jour — il n'y avait pas de gitans —, j'ai fait le zigoto sur une barque de pêcheur et je suis tombé à l'eau. Seulement, je suis remonté sous la barque et je me suis noyé ! Un pêcheur, qui était là, m'a vu et m'a sorti de l'eau. Après que je fus revenu à moi, il voulut me ramener chez mes parents, mais j'ai refusé. Évidemment, avec toutes ces péripéties, je suis arrivé en retard, et quand je suis rentré, toute la famille était déjà à table. Mon beau-père m'a demandé : « D'où viens-tu ? », et j'ai inventé un mensonge ! Spontanément, j'ai raconté : « C'étaient des gitans ! Ils étaient huit, ils m'ont poussé à l'eau ! » (Toujours grossir le danger pour diminuer la responsabilité...) Il a tranché, sans état d'âme : « Bon... Ça va pour cette fois, va au lit sans souper. Tu sais bien que tu ne devais pas aller là-bas... » Et ma mère, appuyant le discours « c'est dangereux, la Garonne, les serpents, les gitans... »

Je n'ai jamais reparlé de cela avec eux. Puis à trente-sept ans, trente ans plus tard, à l'occasion d'une visite chez mes parents, la conversation revient sur cet épisode. Ma mère s'en souvenait très bien. J'ai enfin pu lui dire que ça ne s'était pas passé comme je l'avais raconté à l'époque. Je lui rappelle mon mensonge et lui avoue la vérité : le bateau, la noyade, le pêcheur, etc.

Elle a alors eu le geste que j'avais attendu d'elle à sept ans, quand je suis arrivé dans la cuisine, tout mouillé, venant juste d'échapper à la mort. Elle m'a dit : « Oh, mon pauvre petit... », et elle m'a pris dans ses bras. À cet instant, j'ai dégorgé toute l'eau que j'avais avalée trente ans plus tôt. Je vous jure que j'avais dans mes sinus l'odeur de la boue, toute l'eau vaseuse de la Garonne, comme si elle avait attendu ce moment-là pour enfin s'évacuer. Je pleurais, je pleurais, et je sentais vraiment dans mes sinus cette eau nauséeuse, avalée trente ans plus tôt, qui coulait, s'écoulait sans fin ! C'était fou !

Ainsi, ma mère a eu le geste inouï que j'avais attendu, sans même oser l'espérer. Un enfant qui vient de se noyer, qui vient d'échapper à la mort, n'attend pas qu'on lui dise « Qu'est-ce que tu as fait ?! Tu as fait une bêtise, tu seras puni ! » Il attend simplement une acceptation inconditionnelle, celle qui répare tout, qui lave de toutes les peurs, qui apaise tous les tourments, qui permet de dépasser toutes les erreurs, par des mots justes : « Mon pauvre petit, viens dans mes bras. »

C'est vraiment cela que j'avais espéré, attendu, mais la question de mon beau-père « d'où viens-tu ? » m'a aussitôt entraîné dans la sécurité provisoire et apaisante du mensonge.

Si on avait simplement vu que j'étais mouillé, et que l'on se soit occupé de moi, qu'on m'ait réchauffé, câliné, bercé, etc., je n'aurais sans doute pas réagi de la même façon, je n'aurais pas eu besoin d'un mensonge, qui m'a fait garder durant trente ans des sinus enflammés, très souvent infectés.

Ce type de question intrusive, menaçante « qu'as-tu fait ? », m'a entraîné vers la justification par un mensonge, qui m'a piégé, puisque à partir du moment où j'ai répondu « C'est les gitans, c'est leur faute à eux ! », je me suis privé de cette relation de tendresse dont j'aurais eu tant besoin.

Nous sommes les forgerons de nos propres chaînes ; et nous sommes de très habiles artisans, d'une créativité vivace pour en perfectionner chaque chaînon !

Le psychiatre et éthologue Boris Cyrulnik dit que : « Seuls les pervers et les psychotiques ne mentent pas. » Qu'en pensez-vous ?

Je serais tenté de le croire aussi... Pour nous construire, nous avons besoin du mensonge. Tout d'abord le mensonge est un moyen pour l'accession à la différence. En mentant à l'autre, je crée un espace où il ne me rejoint pas, où il ne me contrôle pas, dont je suis provisoirement le seul maître ! C'est pour cela que les mères qui menacent : « de toute façon, mon petit doigt me le dira... », imposent une image de toute-puissance qui est réellement terrifiante, car l'enfant, sur cette base, ne peut pas avoir d'intimité, il n'existe pas d'endroit au monde d'où il ne sera pas délogé par « le petit doigt » de sa mère qui est censé tout savoir !

Le mensonge, pour certains enfants, est le seul moyen de contrer la toute-puissance (réelle ou fantasmée) des adultes, et d'affirmer ainsi une part d'unicité, d'altérité vitale.

Le mensonge pourrait donc servir à préserver une intimité face à quelqu'un de trop possessif?

Ah, tout à fait ! Dans le couple, c'est d'ailleurs la raison la plus fréquente du mensonge. Se défendre contre un questionnement trop intrusif, échapper à un contrôle, à des jugements de valeur ou à un rejet possible. Et, je le répète, protéger l'image de soi.

On se méfie du mensonge, mais parfois la vérité peut s'avérer d'une grande cruauté. Dans votre vie, y a-t-il eu une vérité qui vous ait bien plus fait souffrir que n'importe quel mensonge?

(silence)

La vérité qui m'a le plus blessé ne m'a pas été dite, je l'ai découverte par moi-même. J'ai découvert une lettre sous le siège de la voiture de la femme que j'aimais ; lettre qui m'a appris qu'elle avait une autre relation. J'ai découvert d'un seul coup que je n'étais pas le seul, que je n'étais pas privilégié... Mais j'ai dû assumer cette responsabilité ; c'est bien moi qui ai trouvé cette lettre et qui l'ai lu. Je devais être certainement prêt à cette découverte.

En fait je n'ai pas vraiment eu à souffrir que l'on me *dise* la vérité. Je crois que lorsqu'il s'agit d'une vérité essentielle, nous la pressentons, nous la portons avant même de la rencontrer. Par exemple en ce qui concerne la vérité sur mes origines, ma mère n'a pas eu besoin de me le dire à un moment donné : elle en témoignait par son attitude, donc je l'ai toujours su... ! Je n'ai pas le souvenir d'avoir « entendu » de vérités qui d'un seul coup se révélaient, me bousculaient, il s'agissait plutôt de vérités auxquelles j'accédais comme la finition d'une gestation, l'aboutissement d'une maturation. Je sortais de mon aveuglement, je sortais de ma quiétude, de mon petit confort intime, pour découvrir qu'en fait « ça » ne se passait pas comme je le croyais...

CHAPITRE SEPT

Le plus beau des cadeaux
Que nous puissions offrir à un être aimé
N'est pas tant de l'aimer
Que de lui permettre de mieux s'aimer...

JACQUES SALOMÉ

Dans un de vos ouvrages, vous dites : « Les mots sont nécessaires, mais ils ne sont jamais assez forts pour donner tout son sens à l'amour. » Il est vrai que, face à l'amour, nous sommes souvent démunis, dès lors qu'est-ce qui peut donner tout son sens à l'amour ? Et en fait, l'amour a-t-il un sens, dans l'esprit d'une orientation, voire d'un but ?

Premièrement : pour pouvoir donner tout son sens à l'amour, il faut déjà accéder à la capacité d'aimer, ce qui n'est pas évident. Donner du sens à l'amour, c'est être capable d'amour oblatif, d'amour gratuit. Aimer c'est être capable de pouvoir aimer un être même s'il ne m'aime pas. C'est l'aimer pour ce qu'il est, et non pas uniquement en fonction de nos propres désirs, ou pour ce qui vient de lui, pour ce qui rayonne de sa personne et qui me réveille, qui me stimule, qui m'anime.

Donner du sens à l'amour, c'est parcourir toute une série d'épreuves pour passer de l'amour de besoin, de l'amour de peur, de l'amour de manque ou de compensation, à ce que j'appelle le don d'amour, ou l'amour de désir. C'est-à-dire à un amour que l'on offre gratuitement, inconditionnellement, généreusement, à l'autre. L'amour ne se troque pas, ne se monnaye pas, ne s'échange pas, il s'invente au présent.

Quand j'entends certains couples en crise, j'ai parfois l'impression d'être dans une cour d'école maternelle ! L'un disant : « je ne t'aime plus », et l'autre répondant : « puisque tu ne m'aimes plus, moi non plus ! »

C'est complètement infantile !

Ce n'est pas parce que l'autre ne m'aime plus que mon amour va disparaître !

Je peux continuer à aimer même si lui ou elle ne m'aime plus, même si elle m'a trahi, ou m'a ruiné. Je peux aimer, même si l'objet de mon amour n'est plus aimable, même s'il est devenu alcoolique, brutal, vieux, impotent, dégradé par la maladie.

Accéder au sens de l'amour, c'est accéder à la rencontre avec l'Amour universel. C'est passer d'un amour personnaliste, égocentrique, à un amour d'humanitude. Nous sommes alors davantage dans le don que dans l'exigence, nous sommes dans l'offrande plus que dans la demande, nous sommes dans le rayonnement plus que dans l'étouffement, nous sommes dans la générosité plus que dans la possessivité.

Voilà pour moi quelques-unes des balises pour donner un sens à l'amour.

En ce qui concerne les moyens pour apprendre à mieux aimer, je pense effectivement que les intentions et les mots ne sont pas suffisants. J'ai mis longtemps à découvrir que les mots étaient nécessaires, indispensables, pour communiquer, mais qu'ils n'étaient pas suffisants pour construire une relation dans la durée. Au-delà des mots, il faut accepter de prendre appui sur les autres langages que nous avons à notre disposition : le langage du regard et celui de la proximité, le langage des énergies et celui de la tendresse, celui du toucher ou de la disponibilité. La plupart du temps, nous n'utilisons qu'une toute petite partie de cette multitude de langages que nous avons à notre disposition.

Je vois parfois des couples au restaurant qui se parlent à peine, ils ne se regardent même pas (ils regardent ailleurs), ils ne se touchent pas... Ils ont des échanges fonctionnels sur la qualité du vin ou du poisson... Pourtant, en prenant le pain on peut effleurer la main de l'autre. On peut voir une main qui se pose sur l'épaule de quelqu'un et l'épaule qui s'agrandit, qui amplifie le geste... Parfois on peut voir la main qui se pose sur la cuisse de l'autre, et la cuisse qui se dérobe, ou alors la femme dit : « attends, je vais te préparer du thé... », et s'éloigner alors qu'ils sont ensemble, tout proches sur le divan et qu'il y avait là la possibilité d'utiliser bien d'autres langages.

Dans le domaine de l'amour, les mots ne risquent-ils pas aussi d'être réducteurs ?

Oui, trop souvent. Les mots, en fonction des circonstances, de leur tonalité, de leur force, sont sources de malentendus, ils peuvent ainsi être réducteurs, et comme vous le soulignez, en particulier dans le domaine de l'amour. C'est pour cela qu'à mon sens, une des communications les plus abouties sera la rencontre sexuelle. Car c'est dans la rencontre sexuelle que vont se retrouver tous les langages : langage du corps, des émotions, de l'inconscient, du désir, etc. Je ne sais qui disait que l'amour a besoin de preuves, j'ajouterai, non seulement de preuves, mais d'interaction, d'amplification, de prolongements.

Pensez-vous que l'amour soit un but à atteindre, ou plutôt un moyen pour parvenir à quelque chose, et dans ce cas, pour parvenir à quoi ?

Vous savez, pour moi, à soixante-cinq ans, l'amour reste encore un mystère. J'ai beaucoup écrit sur ce sujet, j'ai beaucoup vécu, soit comme aimant, soit comme aimé, mais l'amour recèle une part de mystère qui se dérobe à la compréhension logique, car tout amour est nourri par un système relationnel constitué d'histoires de vie qui s'interpénètrent, pour parfois s'amplifier et d'autres fois se réduire et même se détruire, car il y a des amours destructeurs.

Il me semble que l'amour est à la fois de l'ordre de la révélation — quelque chose qui se révèle à moi, quelque chose qui me tombe dessus : *tomber amoureux* — et aussi de l'ordre de la création. Et donc d'une construction à bâtir à partir de tâtonnements, d'errances, où la bonne volonté ne suffit pas à pallier une immaturité souvent pathétique et tenace !

Cela veut dire qu'il ne me suffit pas de découvrir que j'aime une personne — cela est de l'ordre de la révélation, de l'ordre de l'échange vibratoire, relève de l'irrationnel. Encore faut-il une vigilance, une lucidité et une liberté intérieure, pour accueillir tout l'imprévisible de la rencontre, pour s'agrandir vers le meilleur de soi et s'amplifier dans le meilleur de l'autre.

Pour répondre à la deuxième partie de votre question, non je ne crois pas que l'amour soit un moyen.

En revanche, si nous parlons de ce que je nomme le cycle de l'amour, nous pouvons repérer quelques étapes et cheminements possibles. Au début de la vie, l'amour est bien dans l'ordre du besoin. On aspire à être aimé. Ensuite, après être passé par quelque pseudo-amours dont j'ai déjà parlé, on parvient parfois à l'inspiration. Nous devenons inspirés, c'est-à-dire suffisamment sensibles pour accueillir tous les signes avec lesquels un amour se cherche, s'accueille, se bonifie, et trouve un espace en soi, en l'autre, pour s'apaiser sans s'endormir. On passe du besoin d'être aimé au besoin d'aimer (qui reste encore infantilisant), puis du besoin d'aimer au désir d'aimer, et parfois à la capacité d'aimer en découvrant qu'il est possible de s'aimer.

On est aimant, quand on a cette sorte de lumière, de soleil intérieur, et que l'on a un objet d'amour — un homme, une femme — vers qui le déposer, à qui l'offrir. Puis, si nous continuons dans le cycle de l'amour, nous dépassons le stade de l'amour individuel, qui souvent s'investit sur une personne unique (alors que si nous sommes honnêtes avec nous-même nous allons découvrir que nous pouvons l'investir sur plusieurs personnes). Je crois vraiment que nous pouvons aimer plusieurs personnes en même temps, même si cette idée-là est dérangeante et souvent niée car nous n'aimons pas partager l'amour que l'on reçoit. Ce sont encore nos structures infantiles qui nous font espérer « Tu ne dois aimer que moi. Tout ton amour doit s'investir dans ma direction... »

Il s'agit de structures infantiles liées à la possessivité, à la captativité, ou à l'ITPI, séquelles de notre Illusion de Toute-Puissance Infantile qui nous laisse croire que nous pouvons répondre à tous les besoins de l'autre, à toutes ses demandes, sans qu'il lui soit nécessaire de s'adresser ailleurs !

En dépassant ce stade de l'amour individuel, personnaliste, nous pouvons parfois aller vers l'amour universel.

Dans la culture hindouiste, ce passage est recherché, valorisé. Quand un homme a élevé sa famille, qu'il a réussi socialement, il donne alors ses biens et se retire de la vie publique et familiale — parfois dans un monastère. À partir de là il n'investira plus dans l'amour envers ses enfants, sa femme, ses proches, mais apportera de l'amour à l'ensemble de l'univers. Il va en quelque sorte ré-alimenter la masse énergétique de l'amour universel.

Voilà, rapidement esquissé, ce que j'appelle le cycle de l'amour. Nous avons tous — même si nous ne le réalisons pas — une propension, un mouvement possible, à passer de l'amour personnel à l'amour universel, c'est-à-dire à aimer plus de personnes, plus d'êtres que les quelques êtres significatifs, proches, privilégiés, qui ont jalonné notre vie.

Le sens de l'amour est, je le crois vraiment, de se transformer en énergie. Une énergie qui nous pousse vers un peu plus d'espérance dans l'humanité, vers un peu plus de foi dans un avenir plus vivant, plus harmonieux, plus solidaire.

Une des très belles paroles de saint Augustin, à propos de l'amour, mérite que l'on s'y arrête un peu, car elle pourrait être source de malentendus : « Aime, et fais ce qu'il te plaît. »

Bien sûr, cela sous-tend que s'il y a vraiment amour, nous n'avons plus besoin de morale, d'interdits, etc. Mais savons-nous aimer à ce niveau-là ? Savons-nous suffisamment bien aimer, pour mériter une telle liberté d'action ?

Votre propre phrase « savons-nous aimer pour mériter une telle liberté » est très importante. Je vais la rechercher en amont. Je pense qu'il faut beaucoup de liberté intérieure pour aimer ; pour aimer gratuitement, en sortant du troc relationnel que nous connaissons et pratiquons trop souvent.

Il faut avoir beaucoup de liberté en soi pour

avoir la liberté vécue de ne pas enfermer l'amour dans une seule personne, dans une seule relation. Même si notre rêve est d'être habité d'un seul amour, et d'être le réceptacle d'un amour unique qui ne vient que vers nous.

Ce sont encore là nos structures infantiles qui sont en action.

Le problème lorsqu'on parle de l'amour, c'est qu'on en parle toujours en termes idéologiques, à partir d'un imaginaire de l'amour et aussi d'un conditionnement au travers de lectures, de mythologies personnelles. Car chacun d'entre nous a une mythologie de l'amour, construite autour d'un ensemble de croyances et parfois, d'expériences. « Je t'aimerai toujours ; quand on aime vraiment, on n'aime qu'une personne ; quand on aime vraiment on ne fait pas l'amour avec quelqu'un d'autre, etc. »

Nous sommes habités de mythologies qui viennent non seulement de la littérature, mais aussi du fin fond de notre histoire. Elles viennent des récits d'amours passionnés tels ceux de l'histoire d'Hélène et de la guerre de Troie, Roméo et Juliette, de Dante et de Béatrice.... Amours qui s'investissaient dans une seule passion et déclenchaient des drames. Nous avons ensuite reçu en héritage tous les amours courtois du Moyen Âge, la liberté d'aimer de manière platonique, sans qu'il y ait engagement ou relation sexuelle, puis les amours romantiques et surtout les amours « fabriqués » par les revues, les médias, les films. Je dis « fabriqués » dans le sens où ils mettent en évidence la rencontre de deux images, de deux illusions qui auront ensuite à se confronter aux personnes réelles, intimes, qui sont derrière.

Nous sommes emplis de ces mythologies.

Je pense que si nous parlons d'amour, il faut en parler sur deux registres. D'abord, en termes de sentiments : quel est ce sentiment qui m'habite et que je suis capable d'offrir à l'autre ? Quel est ce sentiment qui va rencontrer un autre sentiment, celui de l'autre — s'il est capable de me l'offrir ? Et gravitant autour du sentiment central, qui est tel un soleil, tous les autres sentiments satellites telles des planètes, constituant un système d'équilibre complexe, obéissant à des lois gravitationnelles et relationnelles, auront à se combiner et à s'harmoniser. La rencontre des deux sentiments déclenchera alors soit un feu d'artifice, une amplification mutuelle, soit au contraire (et je l'ai vu quelquefois autour de moi) entraînera une réduction mutuelle. J'ai l'image des confitures de grand-mères : elles remplissent le chaudron de fruits, et lorsque la cuisson est terminée, il ne reste plus qu'un quart ou un vingtième du volume initial des fruits... ! Au contact l'un de l'autre, certains amours se réduisent et d'autres s'amplifient.

Les deux soleils centraux, entourés de tous les

sentiments satellites, vont parfois avoir du mal à coexister dans la même galaxie !

J'aborde ensuite un autre aspect de la dynamique amoureuse, qui est la relation : « je t'aime, oui, mais à l'intérieur de quel type de relation ? » C'est là où cela se complique, se violente, et parfois dérape.

Comme nous sommes — je le répète au risque d'irriter — des immatures affectifs, comme nous sommes des handicapés, des infirmes de la relation, la plupart du temps au-delà de l'intention de proposer un amour merveilleux à l'autre, nous avons beaucoup de mal à le vivre au quotidien, dans la durée. Quand nous avons à le faire exister, nous le faisons vivre à l'intérieur d'une relation qui se révélera parfois violente, infantilisante, aliénante ou somnolente. Si j'aime une femme à l'intérieur d'une relation possessive, elle ne restera pas longtemps avec moi, ou ce sera l'enfer pour elle. Si je l'aime dans une relation captatrice, ou si je veux qu'elle m'aime comme je l'aime, si je lui propose une relation où elle ne doit aimer que moi, ce sera difficile, insupportable, et au bout de quelques années, inacceptable...

De tout cela, on ne parle pas assez.

Chaque fois, on parle de l'amour comme d'un tiers à notre disposition, à notre service, comme s'il s'agissait d'une sorte de personnage qui cohabite en nous et décidera pour nous. Non, l'amour n'est pas un personnage qui nous habite, c'est nous qui le produisons, c'est nous qui l'alimentons, c'est nous qui le véhiculons, l'enrichissons ou le maltraitons au gré de nos possibles et de nos insuffisances !

Et pour qu'un amour passe de moi à l'autre, il devra passer à l'intérieur d'une relation ! L'enjeu majeur est là.

Quelle relation suffisamment souple, nourricière, généreuse, oblative et cohérente, puis-je proposer à celle que j'aime ? Quelle relation de respect et d'authenticité puis-je proposer à celle qui m'aime ?

Aujourd'hui, nous avons, me semble-t-il, trop magnifié l'amour, nous lui avons donné une mission impossible. Nous l'avons hypersublimé, et en même temps hypertrophié, en oubliant que le plus bel amour ne peut correspondre à notre seul imaginaire. S'il se définit dans la durée, il s'inscrira nécessairement à l'intérieur d'une relation de mutualité !

La question essentielle demeure : quel type de relation je propose à l'autre, capable de magnifier l'amour, de l'agrandir, de le nourrir, de l'enrichir ou au contraire de le dévitaliser ou de le violenter ?

Lorsque vous nous parlez de notre tendance à idéaliser l'amour, je repense aux contes de

fées, dont sont nourris les enfants. Il existe aujourd'hui des ouvrages qui expliquent la symbolique des contes de fées mais ils s'adressent aux adultes. Les enfants, eux, continuent d'entendre des contes qui les incitent à toujours idéaliser une future histoire d'amour. Doit-on continuer de raconter ces mêmes schémas qui peuvent provoquer une grande déception à l'âge adulte, doit-on les raconter différemment ou encore doit-on en inventer d'autres ?

Je pense que l'on doit raconter des contes de fées ou des histoires symboliques ou métaphoriques, et en inventer d'autres. Les contes remplissent une fonction, mais on doit les adapter, les démystifier, car ils véhiculent les valeurs dominantes de l'époque où ils ont été créés. Le conte de la Belle au bois dormant véhicule la valeur dominante suivante : la femme est anesthésiée, elle n'a pas de désir, et l'homme arrive sur son cheval blanc (ou dans sa 2CV) et il est chargé de l'éveiller et de lui révéler les plaisirs de la vie. Ce conte véhicule la valeur dominante d'une époque — l'époque féodale —, où les femmes ne devaient pas montrer leurs désirs, mais au contraire les endormir, les censurer (sinon elles étaient vues comme des filles faciles), et attendre que veuille bien arriver l'homme (le cavalier blanc) qui, lui, avec son désir — sa baguette magique — éveillera les leurs. Le conte de Cendrillon, lui, révèle le non-dit de certaines structures familiale : rivalités fraternelles, préférences parentales, conflits inter-générations....

Il conviendrait alors de lire ou de relire ces contes aux enfants, mais en les réinterprétant ?

Oui, en leur donnant du sens lié à leur vécu, à la démystification du monde des apparences. Mais il faudrait surtout inventer de nouveaux contes, où l'on ne montrerait pas seulement les dynamiques dominantes, mais également les dynamiques conflictuelles. « Je t'aime, maman, et en même temps j'ai envie de t'étrangler ; je t'aime papa, et en même temps je te déteste, et je voudrais que tu sois mort parce que je voudrais prendre ta place ! » D'ailleurs c'est ce qui a fait le succès incroyable de la comtesse de Ségur au milieu du XIXe siècle ! Elle fut la première à montrer que les enfants n'étaient pas de petits anges, qu'ils pouvaient avoir des sentiments négatifs, qu'ils pouvaient être ambivalents, qu'ils étaient capables de faire du mal, qu'ils avaient des désirs de mort envers leurs parents, dans certaines phases de leur développement. Ses livres eurent une immense audience.

Les contes montrent les dynamiques dominantes qui s'affrontent entre les êtres, ils sont en quelque sorte des révélateurs. Révélateurs de champs de force, de contradictions qui peuvent exister dans une culture donnée, où l'on va valoriser plutôt l'homme que la femme, la mère plus que le père, ou encore mythifier un certain nombre de fonctions sociales, de métiers, d'actions. Mais en même temps ils participent à des leurres, car ils construisent des fins présentées comme heureuses telles que : « ils se marièrent, eurent beaucoup enfants et furent ainsi très heureux... » Alors que nous savons, nous, que c'est à ce moment-là que commencent les problèmes !

Au-delà de la fiction amoureuse, ou des leurres possibles de la rencontre amoureuse, quand on veut inscrire une relation dans la durée, commence un long parcours fait de ravissements, d'étonnements ou d'émerveillements, mais aussi de difficultés, de souffrances ou d'errances, et il nous faut composer, construire, se développer avec tout cela.

Pourtant, enfants comme adultes préfèrent les histoires qui se terminent bien — le happy end —, qui les font rêver. Parfois l'être humain devine ses limites, mais finalement peut-être préfère-t-il rêver plutôt que de les regarder en face, et les traiter ?

Une des grandes fonctions des histoires fictives comme aussi celles des histoires réelles (par exemple l'histoire de la rencontre de papa et maman) vise à nourrir l'imaginaire et à alimenter quelques-unes des interrogations sur les grands mystères de la vie.

L'imaginaire a besoin d'images et de propositions suffisamment floues pour s'y projeter et construire sa propre dynamique créative. C'est pour cela que les contes de fées que l'on met aujourd'hui en conserve (sous formes de films, de dessins animés), par exemple le Petit Chaperon Rouge, les Sept Nains, ne sont plus *que* le Petit Chaperon Rouge ou les Sept Nains de Walt Disney ! Étalonnés, étiquetés, empaquetés et diffusés à des millions d'exemplaires en Europe, en Asie ou en Océanie !

Cela me paraît d'une violence terrible, car le modèle Walt Disney ne montre plus qu'une seule représentation du Chaperon Rouge, une seule représentation de la Belle au Bois Dormant (l'image impose un visage), alors que chacun d'entre nous a besoin, dans son imaginaire, de créer son propre loup, son Chaperon Rouge, sa Belle au Bois Dormant, sa Cendrillon afin de pouvoir s'identifier, dialoguer ou affronter chaque personnage avec ses propres fantasmes. Cette sorte d'emprisonnement, de soumission de l'imaginaire, par la culture de films et de dessins animés de grande consommation, est plus grave qu'on ne le croit. Là où il y a un nivellement des imaginaires, il y a appauvrissement de la vie et de la créativité !

Comme les contes visent à nourrir l'imaginaire, si l'on n'en a pas, on va se construire soi-même ses propres histoires. Certains enfants vont se demander si maman est vraiment leur mère, « parce que si elle était vraiment ma mère, elle ne m'aurait pas puni, ou privé de dessert »...

Et de bâtir sa propre histoire familiale, son propre roman familial.

L'histoire du petit Freud illustre très bien cela. Il se trouve que la femme du père du petit Sigmund (qui était sa troisième femme) avait l'âge de son fils aîné. Dans la maison il y avait également une bonne qui s'appelait Nanou qui, elle, avait l'âge du père. À partir de ce que voyait le petit Freud, il croyait que le vrai couple était sa belle-mère et son frère (puisqu'ils avaient le même âge), et qu'il y avait un autre couple parental : son père et Nanou (puisqu'ils avaient, eux aussi, le même âge) ! Toutefois, l'une était à table pendant que l'autre servait et, le soir, son père dormait avec la plus jeune femme, alors que Nanou partait dormir seule, ainsi que le fils aîné qui paraissait exclu !

Nous pouvons imaginer toutes les contradictions qu'il y eut dans l'imaginaire du petit Freud ! Il pouvait se demander : est-ce cela vivre en couple ?

Puis, un jour, Nanou disparaît : elle est renvoyée. Ce fut un drame pour l'enfant ! On pouvait comme cela disparaître, ne plus faire partie d'une famille ? À partir de quoi ? et pour qui ?

Nous nourrissons aussi notre imaginaire à partir de bribes de réalité, à partir de morceaux incomplets, de messages codés... L'alimentation de l'imaginaire est une fonction permanente, très importante. Il se nourrit de rêves éveillés que l'on fait le soir avant de s'endormir, des livres d'images, des films, des bouts de phrases ramassés, entendus, raccordés à d'autres bouts... Les dessins animés actuels me semblent réducteurs, parce qu'ils ont tendance à uniformiser les grands symboles de la vie.

Finalement, l'amour nous fascine d'autant plus qu'il est justement un mystère. Nous essayons de percer ce mystère, de l'habiter, de se laisser habiter par lui, mais la difficulté semble immense, et le temps pour y parvenir fort long...

L'amour est comme un prématuré. Tout se passe comme si nous n'étions pas à la hauteur de l'amour dont nous sommes porteurs. C'est la raison pour laquelle il s'agit d'une construction, d'une évolution. Aller à sa rencontre, l'accueillir, l'agrandir et l'accorder à nos attentes, à celles de l'autre.

Aujourd'hui, à soixante-cinq ans, avec toutes vos expériences vécues, pensez-vous savoir aimer ?

J'ignore si je sais aimer, mais je sais qu'aujourd'hui il me semble que j'aime mieux, avec moins de dégâts chez les autres et très différemment, par rapport à la manière que j'avais d'aimer à vingt ans (quand je voulais surtout être aimé), de même qu'à trente ans (quand je voulais aimer), qu'à quarante ans (quand je croyais savoir aimer !).

Je ne sais pas si, aujourd'hui, je sais aimer, mais j'ai le sentiment profond (c'est un ressenti très puissant) que la qualité de l'amour que je propose aujourd'hui est plus belle, plus forte, plus précieuse, que celle que je pouvais proposer dans les premières expériences amoureuses de ma vie. Sur ce plan-là, il me semble que je suis allé en me bonifiant, mais ce serait à ma compagne de vous le confirmer ! *(rires)*

Néanmoins, cela reste très intuitif, personnel, et protégé par mon jardin secret.

Vous avez évoqué les femmes que vous avez aimées, et je repense à ce que vous nous avez dit à propos de votre relation actuelle avec votre compagne, qui ne vit pas sur le même territoire que vous. Il y a un point surprenant

lorsque vous évoquez cette histoire de cœur : vous utilisez des mots comme compagnonnage, relation, etc., mais jamais le mot amour. Le mot amour ne doit-il être utilisé qu'avec parcimonie, ou est-ce un mot qui vous fait peur ?

Quand j'ai évoqué ce sujet, celui de mes tâtonnements amoureux, je l'ai effectivement fait en termes de relation. Quand je parle de ma « compagne » c'est que je situe cette relation dans la différence, dans son unicité, par rapport aux deux relations conjugales classiques que j'ai eues auparavant, c'est-à-dire avec un engagement devant Monsieur le Maire, le partage d'un territoire de vie commun, la parentalité...

Maintenant si je dois m'exprimer en termes de sentiments, et non de relation, il est vrai que j'ai une sorte de pudeur. L'amour, les sentiments qui m'habitent me paraissent tellement importants, tellement précieux, tellement graves, que je ne les mets pas sur la place publique. Je témoigne de mes amours par tous les langages qui sont à ma disposition — y compris les mots — à celle qui est directement concernée.

Pour parler de mes amours, il me faut des mots choisis, des mots rares, inédits, qui sont à inventer en cours de relation. Je ne peux pas me contenter de dire « je t'aime ». Ça me semble tellement pauvre, tellement réducteur... Je préfère le dire à travers un poème, à travers un texte où je prends le temps de me dire, de m'entendre, pour me refléter au plus près des ressentis, des émotions. J'ai besoin de choisir les mots, de les polir, dans l'espoir qu'ils soient porteurs, qu'ils soient à la fois le bateau et la vague, le soleil et le ciel qui les contient, de ce que moi je ressens comme étant de l'amour.

Je ne peux pas parler de mes amours comme cela, sur commande.

Il me faut des mots ciselés, des mots inventés... Pour témoigner de l'amour, il faut laisser le temps aux mots de germer, de croître dans le silence et d'émerger, puis fleurir pour se vendanger dans la fête d'un échange.

Et au-delà du langage des mots, nous avons tous les autres langages pour nourrir l'amour : attitudes, gestes, regards, présence. Je peux faire passer de mon amour dans le contact, dans le regard, dans une attentivité, une qualité de la présence. Aujourd'hui je deviens plus sensible à ces autres langages, qu'au seul langage des mots.

Certes, j'ai beaucoup écrit sur l'amour, environ sept à huit recueils de poésie amoureuse qui témoignent de ce que je peux éprouver, mais c'est un peu trompeur pour l'homme que je suis devenu. En relisant aujourd'hui ces poèmes amoureux, je m'aperçois qu'il s'agit essentiellement d'expressions, je sortais du silence. Je m'exprimais — ça ne veut pas dire que je communiquais ! L'autre était peut-être touchée, ou ravie, de cette qualité, de cette richesse de l'expression, mais peut-être aussi frustrée par la pauvreté de la relation que je pouvais proposer au quotidien, au même moment.

L'amour contient de tels paradoxes, qu'il faudrait plusieurs vies pour en traverser quelques-uns...

Ne pensez-vous pas que, éventuellement par pudeur, on puisse se cacher derrière les mots ? Quand on écrit de belles phrases, que l'on recherche toujours les beaux mots, on peut ainsi penser pouvoir faire l'économie de l'acte, du témoignage vivant, et alors, comme vous le dites, l'autre peut se sentir frustré ?

J'ai écrit la plupart de ces poèmes d'amour pour ce que j'appelle mes rencontres et mes fêtes d'amour, donc à une époque où je croyais aimer, mais où j'étais encore un infirme de l'amour. Par conséquent votre proposition, que les mots peuvent cacher la pauvreté de la relation, pourrait peut-être s'appliquer à moi, même si, au moment où je les ai énoncés, j'étais dans la plus grande des sincérités, croyant que cela correspondait vraiment à ce que j'étais, à ce que je vivais, ou à ce que je pouvais donner. Mais je me rends compte aujourd'hui que c'était plus dans l'ordre de l'expression que de la communication.

Lorsque nous sommes dans une communication amoureuse partagée, les mots ne sont pas suffisants ; même les plus beaux mots d'amour ne sont pas suffisants, il faut l'appui, l'amplification de tous les autres langages, qui participent au vécu intime des sens, au débordement du plaisir, à l'agrandissement du divin qui est en nous. Car aimer et être aimé nous permet de rencontrer le divin qui nous habite.

De toute évidence, aimer — tel que nous en parlons, c'est-à-dire dans sa plus belle ampleur — n'est pas inné. Si ce n'est inné, il nous faudrait l'acquérir. Comment apprendre à aimer (est-ce possible d'apprendre) ; que peut-on apprendre, ou que doit-on apprendre ?

Là encore, j'ai une réponse qui me paraît aujourd'hui de plus en plus claire : j'apprends à aimer, quand j'apprends à m'aimer. Il s'agit d'apprendre l'amour de soi, non pas un amour narcissique, égocentrique, mais un amour de bienveillance, d'estime, de respect, de réconciliation et de réunification de nos dualités.

Je ne peux pas aimer, si je ne sais pas m'aimer.

J'aurai beau dire « je t'aime, je t'aime », le plus souvent cela ne voudra dire que « aime-moi, aime-moi... ».

J'ai déjà dit que l'amour était de l'ordre de la révélation et de la création. Apprendre à s'aimer afin de savoir aimer l'autre est de l'ordre de la création. Il arrive à beaucoup de personnes d'avoir eu la révélation de l'amour, mais c'est comme si elles n'avaient pas su quoi faire de cette révélation ! J'ai un diamant, mais il est dans sa gangue. Or, je ne sais pas tailler le diamant, je ne sais pas qu'il me faut le dégager de sa matrice, lui donner une forme, pour qu'il puisse scintiller de tous ses feux et rayonner. Il m'est arrivé, dans les trente premières années de ma vie, de recevoir des diamants d'amour, et de les laisser à l'état brut, car je ne savais qu'en faire... Avec le recul, je trouve cela pathétique et injuste.

Vous précisez que vous-même n'avez pu commencer à aimer l'autre que plus tard dans votre vie, lorsque vous avez enfin su vous aimer. Quels sont les facteurs primordiaux, qui auparavant vous empêchaient de vous aimer?

Pour tenter de comprendre cela, il me faut repartir dans le registre de la relation. Ce qui m'empêchait de m'aimer, c'était le fait d'avoir été élevé, éduqué, scolarisé, dans un système relationnel que j'appelle donc le système SAPPE (S comme sourd, A comme aveugle, P comme pervers, P comme pernicieux, E comme énergétivore).

Ce système SAPPE est le système qui domine non seulement dans la culture d'aujourd'hui — et pratiquement dans tous les pays du monde — mais qui a traversé de nombreuses générations. Ceci pour dire qu'il est rodé, et à toute épreuve, pour résister aux changements ! Il est celui dans lequel j'ai baigné un tiers de ma vie. Comme Obélix, tout petit, je suis tombé dans la marmite, non pas de la potion magique, mais dans celle du système SAPPE. J'en ai été imbibé. Or, ce système à base d'injonctions, de culpabilisations, de disqualifications, de chantages, de menaces, comme j'en ai déjà parlé, et que j'ai décrit dans au moins cinq ouvrages[1], sécrète la non-confiance en soi et le doute, suscite les ressentiments et les rancœurs, entretient le réactionnel et l'autoviolence.

Comment voulez-vous que je puisse m'aimer, à l'intérieur de ce système dévitalisant, énergétivore, anti-amour !

Comment voulez-vous que je puisse m'aimer, quand l'essentiel des messages que j'ai reçus entre 0 et 9 ans était directement issu de ce système et majoré par un milieu culturellement pauvre, marginalisé !

1. *T'es toi quand tu parles ; Heureux qui communique ; Pour ne plus vivre sur la planète Taire ; Si je m'écoutais, je m'entendrais ; Une vie à se dire.*

On ne voyait que ce que je n'avais pas fait, ce qui ne convenait pas, qui n'était pas conforme, et jamais ce que j'avais fait de positif, même si c'était minime ! On me culpabilisait, on me menaçait, on me dictait ce que je devais ressentir : « Maman, j'ai mal... », « Mais non, mon chéri, ce n'est rien... » ! Ou encore : « Dis merci à madame Boubila (c'était la voisine), elle est gentille madame Boubila. » Non, elle n'était pas gentille ! Elle sentait le pipi de chat, elle avait de la barbe qui me piquait, elle me prenait dans ses bras et me serrait trop fort, elle me faisait mal sans même le savoir, avec la plus grande des sincérités ! « Elle n'est pas gentille pour moi, madame Boubila ! Et toi maman, tu me dis que je dois l'aimer, que je dois la trouver gentille, la remercier ! Maman, tu me dictes d'éprouver, de ressentir, de dire, de faire des choses, qui ne correspondent pas à ce que j'éprouve. Et cela dans la plupart des domaines de ma vie. »

Comment voulez-vous que j'aie confiance en moi !

Comment voulez-vous que je m'aime ! Même si, paradoxalement, j'ai été très aimé par ma mère. Aimé, adoré, mais élevé dans un système SAPPE redoutablement bien intégré par mon entourage !

Et je prétends que la plupart des enfants sont élevés dans ce système-là !

Peut-être à dose et à intensité variable. Bien

sûr chacun d'entre nous trouve des échappatoires, des compensations, des adaptations. Nous avons survécu, mais c'est ce qui explique que nous restons quand même, pour l'essentiel, des handicapés de l'amour.

Il y a très peu de personnes qui savent réellement aimer, et quand cela arrive et que c'est partagé, cela doit être reçu comme un miracle.

Vous avez subi le système SAPPE entre 0 et 9 ans. Puis ça a changé, lorsque vous avez changé d'environnement et, comme vous nous l'avez dit, de système relationnel. Néanmoins, à partir de quel âge avez-vous véritablement commencé à vous aimer?

J'ai commencé à m'aimer à neuf ans. Mais c'était seulement les premières gouttes d'eau sur une graine malingre, faible, qui a commencé à germer doucement, doucement. Ensuite, j'ai chaque fois accompli un pas de plus, quand j'ai rencontré ce que j'appelle les personnes significatives de ma vie. Elles sont significatives dans le sens où elles m'ont permis d'accéder à un peu plus d'amour envers moi-même!

Je pense notamment à Philolaos, ce sculpteur grec dont j'ai parlé, que j'ai rencontré à vingt et un ans et qui m'a appris la sculpture. Il m'a appris une autre façon de relationner, de créer, de maîtriser la matière — le bois, le métal et la pierre. Il avait une attitude relationnelle qui m'a confirmé que je pouvais m'aimer, que ce n'était pas honteux, que c'était recevable. Dès lors, commençant à m'aimer, il me semble que je commençais à être plus oblatif. Et avant, il y eut cette infirmière au sanatorium, qui m'avait accepté tel que j'étais, sans jugement, sans troc, sans pression. Puis aussi, Margot, une jeune fille qui, à seize ans, me renvoya une image de moi unique, lumineuse, valorisante... Et encore, lors d'un stage, un éducateur que nous appelions Jean Rieur, car il souriait dans les difficultés ; un Canadien Jean-Marie Aubry qui me révéla quelques-unes de mes potentialités, Anne Ancelin-Schützenberger qui me libéra de tellement de doutes et d'angoisses ; Jean-Louis Moreno qui m'ouvrit aux richesses inouïes de l'improvisation psychodramatique ; Jérôme Liss, un psychiatre américain qui m'initia à la bioénergie et me fit rencontrer Alexander Lowen, Paul Watzlawick, qui m'autorisa, au sens de me rendre auteur, à vivre avec mes contradictions, Sylvie Galland collègue et amie qui m'apprit tant de choses sur la tolérance, l'écoute, la richesse de l'inconscient et me donna une tendresse infinie, une acceptation sans faille...

Ma naissance à l'amour de moi eut lieu à neuf ans, mais l'accession à cet amour eut lieu à trente-cinq ans ! Il me fallut donc vingt-six ans pour naître à l'amour et être capable de le donner. Accepter de m'abandonner, de me donner, lâcher prise sur tant de peurs et en même temps oser aller à la rencontre de tous mes possibles...

Oui, il est difficile d'aimer.

Il faut une longue maturation, un long cheminement.

Il y a des gens qui peuvent mourir très âgés, sans être nés à l'amour, ou sans avoir eu la possibilité de cultiver cet amour naissant, de le laisser grandir, pour ensuite passer au don d'amour. Il ne suffit pas de naître à l'amour, encore faut-il être capable de le donner, et de le donner — j'insiste — gratuitement ! Sans contrepartie, sans troc relationnel, sans échange, dans le meilleur de soi, vers le meilleur de l'autre.

CHAPITRE HUIT

Tous les exercices, tous les outils, toutes les démarches
D'approfondissement, proposés en matière
De relations humaines
Par la méthode ESPERE,
Ont un inconvénient majeur :
Ils n'ont aucune efficacité
Si on ne les pratique pas.
Et un avantage incontestable
Ils ne s'usent pas quand on s'en sert...
Au contraire... ils s'affinent !

Jacques Salomé

Nous sommes souvent confrontés aux difficultés de savoir demander, de savoir donner, et de savoir refuser. Mais recevoir est au moins aussi délicat. À ce propos, vous écrivez : « Recevoir, c'est un présent au présent de l'instant. » Pourquoi est-ce si difficile de recevoir ? Pourquoi sommes-nous fréquemment bloqués ?

Avant tout, et je vais utiliser une métaphore très simple pour tenter de le dire, il est très difficile de remplir une bouteille déjà pleine !

Et la plupart du temps, nous sommes trop pleins, trop imbibés de nous-même, ou de choses futiles qui prennent beaucoup de place en nous.

Si je suis trop plein de préoccupations, trop plein de mon problème, trop plein de mon conflit avec mon patron (ou avec qui que ce soit), souvent je ne peux pas recevoir. Je ne sais pas accueillir, par exemple, ce que la femme que j'aime veut me donner, ce que cet inconnu peut m'offrir de surprenant ou d'étonnant.

Pour pouvoir recevoir il faut, en premier lieu, que je lâche prise, que je vide ma bouteille. Ensuite, pour savoir recevoir il faut que j'aie une sécurité suffisamment stable, pour ne pas être menacé par ce que je vais accepter de laisser venir vers moi et entrer en moi.

Certaines personnes qui ont des structures paranoïaques ne peuvent pas recevoir, elles ont beaucoup de mal à laisser entrer en elles ce qui vient de l'extérieur.

La difficulté (ou la méfiance) à recevoir ne vient-elle pas aussi du fait que beaucoup de personnes donnent dans l'intention (consciente

ou inconsciente) de dominer, de mettre en dépendance celui ou celle qui recevra ?

Absolument. Il s'agit là du troisième aspect de la difficulté à recevoir. En particulier dans la relation parentale et maternante. J'ai du mal à recevoir quand ce qui me vient de l'autre est excessif, ne correspond pas à mes attentes, ou quand je peux avoir le sentiment que cela me met en dette, que je dois rendre en retour, en proportion de ce que j'ai reçu ! « J'ai du mal à recevoir de toi, maman (ou papa), tout ce que tu me donnes, parce que cela me met en dette vis-à-vis de toi, et donc en dépendance... »

Mon enseignement précise que l'ensemble de la communication humaine se décline essentiellement autour de quatre démarches : demander, donner, recevoir, refuser. Dans une relation équilibrée, chacun de ces aspects vaut vingt-cinq, l'ensemble faisant cent. Dès lors, si ma mère ne sait pas demander, qu'elle est par exemple dans le donner à quatre-vingt pour cent, il ne reste pour les trois autres aspects que vingt pour cent à se partager. La relation est alors, par évidence, totalement déséquilibrée. Dans les quatre-vingt pour cent qu'elle me donne, je ne pourrais en accueillir que vingt-cinq pour cent, je vais donc saboter cinquante-cinq pour cent de tout ce qu'elle me donne ! Cela désespère certains parents, et certaines mères en particulier, qui ne comprennent pas cette arithmétique relationnelle élémentaire : « Après tout ce que j'ai fait pour lui, après tout ce que j'ai donné... Il ne sait même pas recevoir... ! » Ces mères qui donnent trop saturent leurs enfants, sont envahissantes et déclenchent souvent ambivalence et agressivité, sans saisir qu'elles sont à l'origine de ce qu'elles redoutent le plus : ne pas se sentir bonnes, malgré toute leur générosité et leurs soins. Je dis les mères, mais cela arrive à certains pères, à des partenaires conjugaux, à des amis, à des collègues...

Cela explique pourquoi il y a tant de relations proches déséquilibrées et insatisfaisantes, non pas que l'un ou l'autre soit lui-même déséquilibré, mais parce qu'il y a une mauvaise répartition entre le demander, le donner, le recevoir, et le refuser.

Oui, nous sommes souvent des handicapés du recevoir.

J'entends encore cet ex-enfant me dire : « Moi, je ne pouvais rien recevoir de ma mère ou de mon père, parce que je savais bien qu'il fallait que je rende. Je ne pouvais même pas recevoir l'amour de ma mère, parce que je savais qu'il fallait que je le lui rende en étant sage, en travaillant bien à l'école. Je savais que je devais en confirmer la preuve en étant, avec elle, contre mon père, ou en ne me laissant pas séduire par ma grand-mère que j'adorais, mais avec laquelle ma mère avait une mauvaise relation... En fait j'ai très peu reçu de ma mère, malgré tout ce qu'elle a tenté de me donner, parce que dans ma mythologie personnelle j'avais l'impression que ce n'était qu'un prêt trop coûteux à rembourser avec beaucoup d'intérêts... »

Il existe aussi dans certains cas l'impossibilité de recevoir par autoprivation : « Elle me donne plein de "bon" aujourd'hui, mais je préfère ne pas le prendre, comme ça, si elle ne me le donne pas demain, je ne souffrirai pas... » C'est ce qui explique que certains d'entre nous, enfermés dans des systèmes d'autoprivation, ne savent pas recevoir à cause de leur peur de la dépendance et de la souffrance d'un manque éventuel.

Est-il plus difficile de recevoir ou de donner ?

Il est délicat de répondre à cette question, car tout dépend de la dynamique relationnelle sur laquelle je me suis construit. Par exemple, vous m'auriez posé cette question il y a quarante ans, je vous aurais dit qu'il est plus difficile de recevoir, car moi, je savais très bien donner, je ne faisais que ça. Je donnais en abondance. Je donnais surtout pour mettre un écran au recevoir. Plus je donnais, plus je restais à distance de l'autre !

Tout ce que je donnais en abondance me permettait de rester hors d'atteinte, pour ne pas me laisser toucher par l'autre, qui aurait pu vouloir me donner un retour, et comme j'étais un handicapé du recevoir, vous pouvez entendre que le jeu était bien rodé. Il me semble aujourd'hui que je sais mieux recevoir qu'il y a une vingtaine d'années, et que je donne peut-être moins abondamment mais de façon plus lucide. Ce que je donne aujourd'hui est un vrai don par rapport à ce que je donnais auparavant en abondance mais qui n'était qu'un pseudo-don, un don écran à un partage véritable.

Savoir recevoir implique de savoir refuser. Vous écrivez d'ailleurs : « C'est en osant dire non, que j'ai appris à dire oui. » La plupart du temps, il est clair que nous sommes beaucoup plus embarrassé pour dire non que pour dire oui.

Pourquoi savons-nous si mal refuser?

Comme je l'ai déjà exprimé au début de nos échanges, nous avons deux besoins fondamentaux : un besoin d'approbation et un besoin d'affirmation. Ces deux besoins sont antinomiques, ils ne peuvent pas cohabiter. Cela veut dire que si je prends le risque de m'affirmer, de me différencier de l'autre (du père, de la mère, de ma femme, de mes proches, ou de mon patron, etc.) je prends le risque de ne pas avoir son approbation.

Et qu'est-ce qu'être adulte ? Justement cela, pouvoir dire non, sans préjuger de l'accord ou du désaccord de ses proches.

Être adulte, c'est prendre le risque de m'affirmer ou de me différencier en renonçant à être approuvé, en prenant même le risque de faire de la peine à ceux que j'aime.

Rendez-vous compte du choc que j'ai infligé à ma mère quand je lui ai dit que j'allais changer de métier. Elle qui avait travaillé dur toute sa vie — elle faisait des ménages — pour me payer des études. J'avais une formation universitaire, j'étais expert-comptable stagiaire, donc déjà un notable. Je gagnais en un mois ce qu'elle gagnait en six mois en faisant des ménages ! Un jour, je lui dis que je ne voulais plus être expert-comptable, que j'allais travailler comme éducateur-stagiaire pour l'enfance inadaptée ! Évidemment je n'ai pas eu son approbation, je l'ai même beaucoup angoissée, elle ne comprenait pas ! Elle voulait que l'on soit, mon frère et moi, fonctionnaires car on pourrait bénéficier d'une retraite sûre, c'est-à-dire d'une sécurité ! Son rêve était que ses enfants ne vivent pas dans la même insécurité où elle avait vécu toute sa vie. Être fonctionnaire c'était l'assurance que, même à la retraite, nous serions payés, payés à ne rien faire ! Pour elle c'était le début du paradis.

Et moi, d'un seul coup, je détruisais son rêve. Quelle angoisse pour cette femme simple !

Autour de la méthode ESPERE, je tente de présenter quelques règles d'hygiène relationnelle, des outils, des concepts de base pour mieux communiquer. Ce que nous venons d'évoquer repose sur l'un de ces concepts.

Toute la communication humaine se résume à tenter d'apprendre à demander, recevoir, donner, refuser. Et tous ces points sont interdépendants de l'autre. Si je ne sais pas donner c'est que je ne sais pas très bien recevoir. Il appartient à chacun de tenter d'équilibrer l'un et l'autre de ces points. Cela est vraiment de notre responsabilité, car personne d'autre ne le fera à notre place !

Quand vous parlez de l'insécurité que craignait tant votre mère, je repense à une de vos phrases sur le bonheur : « Pour être heureux il faut être prêt à accepter l'imprévisible. » Pour beaucoup d'entre nous l'imprévisible c'est justement l'insécurité. Selon vous, dans un couple, l'imprévisible, c'est quoi ?

C'est tout ce qui dérange, inquiète, déstabilise. Le propre d'une relation amoureuse ou d'une relation de couple c'est que peut surgir justement cette part d'irrationnel que nous redoutons et que nous tentons de brider, de contrôler, par des engagements sacrés, tels que le mariage. Je t'aime, tu m'aimes, nous nous marions, et l'imprévisible c'est que trois ans plus tard l'un ou l'autre puisse tomber amoureux d'une autre personne ! On ne peut pas dicter à nos sentiments d'aimer plus, d'aimer moins, d'aimer encore... C'est la face cachée de l'amour de pouvoir se fixer ou de se détacher d'un objet d'amour. Je peux être habité par un nouveau sentiment d'amour que j'ignorais huit jours auparavant. Bien sûr, je peux contrôler le fait de savoir si je vais ouvrir la relation ou non. Par exemple, je suis marié, j'aime ma femme et je *tombe* amoureux d'une autre femme ; jusque-là ça va. Mais là où je suis responsable, c'est face à la question : vais-je m'autoriser à ouvrir une relation avec cette tierce personne en prenant le risque de mettre en danger la relation principale ? Et son corollaire : dois-je continuer à vivre avec une personne que je n'aime plus, avec des sentiments entièrement tournés vers une autre ?

Il n'y a pas de réponse formelle à ce type de conflit intrapersonnel. C'est la liberté de chacun de prendre le risque d'affronter en lui le chaos de ses propres sentiments. Certains renoncent, restent en couple sur la base d'un compagnonnage, d'autres se séparent, et d'autres encore s'autorisent à ouvrir une relation tierce, en croyant qu'ils ne mettront pas en danger la relation principale. Cela peut marcher durant... un certain temps ! Combien de couples (regardons autour de nous) ont des relations tierces et gardent la relation principale...

Là où ça se complique, c'est quand la relation tierce devient principale, devient essentielle, et que la relation principale devient seconde ou secondaire ! Ou encore si le partenaire de la relation principale a connaissance des sentiments, ou de l'existence de l'autre relation.

Il y a longtemps (dans une autre vie...), une femme aimée m'a annoncé qu'elle était amoureuse d'un autre homme. Je me suis senti ébranlé au plus profond de moi. Elle m'a cependant précisé (ce qui ne m'a pas rassuré pour autant) : « Tu sais, je peux être amoureuse d'un autre homme et t'aimer tout autant. Cela ne veut pas dire que je vais ouvrir une relation avec lui. Pour l'instant je suis habitée par ces sentiments nouveaux en moi, et je n'ai pas l'intention de te quitter !... »

Et le monde ne s'est pas écroulé ! Du moins, pas cette année-là !

Sur le moment, j'ai tenté de faire pression sur elle par du chantage : « c'est lui ou c'est moi... Si c'est moi, c'est bon, on n'en parle plus. Si c'est lui, tu fous le camp ! » (oui, j'ai osé cette phrase terrible, infantilisante !). Elle ne s'est pas démontée, elle n'a pas cédé : « c'est les deux, toi et lui ! Mais si cela est insupportable à vivre pour toi, peut-être que tu partiras, si tel est ton choix ! »

En me replaçant ainsi devant la responsabilité de mes propres sentiments, elle m'a fait découvrir que je tenais à cette relation, qu'elle était importante pour moi, et que je me devais de ne pas la maltraiter avec des chantages, de l'agressivité ou du rejet, si je voulais lui donner encore quelques chances de survivre au cataclysme de cette révolution : elle était amoureuse d'un autre homme !

Et j'ai découvert que ça ne l'empêchait pas de m'aimer. Nous sommes restés encore dix ans ensemble. Ses sentiments pour un autre n'ont pas mis en danger la relation principale, parce que cette femme s'est positionnée clairement, sans se laisser définir par ce que je lui dictais « tu ne dois aimer que moi ! » Mais je crois vous avoir déjà dit tout cela, non ? Cela m'a tellement marqué que c'est important d'y revenir !

Vous dites qu'être heureux c'est savoir accepter l'imprévisible, mais pour la majorité des gens le bonheur passe à travers la fidélité et les habitudes, et non par l'imprévisible et l'insécurité.

L'exemple type du leurre d'une sécurité aléatoire est l'engagement au moment du mariage : on se jure mutuellement fidélité ! Mais fidélité à quoi ? Fidélité vis-à-vis de celui que je suis aujourd'hui, envers celle que tu es ! Comment puis-je m'engager pour un que j'ignore (celui que je deviendrai) avec quelqu'un que je ne connais pas encore (celle que tu deviendras) !

Le mariage n'est pas un éteignoir de sentiments, mais peut jouer comme un soporifique à la vitalité de l'amour.

On se marie, et on en oublie d'entretenir son amour ! Nous vivons sur lui, comme sur une rente dont le capital n'est pas nourri, vivifié, réactualisé.

Et l'on se réveille dix ans plus tard en s'apercevant qu'il n'y a plus qu'une enveloppe vide. Les sentiments se sont éteints faute d'avoir été alimentés. Comme vous me le faites remarquer, il est tout à fait vrai que la plupart des gens se protègent vis-à-vis du futur, mais en oubliant de rester vivants au présent. De plus, si l'on n'a pas de sécurité intérieure, si l'on n'a pas de balises, des ancrages inscrits au profond de soi, on aura besoin de se raccrocher à des repères extérieurs, avec une surenchère dans le « faire », avec la tentation de contrôler sans arrêt justement l'irruption de l'imprévisible. Qu'est-ce que tu fais ce soir ? À quelle heure rentres-tu ? Que fait-on dimanche prochain ? Au cas où tu aurais eu envie d'aller avec quelqu'un d'autre dimanche prochain, dès le lundi, je te pose la question... *(rires)*

Voilà le résultat de nos contradictions. On balise l'insécurité inévitable liée au surgissement de l'irrationnel et de l'imprévisible par des conduites de possessivité, de réassurance, par le contrôle, l'anticipation prévisionnelle qui va tuer la spontanéité et freiner le développement d'attitudes nouvelles. D'une certaine façon, c'est cela qui va blesser, aliéner, et parfois tuer la relation. C'est pourquoi il faut beaucoup de liberté intérieure, et une sécurité fondée sur la créativité et la qualité de la relation à soi-même, pour accueillir « vraiment » l'imprévisible. Il ne s'agit pas seulement de le décider, car lorsque l'imprévisible arrive, il réveille souvent d'anciennes blessures qui effraient, déstabilisent, font tellement régresser que nous redevenons un enfant terrifié et perdu face à l'immensité des possibles de la vie.

La sécurité intérieure semble essentielle pour accepter l'imprévisible et vivre heureux, mais paradoxalement la sécurité extérieure, que tout le monde recherche, serait sclérosante ?

La sécurité intérieure d'un être est à relier à sa liberté intérieure, elle-même en prise directe avec sa capacité de conscientisation, de lucidité vigilante et d'observation compassionnelle. L'observation compassionnelle est une qualité d'être qui accepte de prendre en compte nos errances, nos conflits, nos maladresses, non pour en tirer des excuses et des justifications, mais pour en intégrer l'expérience à l'ensemble de notre vie. Il m'arrive aujourd'hui, ce dont j'étais incapable il y a quelques années, de sourire avec tendresse à l'irruption, au retour de pensées toxiques, malveillantes, qui parfois envahissent encore mon esprit. Il y a des champs de force multiples qui s'affrontent à l'intérieur de chacun de nous, il y a donc des négations, des apaisements, des ajustements à mettre en œuvre. Il y a des germes qu'il faut arroser, accompagner ; il y a des naissances à vivre qu'il faudra mettre au monde dans la paix de soi.

Pendant près de dix ans j'ai accompagné au Sahara des sessions de formation sur le thème : « Être un meilleur compagnon pour soi ». Ce n'est pas rien pour un fonctionnaire, une secrétaire, un comptable, un animateur de radio, qui ont l'habitude de vivre avec de nombreux et tangibles repères extérieurs — télévision, téléphone, automobile, balisés par les horaires fixes de travail, des week-ends prévisibles, d'affronter le vide apparent du désert. Ils arrivent au désert, et se découvrent antenne vivante entre la terre et le ciel. Le silence qui les entoure devient soudain un immense appel à se vider, à créer un espace libre en eux, à libérer toute une vie à l'intérieur. Et c'est parfois la panique ! Comment lâcher prise sur tout cet inutile, si nécessaire à leur consistance, comment être nu à l'intérieur, telle une chapelle romane des origines, dépouillée de tout objet inutile pour entendre la résonance pleine, pour créer un accord, une vibration entre le vide si plein de l'extérieur et le vide en gestation, qui se cherche, et qui soudain les habite ?

Comme repères, comme points fixes, ils n'ont plus que le lever et le coucher du soleil, et trois tasses de thé trois fois par jour, tout le reste est en attente, en naissances possibles.

J'ai remarqué que les gens qui n'avaient pas de repères internes, c'est-à-dire d'ancrages, de balises, faisaient des passages à l'acte, des décompensations, des accès de folie ! Oh, sans conséquences graves, de petites évasions, pour éviter de se déstructurer. Pour certains, c'était vraiment une épreuve redoutable, qui indiquait bien que ces personnes manquaient d'ancrages, de repères intérieurs, pour accepter l'imprévisible d'une journée où il ne se passe rien, sinon la possibilité d'être avec soi-même. Une journée où, apparemment, il n'y a que des dunes... Puis, quand on s'approche on s'aperçoit qu'il y a de minuscules animaux, des plantes, que les couleurs changent sans arrêt avec la position du soleil, qu'il y a des sons — des sons silencieux... Qu'il y a tant d'échos, de résonances possibles entre l'intérieur et l'extérieur, quand ils s'accordent, dans une méditation, une rêverie, avec le plein éclat de la vibration du ciel ou de l'instant. Mais quelques-uns ne pouvaient pas le vivre, car ils étaient submergés par une angoisse profonde, celle d'avoir à se rencontrer !

Ces stages ne durant en général qu'une semaine, est-ce que ces gens si entraînés à contrôler leur vie par des habitudes apprenaient véritablement une autre façon d'être, ou est-ce qu'ils étaient seulement confrontés à leurs limites ?

Chacun, à sa façon, faisait face à la situation. Soit par une adaptation extérieure : par exemple, ils avaient parfois un petit transistor qu'ils écoutaient presque en cachette, sous la tente ou derrière une dune... Ils écoutaient « les nouvelles » ! Que se passe-t-il à Paris ? Que se passe-t-il dans le monde ? Ils s'appuyaient aussi sur les rituels du thé, les heures des repas... Puis, peu à peu, ils découvraient d'autres rituels comme le lever du soleil, la fabrication du pain — tous les matins — par les bédouins qui s'occupaient de notre camp. Soit par une adaptation plus intériorisée, prenant appui sur la qualité du silence, sur l'immobilité changeante des dunes, sur la magie des odeurs, ou simplement en se regardant, en se touchant, en découvrant d'autres modalités d'échanges avec les autres participants.

L'amour et l'humour sont deux mots qui résonnent bien ensemble, mais qui ne se croisent pas toujours. À ce propos, vous écrivez : « Quand les sentiments s'étiolent, le difficile est de passer de l'amour à l'humour. »

Si nous sommes très nombreux à apprécier l'humour, le piège est néanmoins de tomber dans la dérision, le sarcasme. Comment, justement, savoir passer de l'amour à l'humour et non à la dérision et aux sarcasmes ?

L'humour n'a rien à voir avec la dérision, le sarcasme ou l'ironie. L'humour n'est pas agressif, c'est parfois la tendresse du désespoir. L'humour signifie que nous sommes capables d'avoir un regard décapant et dédramatisant, avec un certain recul sur nos propres contradictions, sur nos errances ou nos erreurs. Nous sommes dans la rue, et en même temps à la fenêtre, se voyant passer dans la rue...

L'humour est cette sorte de distance qui nous permet, à la fois, de vivre une situation de l'intérieur et d'avoir la distanciation nécessaire qui nous permettra de relativiser l'événement.

L'inverse de l'humour est la dramatisation. Avec certaines personnes, tout devient un problème, tout est grave, irrémédiable, définitif !

L'humour est d'ailleurs rarement adressé à une autre personne, c'est plutôt une attitude que l'on a vis-à-vis de soi-même. Nous avons la délicatesse de relativiser, de ne pas dramatiser, de prendre un peu de recul, et aussi de ne pas s'enfermer dans du totalitarisme à l'égard de soi. Pour certains qui sont tellement perfectionnistes, et d'une très grande dureté envers eux-mêmes, comme avec les autres éventuellement, l'humour ne les pénètre pas, ils y sont allergiques !

L'humour permet le plus souvent une réconciliation avec le bon et le joyeux qu'il y a en chacun. Il doit y avoir beaucoup de tendresse dans l'humour ; tendresse à l'égard de la vie, tendresse à l'égard de l'autre et de soi-même, pour avoir ce regard de chaleur, de bienveillance, qui lave, qui nettoie, qui assouplit le dur et le rigide.

Les Anglais ont plus facilement que nous, semble-t-il, cette capacité à prendre beaucoup de recul face à une situation. Nous, nous avons trop le nez dans le guidon !

Cette capacité à prendre de la distance est une forme de lucidité — dans l'humour il y a beaucoup de lucidité —, néanmoins cette lucidité empreinte de tendresse, dont vous parlez, cède souvent la place au cynisme. Le cynisme est aussi une forme d'humour et de lucidité mais cette fois amer et dur.

Personnellement, je ne mettrais pas le cynisme dans l'humour. L'ironie comme le cynisme ont quelque chose d'agressif. Ils ne remplissent pas la même fonction que l'humour, qui est de relier, de réconcilier, ce qui paraît irréconciliable. Le cynisme et l'ironie sont plus violents, on les utilise pour se défendre, pour se protéger, pour se cacher, pour se mettre à distance. Ce n'est pas du tout le même mouvement. L'humour est sur le versant de la tendresse et le cynisme comme l'ironie sont sur celui de l'agressivité.

Pourquoi la plupart des gens ont-ils du mal à être dans la lucidité et l'humour-tendresse et sombrent plus facilement dans l'ironie cynique ?

Encore une fois, je crois que c'est à cause des ravages du système SAPPE !

Souvenez-vous : injonctions, menaces, chantages, culpabilisations et pseudo-compréhension, qui vous rendent (S)ourds, (A)veugles, (P)ernicieux, (P)ervers, (É)nergétivores, et donc en position de méfiance, de défense, de contrôle ou de domination.

Quand nous pratiquons une communication relationnelle, pour développer des relations saines, telles que la méthode ESPERE le propose, ou simplement quand nous pratiquons quelques règles d'hygiène relationnelle, nous sommes plus portés à l'humour qu'à l'ironie, à la bienveillance qu'à l'agression, à la confrontation qu'à l'affrontement.

Vous allez penser que j'ai une attitude obsessionnelle ou compulsionnelle vis-à-vis de la démarche que j'ai initiée et que j'appelle méthode ESPERE, Energie Spécifique pour une Ecologie Relationnelle ! C'est vrai que cette approche constitue pour moi une référence absolue. Elle constitue un ensemble de balises, de repères, de référents, qui me sont d'un grand secours pour affronter, faire face à la plupart des situations conflictuelles de ma vie personnelle, professionnelle et sociale.

Je suis toujours stupéfait, indigné, et je reste songeur quand je pense que nous savons plus de choses sur la culture de la betterave que sur les relations humaines ! Que nous ne semblons pas nous préoccuper de la qualité de nos relations, de l'amélioration possible de la communication intra et interpersonnelle, que nous faisons comme si nous avions oublié que la communication c'est la sève vivante et ardente de la vie ! Oh, certes, nous avons tous des intentions, des velléités que « ça marche bien avec les autres, entre nous... », mais sans aucune cohérence, méthode, ou pratique suivie. Comme pour la respiration, il ne suffit pas de faire du yoga quelques heures par semaine, encore faudra-t-il irriguer de sa respiration tous les actes de sa vie !

En ce qui me concerne, depuis que je pratique

cette approche — environ une quinzaine d'années — de façon consciente, lucide, tenace, mon regard, mon écoute ont réellement changé. J'entends ce que je n'entendais pas avant ; je vois ce que je ne voyais pas. Autrefois, je m'enfermais dans des bouderies, dans du réactionnel, j'alimentais le ressentiment, la rancœur, les reproches... Je surfais entre compensation et dévalorisation.

Aujourd'hui, je sens au plus profond de moi combien je lâche tout cela. Je n'ai pas besoin (ou moins besoin) de cynisme, d'ironie, de grossièreté ou d'agressivité. Cela ne fait plus partie de mes besoins de sauvegarde. Il me semble que mon positionnement, même s'il peut irriter, déstabiliser dans un premier temps mon interlocuteur, ouvre à plus de possibles pour un partage, un échange, et surtout à une créativité commune.

Le système SAPPE pousse à cultiver davantage l'ironie ou le cynisme que l'humour ; l'approche ESPERE ouvre à une relativisation et à une quiétude intérieure savoureuse à vivre.

L'humour ne peut-il pas être aussi une parade pour éviter d'avoir à exprimer ses réelles émotions ?

Certainement, parfois l'humour peut aussi être utilisé comme moyen de défense, comme écran, pour ne pas toucher à des zones sensibles, à des problématiques encore trop violentes en soi. À ce niveau, l'humour est un comportement d'ajustement social que l'on utilise au cours d'un repas, dans un lieu public. Si, par exemple, on entend parler d'une personne qui a un amant et que nous imaginons que notre propre femme pourrait avoir, elle aussi, une relation tierce, cela risque de réveiller notre souffrance personnelle. On va alors en rajouter, faire un peu trop d'humour autour du sujet amant-maîtresse. C'est une façon de conjurer ce que l'on a entendu, pour tenter de protéger le territoire de notre intimité.

Depuis quelques années, se développent de plus en plus de stages d'« humour-thérapie », où le rire est central. Qu'en pensez-vous ?

Je crois que le rire est à la base d'une grande production énergétique. Le rire est un carburant essentiel à l'énergie de vie. Les gens ne savent plus vraiment rire. Il me semble que, jadis, on riait plus, ensemble. Personnellement, dans mon enfance je riais plus qu'aujourd'hui. Je parle du rire joyeux, qui n'est pas le rire du visage et des seuls zygomatiques, mais le rire du ventre. Lorsque les bébés rient, ils ne rient pas avec la bouche, mais avec le ventre. C'est un rire qui vient des yeux, de tous les autres sens et qui s'amplifie dans le ventre, c'est un phénomène charnel. La joyeuseté tripale qui semble en voie de disparition.

Il y a, sans aucun doute, une voie à explorer en termes de thérapie, par le rire. Le fait de rire mobilise un grand nombre de muscles que l'on n'utilise pas habituellement, et produit un transfert énergétique.

Je me souviens d'une soirée de rires avec mon ami, le chanteur et poète Julos Beaucarne, où j'ai passé trois heures à rire, couché sur un divan, incapable de me relever ! Chaque fois que je tentais de sortir du rire, il y avait une phrase, une blague qui me faisait replonger. J'avais mal au ventre, c'était à la fois douloureux et bon. Mais je ne pouvais pas m'arrêter de rire ! Cela m'a fait un bien fou ! C'est comme si j'avais lâché des années de tristesse, des années de reproches, d'accusations, de négativisme sur la vie, les autres, etc. C'est extraordinaire, trois heures de rire ! Nous étions une quinzaine de personnes, et nos rires nous entraînaient mutuellement à rire encore et encore plus...

Le souvenir que vous évoquez est un rire très spontané, très vivant. Mais lors de ces séances de rire organisé, cela a-t-il le même pouvoir ? Peut-on apprendre à rire à quelqu'un ?

Au cours d'un voyage en Inde, dans un ashram, j'ai vécu un de ces stages de rires. Effectivement, au début, les rires semblent un peu artificiels. Puis, ensuite le fait de simplement reproduire des sons, de mouvoir sa bouche, ses yeux, de faire bouger ses oreilles, c'est super ! De laisser battre son ventre, de laisser flotter sa poitrine, il vient quelque chose. Nous étions en étoile, sur le dos, l'animateur commençait à rire, un autre le suivait, encore un autre, et au bout d'un moment tout le monde riait, y compris moi ! Il y avait une vague de rires qui s'épuisait, reprise, amplifiée par une autre vague. Le rire est communicatif. Dès que le son est lancé, il y a un mouvement qui s'amorce, une sorte de libération, d'ouverture, de bien-être. C'est un peu comme dans certains exercices individuels de respiration que propose le yoga, le souffle vient de loin, roule, éclate, se répand dans chaque fibre, chaque cellule.

Pour atteindre un mieux-être, une relaxation, quel est l'exercice le plus accessible : les séances de rires, le yoga, la méditation ?

Tout dépend d'où l'on part. Aujourd'hui j'ai une pratique régulière autour de la respiration, quelques exercices de yoga, mais je ne peux pas dire si cela me fait plus avancer que le stage de rire que j'ai pu faire. Peut-être qu'aujourd'hui je ne pourrais plus faire cela... Je ne sais pas... Je suis actuellement plus tourné vers la méditation.

Par expérience, je sais que le groupe a un pouvoir d'amplification, un pouvoir de résonance extraordinaire. Je peux entendre dans un groupe de formation des choses de mon inconscient ou de mon histoire, que je n'entendrais pas dans une relation à deux, avec un thérapeute. Quand il y a une véritable écoute dans le groupe, que l'on se sent accueilli, reconnu, que l'on a l'impression d'avoir une valeur, il y a alors un réel pouvoir de résonance, une amplification que j'ai rarement perçue ailleurs.

Toutes les formations aux relations humaines que j'ai pu proposer en tant qu'animateur pendant plus de vingt-cinq ans, ont eu le groupe comme support. J'ai commencé par des petits groupes de douze, puis de vingt, et jusqu'à des groupes de deux cents personnes ! Un tel nombre étonnait mes collègues : « Comment, avec deux cents personnes, peut-on se former, avoir l'impression d'être reconnu, entendu. Comment peut-on faire un travail individualisé, en profondeur, un suivi... ? »

Cela peut effectivement sembler curieux, mais je prétends que tout cela est possible ! Le potentiel énergétique qui est présent dans un groupe fait que l'on entend effectivement des choses que l'on n'entendrait pas dans un groupe plus intimiste ou plus protégé. Les phénomènes de résonance, d'amplification, d'associations libres, me semblent plus percutants, plus libératoires, et surtout plus stimulants. Encore aujourd'hui, je reçois des témoignages me confirmant la révolution, la révélation de telles expériences. Tout dernièrement, un médecin me rappelait : « Quand je suis arrivé dans la salle, et que j'ai vu tout ce monde, je me suis cru dans un colloque classique. Je me suis installé au fond, proche de la sortie. Le deuxième jour, j'étais au bord de la scène, près des marches et même si je n'ai pas réussi à apporter une situation sur laquelle travailler personnellement, j'ai été si impliqué, si réveillé par le travail des autres, par les interpellations réactivées en moi, par mon implication dans les pauses, que quelque chose de central a basculé. Je n'ai plus jamais entendu les malades de la même façon, je n'ai plus soigné comme auparavant. Il m'arrive, dix ans après, de rêver encore à ces séances dans lesquelles j'invente des situations qui résonnent longtemps en moi, après le réveil... »

Vous nous parliez du rire joyeux que vous avez connu pendant votre enfance. Êtes-vous quelqu'un de joyeux ?

Je ne me vois pas comme quelqu'un de joyeux. Je serais plutôt lumineux que joyeux, c'est-à-dire que je me sens souvent joyeux à l'intérieur. Je suis capable d'éprouver de la joie, des émotions intenses, mais il me semble que je reste quelqu'un d'assez grave, même si je ne me prends pas au sérieux. Aujourd'hui, je ne me dirais pas quelqu'un de contrôlé — comme je le fus longtemps — mais apaisé. Cela dit lorsqu'il y a des moments de joie, en particulier avec mes enfants quand on se remémore des souvenirs de ce que j'appelle « la saga Salomé » : les erreurs que j'ai faites, les drames et les événements heureux de notre vie familiale, ou de simples bêtises, je m'entends souvent éclater de rire avec eux. Par exemple, à une époque, je donnais un temps à chacun de mes enfants; chaque semaine, je m'arrangeais pour donner un temps privilégié à chacun, même s'il n'était que de dix minutes. Un temps offert rien qu'à l'un d'entre eux. Nous allions boire un café, manger une glace, nous promener dans la campagne — j'habitais alors dans un petit village proche de Dijon. Et je me souviens d'un dimanche matin où il avait neigé et où la dernière de mes filles, me dit : « Aujourd'hui, c'est à moi ! » J'appelais cela « le temps personnel ». Nous sommes partis dans la campagne, bien couverts, heureux de marcher, sans but précis, je racontais quelque chose à ma fille, et pour bien lui expliquer, je marchais à reculons afin de lui faire face, développant ma démonstration avec force gestes. Et d'un seul coup, je suis tombé dans un trou de neige ! Et ma fille racontant ce souvenir, plus de vingt ans plus tard, éclate encore de rire en s'exclamant : « Et papa avec de la neige jusqu'au cou, continuait à m'expliquer un truc compliqué, sans se démonter. Ah, le pied ! » En l'entendant, nous étions tous pliés de rire, chacun imaginant la drôlerie de la situation : moi, disparaissant soudain dans un trou de neige, enfoui jusqu'au ras du menton, mais essayant quand même de continuer mon argumentation... !

En fait, l'élément déclencheur importe peu, ce peut être aussi une simple phrase. Par exemple, je ris encore, en me souvenant d'un soir où ma femme étant absente, ma fille aînée — à l'époque très jeune — me réveille en pleine nuit en me disant : « Papa, papa, il y a le feu dans ma chambre... », et moi dans un demi-sommeil de lui répondre : « C'est bien ma chérie, c'est bien, ce n'est pas grave, va te recoucher... » Alors elle, très calme : « Je voudrais bien retourner dans mon lit, papa, mais il y a plein de flammes dans mes draps ! » Cette fois je me suis réveillé d'un seul coup, je suis allé voir et effectivement la lampe de chevet étant tombée sur le lit celui-ci flambait ! Et moi, benêt, confiant, qui venait de lui dire : « C'est bien ma chérie, c'est bien, ce n'est pas grave, va te recoucher... » *(rires)*

Il existe des familles très extraverties et d'autres qui sont très sérieuses. Votre mère était-elle joyeuse ou plutôt sérieuse ?

Je crois qu'elle était sérieuse, une pessimiste optimiste ! Sans doute parce que la vie n'avait pas été pour elle une partie de plaisir. Il est vrai que je l'ai rarement entendue rire... La vie était trop dure... Trop agressante. Trop exigeante.

(larmes)

Comme je l'ai déjà dit, elle était davantage dans la survivance : elle ne vivait pas, elle survivait. Elle gardait la tête hors de l'eau pour elle-même, et nous apprenait cependant à nager, à nous, ses enfants, mon frère et moi. Elle ne prenait pas de jours de congés, pas de dimanche, qui était un jour encore plus plein que les autres, de choses à faire, à préparer, à réparer. Le dimanche était marqué par un peu plus de soin pour le repas. Elle prenait plus de temps pour le préparer, faisait un dessert, mettait une nappe !

Il y avait très peu de moments qui prêtaient à la joyeuseté, dans son existence. La vie était sérieuse, grave, dure. Il y avait toujours quelque chose à faire, pour ne pas se laisser engloutir par les flots tumultueux de la vie.

Et votre frère ?

Mon frère... Je vais peu parler de lui, son enfance lui appartient. C'est un homme que j'aime profondément. Je ne sais si l'on peut dire qu'il a le rire facile, mais il a un rire rabelaisien, un rire tonitruant qui déclenche souvent le rire des autres. Il saisit, il voit dans la réalité, dans les petits coins de la vie, le germe, le grain de joyeuseté qui, chez lui, le font exploser de rire, et colore son existence de folie joyeuse et revigorante.

Croyez-vous que le rire puisse être tué dès la petite enfance, notamment à cause de traumatismes ?

Bien sûr. Je pense que des violences, des traumatismes, des conditions de vie trop dures, trop contraignantes, n'incitent pas à libérer le rire. Le rire relève quand même d'une stimulation (un événement imprévu, joyeux, anachronique) qui surgit dans le quotidien, et aussi d'une certaine détente pour accueillir, pour recevoir cet événement dans sa dimension étonnée, joyeuse.

C'est ce que vous disiez à propos de votre frère. Il a cette capacité de saisir l'aspect drolatique d'un événement.

Oui, il a cette capacité de voir l'aspect plaisant, l'aspect positif, l'aspect rieur des choses. Il voit le poisson joyeux, l'algue drôle, le rayon de lumière dans la rivière de la vie.

D'une certaine façon, il a eu une enfance moins difficile que la vôtre. Ne serait-ce que par rapport à la tuberculose qui vous a frappé et l'a épargné. Est-ce cette maladie qui vous a rendu si « sérieux » ?

La maladie m'a rendu plus grave, plus sérieux. Au sanatorium, je ne me souviens pas d'avoir beaucoup ri. Tout d'abord, parce que lorsqu'on est enfermé dans un plâtre, des pieds à la tête, on n'a pas beaucoup d'espace pour rire. Rire c'est se dilater, c'est ouvrir quelque chose, et dans un plâtre il n'y a pas beaucoup d'espace pour laisser grandir un rire...

Je ne sais pas si mon frère a eu une vie plus facile, elle a sans doute été quand même plus détendue pour lui, ne serait-ce que par le fait que la situation matérielle de mes parents s'était un peu améliorée. Mon beau-père avait un travail fixe, nous étions très bien tolérés, appréciés dans notre quartier, la convivialité de cette petite communauté d'ouvriers, de manœuvres, de petits employés, d'artisans, donnait une respiration, une amplitude bienveillante à la vie.

Votre beau-père était-il quelqu'un de joyeux ?

Non, non, pas du tout. Lui, en plus, il dramatisait souvent : « On n'est pas là pour rigoler ! » C'était lié à son histoire personnelle. Il était un ancien marin, il avait fait trois fois le tour du monde — il le répétait très souvent — et il avait la nostalgie de ces voyages, de cette liberté d'être, découverte très tôt dans sa jeunesse rebelle. Il avait une voix de stentor. À table, quand il demandait du pain, c'était comme s'il criait « À l'abordage ! » Je le craignais, et me tenais plutôt à l'écart de ses comportements.

Par instants, l'évocation de votre mère vous réjouit et à d'autres moments certains épisodes vous attristent terriblement, comme si vous aviez voulu lui offrir quelque chose sans y parvenir. Qu'auriez-vous aimé compenser ?

Ce que vous dites me semble juste. En fait, j'étais un peu la prunelle de ses yeux — mon frère pourra peut-être dire la même chose de lui —, c'est-à-dire que j'ai senti très tôt que j'étais quelqu'un d'important dans la vie de cette femme, que de moi dépendait beaucoup de plaisirs ou de choses positives pour elle.

Dans mon enfance, les seuls plaisirs de la vie dont j'ai pu voir le reflet dans les yeux de ma mère — ou percevoir dans son vécu — venaient de mon frère ou de moi. Nous étions vraiment les sources du bien-être, du bonheur de cette femme. Si nous n'allions pas bien, elle n'allait pas bien, si nous n'étions pas heureux, elle ne pouvait pas être heureuse ; si quelque chose n'allait pas pour nous, cela se répercutait chez elle, amplifié.

J'ai donc eu cette relation quelque peu en miroir, où tout ce qui me concernait se reflétait dans son existence.

Ensuite, la distanciation est venue, l'adolescence, l'âge adulte, et j'ai vu ma mère vieillir, alors que pendant longtemps je l'avais crue immortelle. Je pensais qu'elle ne pourrait mourir — et moi non plus par la même occasion. D'ailleurs, je n'aurais pas pu mourir avant elle, cela aurait été comme de lui donner un coup de poignard, que de disparaître, elle encore vivante... ! Mais, les années passant, je l'ai vue vieillir, et mon attitude a, peu à peu, changé. Je n'étais plus simplement un utilisateur de la bonté, de la disponibilité, de la vivance de ma mère, j'ai aussi eu un regard de compassion, d'écoute et de plus grand accueil vers elle. J'ai enfin perçu de quoi avait été faite son enfance : la souffrance cachée, niée, d'avoir été une enfant abandonnée, la perte de sa mère nourricière à l'âge de neuf ans, les injustices de sa jeunesse, l'adolescente blessée par le départ de son premier amour. J'ai commencé à voir, au-delà des apparences, l'ex-petite fille qu'il y avait chez ma mère, la mère formidable mais la femme rarement comblée — la femme qui était passée à côté de sa vie de femme. Parmi les grandes positions relationnelles de toute son existence : professionnelle, mère, maman, femme et amante, je crois que les positions femme et amante avaient été sacrifiées et pas du tout valorisées. Elle s'était investie à corps perdu dans ses fonctions maternantes.

N'est-ce pas quand même très lourd à porter, pour un petit garçon, de sentir que le bonheur de sa mère ne dépend pratiquement que de lui ? Est-ce que, ça aussi, ça ne rend pas sérieux très tôt, trop tôt ?

Comme enfant, j'ai dû certainement vouloir porter, comme pour l'en soulager, une part du poids de la tristesse de ma mère... Il me semble que j'ai pu, progressivement, m'en libérer. Déjà à l'occasion de ma maladie, puis de mes études, en quittant le milieu familial... Mais il est vrai que j'étais bien un fils de la mère, et qu'en enfant fidèle j'ai indéniablement dû porter une partie de ses angoisses, une partie de ses souffrances, et beaucoup de sa ténacité pour me battre, pour ne pas démissionner, pour ne pas lâcher prise dans les coups durs. J'ai gardé d'elle que la vie est sérieuse. Bien sûr, elle peut être joyeuse, formidable, mais elle reste sérieuse et grave, et surtout qu'il ne faut pas oublier que : « rien, rien n'est jamais acquis ! »

J'ai toujours présent à l'esprit que le pire peut surgir demain ! L'imprévisible, présent ou masqué, est toujours là... Et nous rattrape toujours. Alors vivre au présent, à pleine vie, à plein temps.

Cela vous a-t-il donné un caractère inquiet, anxieux ?

Pas nécessairement inquiet, mais vigilant, attentif. J'ai l'impression que je ne suis pas dupe du bien-être. Je sais que ce que j'ai peut m'être enlevé. Je ne sais pas comment, mais... Je ne suis que le dépositaire d'un bonheur aléatoire, en transit.

Par exemple, j'ai un certain confort matériel, une maison, une voiture, beaucoup de livres, etc., mais un tremblement de terre (je vis sur une faille sismique qui s'est manifestée en 1906...), un incendie peuvent surgir et tout ravager ! Faire éclater les sculptures que j'aime, brûler les tableaux amis, carboniser tous les livres, faire disparaître tous les objets qui ont chacun une histoire, qui sont pour moi autant de balises pour accompagner la beauté de la vie... Je sais que je ne suis pas le propriétaire réel de tout cela, j'en jouis. J'ai donc appris à vivre dans l'intense du présent.

Plutôt que de renforcer mon côté anxieux, je crois que cela m'a libéré pour être plus présent au présent, plus réellement inscrit dans l'ici et le maintenant du déroulement imprévisible des jours.

Il y a longtemps, à une époque douloureuse de ma vie, je ne pouvais pas vivre le présent. J'étais soit tiraillé par le passé, à revenir sans cesse sur ce que j'avais fait ou n'avais pas fait, comme si j'avais encore la possibilité d'une influence, d'un pouvoir dessus, soit tiraillé par une anticipation un peu persécutrice du futur en me demandant sans arrêt ce qui allait se passer plus tard, et comment je pourrais y faire face... Et coincé entre le passé et le futur, j'en oubliais de vivre le présent. J'étais rarement là où j'étais...

N'est-ce pas justement la problématique de beaucoup d'êtres humains ?

Ah, oui ! J'ai remarqué cela, beaucoup de gens ne savent pas vivre le présent. Ils s'absentent de l'instant, ils ne savent pas s'y inscrire.

J'aime particulièrement le mot « présent ». C'est un de mes mots favoris, car il a plusieurs sens. Il a le sens de cadeau, d'offrande gratuite, inattendue, et un sens lié à l'actualisation de l'ici et maintenant, la durée infinitésimale du temps en marche. Alors, bien sûr, je ne suis peut-être pas toujours un cadeau quand je suis présent à l'autre... Mais j'essaie d'être présent et, le plus souvent possible, un présent pour l'autre.

Au cœur du délicat problème que posent les relations aux autres et à soi-même, se trouve aussi le vaste sujet de la liberté que nous avons parfois effleuré. Cette liberté individuelle, que beaucoup revendiquent, porte en elle un paradoxe : elle peut offrir une indéniable légèreté de l'esprit mais aussi être lourde à assumer. Être libre, c'est décider (par exemple des orientations de sa vie); décider, c'est choisir; et choisir, c'est renoncer...! La raison principale qui fait que beaucoup abandonnent leur liberté estelle la peur de devoir renoncer à telle ou telle option, ou plutôt l'incapacité à se déterminer sur ce qui est bon pour soi sans être nuisible aux autres?

Premièrement, la liberté ne se donne pas. Certains peuvent imaginer qu'ils en sont détenteurs et oser dire : « je te rends ta liberté », eh bien, non! La liberté est toujours en construction. Ou je la construis en moi, ou je ne la construis pas! La liberté ne me viendra pas de l'autre.

Ensuite, je voudrais ajouter un qualificatif à

cette notion. En effet, la liberté a souvent été présentée comme la liberté venant de l'extérieur : la liberté de se déplacer, de faire des choix, c'est-à-dire de renoncer, etc., ou la pseudo-liberté : l'illusion de croire que l'on peut tout faire, celle de décider d'être juste ou bon... Mais ce qui mobilise davantage ma recherche, c'est la liberté en soi, c'est la liberté que j'ai à l'intérieur de moi. Par exemple, la liberté que j'ai de faire des choix entre plusieurs désirs : le désir d'être avec vous à parler de moi, et en même temps le désir tout aussi fort d'être avec quelqu'un d'autre, ou d'être seul pour écrire un poème ! Le désir de faire des économies et en même temps le désir de m'offrir une sculpture qui va me coûter la peau des fesses ! Enfin, ce que j'imagine être le prix de quelques privations... *(rires)*

Avoir une liberté intérieure, c'est être capable de se dire oui ou non à soi-même, sans se blesser. C'est ainsi que je définirais la liberté intérieure, qui est presque une forme de sagesse. Nous avons en nous un espace décisionnel, où vont s'affronter des sentiments, des désirs. Il y a aussi un espace de ressources corporelles qu'il m'appartient d'entretenir, de développer et d'affiner. J'ai soixante-cinq ans cette année, je sens bien que je vieillis. Je ne me suis pas vu vieillir pendant plus d'un demi-siècle, mais depuis maintenant quelques années, je me rends compte en travaillant dans le jardin qu'après quinze brouettes de terre j'ai des courbatures. Aujourd'hui, je n'encaisse plus les fatigues de la vie comme il y a vingt ans. Là aussi, sur le plan de mes ressources, ma liberté diminue. Il faut donc que je m'organise autrement, pour quand même trouver cet espace de liberté intérieure dans lequel je peux garder une maîtrise, une capacité de choix possibles, une liberté d'être en accord avec mes possibles. Si dans le domaine des ressources physiques, notre liberté diminue au fil du temps comme une peau de chagrin, je peux toutefois acquérir une plus grande liberté intérieure sur le plan spirituel. L'ouverture dans cette direction permet d'accéder à des plans de conscience infinie, où le temps et l'espace ne sont plus des références.

Autrefois je ne parvenais pas à méditer plus de cinq minutes, mais aujourd'hui je peux me laisser aller à méditer une demi-heure ou même une heure ! Et malgré mes pensées qui ont tendance à s'éparpiller à droite et à gauche (penser à couper une branche d'arbre, prévoir de creuser un trou pour un néflier, remplir ma feuille d'impôts, vérifier l'huile de ma voiture, etc.), j'ai deux ou trois petits « trucs » qui m'aident à rester centré, à laisser la respiration circuler en rond dans tout mon corps.

Cette liberté intérieure est sans doute désirable, mais le plus souvent elle effraie et peu de gens acceptent de l'assumer. Il n'y a qu'à voir combien de personnes cherchent un « maître », un « gourou », susceptible de pouvoir les libérer de leur liberté !

À mon sens, j'ai cette liberté intérieure quand je suis totalement responsable de ce que j'éprouve, de ce que je ressens, de ce que je fais. J'ai cette liberté quand je ne me réfugie pas dans des alibis tels que : « C'est à cause de l'autre ; c'est sa faute ; c'est pour lui ou elle que je fais cela..., etc. » J'ai cette liberté quand je ne peux pas me réfugier dans l'accusation ou la mise en cause d'autrui, quand je n'ai pas besoin d'expliciter mon comportement ou mon ressenti, par la médiation d'un tiers, mais que je suis confronté à moi, et uniquement à moi, sans avoir aucun prétexte qui me détourne de ma responsabilité à être ce que je suis. Sans que j'aie besoin de me réfugier en Dieu, dans les autres, tel ou tel événement, le temps qu'il fait, etc. !

La liberté intérieure, c'est le plus beau des dialogues qu'il y ait entre moi et moi. Cette liberté existe, dans cet espace d'échanges, dans cet espace de possibles, que je peux créer entre les différents moi qui m'habitent.

Dans un autre domaine, ce que j'apprécie le plus aujourd'hui dans la rencontre amoureuse, intime, avec une femme, c'est la liberté des corps et des gestes. Quand nous pouvons nous autoriser à tout faire, qu'il n'existe pas de censures, de zones interdites ; quand nous avons la liberté de nous abandonner, de nous livrer, tant que ça reste bon pour l'un et pour l'autre. La liberté qui me touche le plus, c'est lorsque je sens chez ma partenaire cette liberté d'abandon, cette liberté d'offrande, cette liberté de tout partager sans retenue, quand soudain l'espace et le temps s'ouvrent sur un univers à la fois inconnu et familier.

Pensez-vous que l'accession à cette merveilleuse liberté intérieure partagée fasse partie du désir de tout être humain ?

Je veux croire que ce soit l'aspiration de chacun, au plus intime de lui. Même si je peux imaginer qu'il y a certaines personnes qui n'iront jamais en direction de cette liberté intérieure partagée, parce que leur besoin fondamental, ou ce qu'ils imaginent être la réalisation de soi, passe par la mise en dépendance de quelqu'un, ou plus simplement par la possessivité, la captation affective de l'autre ou la possession de plus de pouvoirs ou de biens matériels.

Notre société, en cultivant l'assistanat comme vous l'avez dit, ne joue-t-elle pas aussi un rôle majeur dans cette difficulté à accéder à la liberté par l'autoresponsabilisation de ses actes et de ses paroles? Pour ceux chez qui réside tout de même un désir de liberté, comment s'arracher à cette forte influence?

Tout se joue dans un immense champ de forces, dont nous maîtrisons mal les enjeux. Il y a de puissantes forces en jeu, vers un nivellement, une uniformisation par la culture socio-économique, tout un conditionnement par lequel on va implicitement mandater l'État, la société, des entités communautaires qui sont censées savoir mieux que nous, ce dont nous aurons besoin dans les prochaines décennies. Implicitement on confie à des multinationales de programmer pour nous de meilleurs rendements, de plus grands choix, un équilibre vitaminé, protéinique ou minéral plus sûr... Le maïs transgénique n'est pas un avatar, il est une réponse anticipée à nos propres attentes, même si pour l'instant on s'en défend!

Cela est le premier mouvement, et parallèlement il existe un mouvement plus individualiste, qui est une aspiration à des choix plus personnels, plus conscientisés. Ce sont deux champs de forces qui s'affrontent entre ces deux mouvements. La question sera de savoir si je vais sécréter suffisamment d'énergie pour garder assez d'autonomie, d'indépendance et ainsi accéder à ma liberté intérieure, ou au contraire si ce qui m'entoure — les pressions, les conditionnements, l'influence grandissante, totalitaire, du système SAPPE — sera tellement fort que je n'aurai que des velléités et que, déjà soumis, je rentrerai dans le rang.

C'est un combat dans une sorte de mouvance et d'alternance entre forces d'uniformisation et d'individuation, qui fera qu'à un certain moment le rapport de forces me sera ou non favorable. La quête individuelle pour un plus grand savoir être, créer et devenir, est ouverte depuis les débuts de l'humanité, mais elle rencontre aujourd'hui plus d'obstacles que de soutiens, plus de leurres possibles que de confirmations et de témoignages fiables ; elle est devenue un challenge chargé d'épreuves.

Que pouvez-vous conseiller pour que ce rapport de forces puisse tout de même finir par nous être favorable ?

Une grande rigueur dans le respect de soi, la cohérence, l'écoute de ses véritables besoins, la responsabilisation de son « bout » de la relation, une ouverture à la voie du cœur. C'est-à-dire tout ce qui permet et renforce la fidélité à soi-même, et une compassion ardente envers autrui.

Il faut préciser que la liberté d'être n'est pas forcément un état permanent, ce peut être aussi un état fugace. Je me souviens par exemple d'un jour où, attendant quelqu'un dans un restaurant, mon attention fut captée par les yeux d'une femme, avec laquelle j'échangeai un long regard. J'ai vraiment eu l'impression que nous venions de faire l'amour avec les yeux. C'était d'une telle intensité... Je n'ai jamais revu cette femme. Alors qu'est-ce qui a fait qu'à ce moment-là il y a eu cette liberté de s'abandonner, cette totale liberté intérieure qui m'a permis de me fondre, de m'agrandir dans le regard de l'autre sans aucune gêne, ni regret ? Et garder en soi cet instant de liberté fugace, précieux, et rare comme une parcelle d'éternité.

Il existe comme cela des moments de grâce, des moments où il y a une conjonction particulière entre la liberté de l'un et de l'autre pour agrandir un peu plus la vivance de la vie.

Au fur et à mesure que nous avançons dans l'exercice de la relation harmonieuse à l'autre (et à soi-même) un point essentiel se dessine : l'estime de soi, c'est-à-dire l'amour de soi.

Cependant nous savons que la frontière entre l'estime de soi et l'orgueil du moi peut être extrêmement mince, et floue. Certains la franchissent sans même s'en rendre compte.

Quelle différence faites-vous entre l'estime naturelle de soi, et l'inflation du moi, c'est-à-dire l'orgueil ?

Je vois la différence essentiellement dans la possibilité ou non d'un jeu de pouvoir. Il me semble que lorsque je suis dans l'estime de moi je n'ai nul besoin d'exercer mon pouvoir sur autrui, je n'ai nul besoin d'influencer l'autre, de faire en sorte qu'il soit d'accord avec moi ou qu'il entre dans mon désir.

Quand je suis dans l'estime de moi, ma relation à autrui ne s'inscrit pas du tout dans une relation de pouvoir, mais dans une relation de partage, de réciprocité, de confrontation possible. En revanche, quand je suis dans l'orgueil de moi, j'introduis tout de suite un rapport de pouvoir, en tentant, évidemment, de l'établir à mon avantage.

Quand je suis dans l'orgueil de moi, c'est comme si j'avais besoin d'exercer une influence sur l'autre afin de lui transmettre mon point de vue, et surtout de lui faire passer l'image que j'ai de moi pour qu'il la fasse sienne. Dans l'estime de moi, je ne suis confronté qu'à moi-même. Ou je m'estime, ou je ne m'estime pas, mais ce n'est qu'à mes propres yeux. Il y a des aspects plus complexes à l'orgueil, qui sont d'ordres compensatoires et réparateurs, et qui visent essentiellement à restaurer la façade derrière laquelle s'agitent tous les pièges de l'ego.

Pour une personne nourrissant une totale dévalorisation de lui-même à qui vous dites que sa relation au monde dépend de l'estime de soi, de l'amour de soi, n'y a-t-il pas le risque qu'il aille trop loin, c'est-à-dire qu'il bascule dans le narcissisme ou l'orgueil du moi, ce qui, en dominant l'autre, lui permet de se rassurer? Comment éviter ce risque, comment s'arrêter à la bonne distance?

Ce risque existe toujours. Notamment, par exemple, si je suis pris dans la comparaison, dans la compétition avec autrui. Quand je suis dans la dimension du soi, je ne suis confronté qu'à moi-même, mais quand je suis dans celle du moi, je peux être poussé à me servir de l'autre, à travers des comparaisons, des mises en dépendances ou une compétition pour valoriser l'image de moi. Pour valoriser le soi, je n'ai pas besoin de l'autre. J'ai peut-être besoin de l'autre pour ouvrir un passage me permettant de passer de la dévalorisation à l'estime de soi, quand par exemple, une personne me propose un accompagnement respectueux, une relation de soutien qui m'aidera à sortir du système SAPPE dans lequel je patauge, dans les répétitions qui m'enferment et me poussent à reproduire les mêmes scénarios de fuite, d'échec ou d'autodestruction.

Pour faire face à l'orgueil, il existe l'humilité; l'humilité étant peut-être plus une notion chrétienne que psychologique. Qu'évoque pour vous l'humilité?

C'est curieux, mais personnellement je n'oppose pas l'orgueil et l'humilité. Il me semble qu'il s'agit de deux niveaux différents. Pour moi, l'humilité c'est quand je découvre mon humanitude, c'est-à-dire que je suis démuni face à des sentiments qui occultent ma raison, bousculent mes valeurs, quand j'accepte que mes rêves et mes désirs ne soient pas tout-puissants. Je peux avoir mis tout en place pour qu'une action se déroule bien, et pourtant ça ne se passe pas bien; ma volonté, les moyens mis en œuvre butent sur des impondérables! Par exemple, l'an passé, j'ai marié un de mes fils. Tous les proches étaient là, mes deux ex-épouses et leurs familles actuelles, ma compagne, nous avions les uns et les autres tout préparé avec soin, mais il y a eu un petit incident. Mon fils avait un contentieux vis-à-vis de ma seconde épouse et il choisit le jour de son mariage pour tenter de le régler, ce qui, évidemment, a gâché tout le lendemain du mariage... Eh bien c'est ça, l'humilité. C'est savoir et accepter ses limites, que je n'ai pas de prise sur tout, je n'ai pas le pouvoir de tout prévoir pour éviter à l'irrationnel de se présenter, de frapper à la porte, de bousculer une harmonie, d'introduire une discorde. Quoi que je fasse pour anticiper et organiser le déroulement de ma vie, il y a des choses qui m'échapperont, sans compter le réveil du passé qui, tel un boomerang, revient parfois ébranler le présent, et bouleverser tous les projets en cours.

L'humilité me renvoie au fait que je suis vulnérable, que je n'ai pas la maîtrise de l'avenir, que je peux me tromper. Je peux envoyer un message à mon bout de la relation, en pensant qu'il sera bien reçu au bout de l'autre, et découvrir qu'il provoque l'inverse de ce que j'espérais ! Il faut beaucoup d'humilité pour accepter qu'il y ait un décalage entre mon intention et la réception, sans accuser, rejeter ou dévaloriser l'autre ou moi-même !

Quel serait alors pour vous, le contraire de l'orgueil ?

Tout d'abord, je ne vois pas l'orgueil comme quelque chose de négatif, c'est son excès qui le sera. L'orgueil est semblable à la flexibilité d'une jeune pousse qui, face à une pression, se redresse, témoigne de sa vitalité, de sa présence, de son aspiration à la lumière, de sa tentative pour atteindre le soleil ! L'excès, c'est quand l'orgueil pousse cette tige à faire de l'ombre à toutes les autres.

Le contraire de l'orgueil ce serait la disqualification de soi.

Pour moi, l'excès d'orgueil est une inflation du moi. Si mon moi est carré et que je préfère le voir rond, je vais maltraiter mon moi, et tenter d'en imposer l'image.

Entre l'orgueil et la disqualification, nous aurions alors la modestie?

Entre les deux je préfère mettre la lucidité.

Avez-vous eu une époque de votre vie où vous avez été soit dans la dévalorisation soit dans l'orgueil?

Cela peut paraître un manque de modestie, mais je n'ai pas l'impression d'avoir été souvent dans l'orgueil. Ce n'est pas un sentiment qui m'est familier. Moi, je suis plutôt dans le doute. J'ai été souvent dévalorisé, et même si je me suis rarement dévalorisé moi-même, cela a laissé des traces.

J'ai plutôt connu le doute, c'est-à-dire que je me suis souvent demandé si ce que je faisais était bien. Je ne me suis pas dévalorisé, mais j'ai douté de la solidité de ce que j'étais, de la validité de ce que je faisais, de la valeur de ce que je produisais, j'écrivais...

Non, décidément, l'orgueil ne m'est pas familier. C'est comme si ce n'était pas pour moi... Il est possible que je manque de modestie en disant cela, mais vraiment, je laisse l'orgueil à d'autres.

Bien sûr je ressens de la fierté quand je lis certains articles à mon sujet dans la presse, des comptes rendus de mes ouvrages, quand je reçois tout ce courrier (jusqu'à cent lettres par jour parfois) de lecteurs enthousiastes et, pendant un bref instant, je brille ou je scintille peut-être un peu plus, mon besoin de reconnaissance s'apaise. Mais l'orgueil c'est faire passer un meuble ordinaire pour un meuble de style ! Moi je sais que je suis l'équivalent d'un meuble ordinaire, mais évidemment avec un petit coup de chiffon, parfois il brille un peu plus qu'habituellement... *(rires)*

J'ai la naïveté de croire que ce meuble rend service, qu'il est nécessaire parfois à la vie quotidienne de certains, et que beaucoup semblent en faire un usage fréquent pour construire autour des relations en bonne santé et des communications vivantes.

CHAPITRE NEUF

La plus belle des qualités :
L'aptitude à accueillir et à amplifier
Le bonheur.

JACQUES SALOMÉ

Une des grandes causes de conflits dans les relations — qu'elles soient conjugales, familiales, filiales, amicales ou professionnelles — est souvent l'argent! Une parole populaire dit même : « Quand il n'y a pas de foin à l'écurie, les chevaux se battent. » Avant tout, pourquoi avons-nous la plupart du temps un rapport à l'argent si conflictuel et si perverti?

Je dois dire que personnellement je n'ai pas de réponse à cela. Je sais bien l'importance de l'argent, non pas en termes d'avoir plus de plaisir ou plus de biens, mais comme je viens d'un milieu populaire, simplement en termes de survie et de sécurité. Je me souviens que dans mon enfance on payait l'épicier à la semaine. À la fin de la semaine, on payait ce qu'on avait déjà mangé ! C'est pourquoi s'il arrivait un incident, une catastrophe, qui faisait qu'on ne pouvait pas payer, l'épicier ne faisant pas crédit une deuxième semaine, l'angoisse et le désespoir habitaient ma mère — qui trouvait cependant toujours une solution pour traverser le passage difficile !

Je ne peux pas répondre d'une façon générale aux problèmes que l'argent suscite, parce que je perçois l'argent comme un moyen. C'est un moyen de transaction opératoire efficace, pour tenter de diminuer l'énorme faille qu'il y a entre mes besoins et les réponses que je peux maîtriser. Je parle bien de besoins et non de désirs. Ce n'est que lorsqu'on a beaucoup d'argent, qu'on s'aperçoit que le fossé entre les désirs et les réponses possibles devient immense, infini. En revanche le fossé entre des besoins vitaux et les réponses possibles n'est pas si large que ça. Il peut cependant devenir une crevasse angoissante quand on est confronté à des manques, à des besoins vitaux, nourriture, chaleur, sécurité, comme, par exemple, les SDF d'aujourd'hui.

J'ai vécu mon enfance et le début de ma vie d'adulte dans un milieu où l'argent était uniquement un moyen pour répondre à des besoins impérieux de survie : la nourriture, les vêtements, le chauffage, un toit pour s'abriter. Comme je l'ai déjà dit, ma mère faisait des ménages et j'entends encore dans mes oreilles la voix suave et autoritaire de la « patronne » : « Tenez, Marie-Louise, peut-être que ça ira à vos enfants... » Nous avons toujours été habillés avec les vêtements des autres. Souvent de beaux vêtements de qualité d'ailleurs, mais trop grands, trop petits... Ce n'est pas grave, mais voyez-vous, pour moi, la notion d'argent a commencé sur ce registre-là, assurer la survie avec un maximum de dignité ! Faire face à l'aujourd'hui et tenir bon jusqu'à demain.

Plus tard, la notion d'argent a resurgi dans ma vie — et c'est important que je dise cela — quand je suis passé du quasi-fonctionnariat, du salariat, à la profession libérale, à trente-cinq ans. Tant que j'étais dans une structure salariale, cette entité me sécurisait. J'étais sur une échelle, avec un profil de carrière évolutive : tel diplôme = tel grade = tel salaire.

En fait, l'argent que je touchais dépendait très peu de moi ; que je travaille correctement ou non, de toutes les façons mon salaire tombait !

Quand je suis entré dans une profession libérale j'ai été amené à me poser la question : « Combien je vaux ? Combien dois-je vendre ma vie ? Combien dois-je ME vendre ? »

Dans un premier temps, je me suis encore laissé définir par les moyens financiers dont disposaient ceux qui me demandaient d'assurer une formation, puis en prenant un peu plus confiance en moi, j'ai été entraîné à mieux me définir, à donner une valeur à mon temps, à mon expérience, à ma compétence.

À ce propos, je vais vous raconter une anecdote qui m'a beaucoup confirmé vis-à-vis de l'argent. J'avais cinq enfants et, à une époque, je suis passé par une période d'inquiétude concernant mon avenir et celui de mes enfants, et j'ai souhaité prendre une assurance sur la vie. L'assureur vient chez moi et me demande : « Pour combien voulez-vous vous assurer ? » Je n'en avais aucune idée, et devant ma perplexité, il ajoute alors : « Je vais vous dire votre valeur. » J'étais stupéfait devant tant d'assurance (c'est le mot exact) ! Il a fait plein de calculs avec des barèmes et me donna son diagnostic : « Vous valez cinquante millions (d'anciens francs). » Je me souviens que j'ai eu un haut le corps, et je me suis écrié spontanément : « Mais je vaux plus que cela ! Je ne vaux pas uniquement ce dont ont besoin mes enfants pour vivre et suivre leurs études en toute sécurité jusqu'à vingt-cinq ans ! » Et par réaction, je me suis assuré pour cent millions (d'anciens francs), le double de l'estimation de ma valeur selon lui !

Ce petit épisode m'a fait beaucoup réfléchir sur la façon dont notre valeur est définie par les autres, à partir de critères qui nous échappent et qui n'ont rien à voir avec ce que nous sommes réellement ! Ce sont toujours d'infimes événements de ma vie qui m'entraînent à faire d'incroyables découvertes qui suscitent interrogations et développements sur le sens de l'existence, et dans ce cas précis sur la valeur que je me reconnais.

Depuis ce jour-là, je ne me suis plus jamais laissé définir financièrement par les autres, c'est moi qui fixais les bases financières de mes interventions !

Ainsi, il m'a quand même fallu arriver à l'âge de trente-huit ans, avant d'être capable de m'attribuer une valeur !

Bien sûr, par la suite, ma valeur personnelle ne m'a pas été confirmée par ma seule valeur financière. Et vingt ans plus tard, j'ai inversé le mouvement. Je faisais alors des conférences avec quelque 2 000 personnes. Je demandais (j'étais très ferme là-dessus) aux organisateurs que le prix de l'entrée corresponde à celui d'une place de cinéma, afin que les conférences puissent rester ouvertes au plus grand nombre, ce qui, à l'époque, correspondait à 40 ou 50 francs. Mes honoraires, avec les frais de déplacements, représentaient 25 % de ce montant. Tant qu'il s'agissait de conférences avec 300 personnes, je gagnais 3 000 francs, si je comptais la préparation, le voyage, etc., ce n'était pas excessif. Mais lorsque j'arrivais à des conférences de 2 000 ou

2 500 personnes, il m'arrivait de percevoir jusqu'à 22 000 francs pour une soirée ! Et bientôt cela m'effraya de toucher autant pour quelques heures de travail et un déplacement. Vingt-deux mille francs, c'est le salaire mensuel d'un cadre moyen, c'est plus que ma mère n'en gagnait en un an, en faisant des ménages ! Cela m'a paru trop d'un seul coup, j'ai renoncé à faire des conférences. Pudeur, prudence, méfiance vis-à-vis de l'argent trop facilement gagné, j'ai toujours gardé cette référence au passé de mon milieu.

Je reste, non pas prisonnier de mon histoire, mais fidèle à mon histoire.

Cette fidélité au passé aide-t-elle à ne pas déraper dans le pouvoir de l'argent ?

Bien sûr, cela aide surtout à ne pas prendre la grosse tête ! *(rires)*

Il est vrai qu'aujourd'hui, avec mes droits d'auteurs, j'ai des revenus extrêmement confortables, mais pourtant je vis sur un mode très simple. Je n'ai pas de résidence secondaire, ni de chalet en montagne ou au bord de la mer, suppléments de vie (mais non d'âme) que je pourrais avoir — je le dis en toute simplicité.

En revanche ce qui a beaucoup changé dans ma relation à l'argent, c'est que je ne suis plus dans une dynamique de survie, je ne suis plus dans l'inquiétude diffuse du manque, la peur de la médiocrité, la crainte du lendemain. Et cela me donne en plus une grande liberté pour aider mes enfants à démarrer dans la vie, pour rester créatif et indépendant vis-à-vis de mes éditeurs.

À propos de votre fidélité au passé, est-ce que votre réussite personnelle et matérielle a été une revanche sur votre passé, sur le milieu pauvre dont vous venez ?

Non, pas du tout. Je n'en parlerais pas en termes de revanche mais en termes de sécurité, en termes d'apaisement. La priorité de la survie a disparu, remplacée par celle de plaisir. Je crois que ma valeur est confirmée par le nombre important de mes lecteurs, et aujourd'hui avoir la sécurité, le confort au niveau de l'argent, est renforcé par un accès plus libre aux plaisirs offerts par la beauté. Dans le sens où l'argent permet d'acquérir de belles choses, de mettre un peu plus de beauté dans une vie : des objets, qui n'ont pas besoin d'être précieux comme les sculptures, ou les tableaux de mes amis artistes, des livres, des arbres (dont pour certains je ne verrai jamais la maturité) pour embellir un espace de vie à venir.

De toute évidence vous avez su mettre l'argent à sa juste place, qui est celle d'un moyen pour mieux être, s'assurer un confort de vie, et aider ceux que l'on aime, mais nous constatons chaque jour que ce n'est pas le cas de tous. L'argent est plus souvent un enjeu de pouvoir, un moyen d'asservir l'autre.

Souvent en effet. Mais, par mon mode de vie et ce que j'enseigne, je n'ai pas besoin d'être dans une relation de pouvoir. Je peux être dans une relation d'autorité, mais pas de pouvoir.

J'ai du pouvoir, quand j'exerce une influence sur autrui par la contrainte, par la contrainte de ma fonction, du poste ou de mon statut que j'ai à un moment donné, par la force, par celle de mon pouvoir financier. À ce propos, il faudra aussi distinguer pouvoir réel et pouvoir fantasmé, celui que l'on prête à l'autre en fonction de son imaginaire ou de l'autorépression que l'on s'applique à soi-même !

J'ai de l'autorité quand j'exerce de l'influence sur autrui, pour lui permettre d'être plus lui-même. Il me semble que dans le domaine où je travaille, celui où j'interviens, les relations de pouvoir seraient grotesques, elles ne seraient pas de mise. Dans mon existence actuelle, j'ai à me positionner dans trois relations principales : relations intimes, proches (compagne, enfants, amis), relations professionnelles (éditeurs), relations sociales (salons et fêtes du livre, contacts avec les lecteurs) et surtout réponses à un courrier qui oscille entre 200 à 300 lettres par semaine !

Dans l'union d'un couple, l'argent joue fréquemment un rôle pervers et difficile à cerner. Pourquoi ?

Dans les relations intimes, il est étonnant de constater que plus de soixante pour cent des femmes ne savent pas combien gagne leur partenaire !

Ce n'est pas l'argent qui est pervers, c'est l'usage qu'on en fait, et surtout les enjeux qu'il cache et les dérives qu'il suscite.

Les femmes auraient-elles un rapport à l'argent très différent de celui des hommes ?

C'est complexe. Certains hommes gardent le contrôle. Par exemple, ils disent : « Je te donne tant pour le ménage, moi, je m'occupe du reste... » Qu'est-ce que veut dire « le reste » ? Le plus souvent, c'est le loyer, les traites de l'emprunt pour l'achat de l'appartement, de la voiture, etc., mais cela peut aussi concerner l'argent qu'il va jouer aux courses ! Certains jouent beaucoup... Et certains gagnent en se gardant bien de le dire à leur femme ! Il y a parfois deux économies parallèles, une visible et une autre plus voilée, dans certains couples.

La question de l'argent dans un couple est beaucoup plus censurée qu'on ne le croit, ou donne lieu à des ressentiments cachés.

Dans un couple où tous les deux travaillent, le salaire de la femme est le plus souvent utilisé pour acheter des choses qui ne laissent pas de traces : la nourriture, les vêtements, les transports ! C'est ahurissant ! Et le salaire de l'homme est utilisé pour acheter des choses qui, elles, sont « montrables ». Ainsi, il peut dire : « Tu as vu ma chaîne-hifi ? Tu as remarqué l'écran de ma nouvelle télé... ? Écoute un peu le moteur de ma BMW ? » Lui peut montrer ce qu'il achète, mais elle, comment va-t-elle montrer les kilos de patates ou de nouilles qu'elle a achetés, et qui sont consommées chaque année par toute la famille ?! C'est plus que consternant ! Tout se passe dans une sorte d'inconscience sincère, chacun cautionne les habitudes de l'autre, sans entendre les frustrations potentielles ! Quand je parle de cela à des amis, le plus souvent ils nient l'impact de ces habitudes. Quand je précise qu'il faudrait trois comptes bancaires : un compte féminin, un compte masculin, et un compte commun, ils restent sceptiques. Un compte commun, dans lequel viendra puiser le couple pour les dépenses diverses du ménage, qui ne doit pas être alimenté moitié moitié, mais au prorata des ressources de l'un et de l'autre !

Imaginons que je gagne 20 000 francs, que mon épouse ne gagne que 10 000 francs, que nous jouions les faux libéraux, pseudo-égalitaires, et qu'au restaurant, on se dise « chacun paye son repas ». Si l'on fait un repas confortable à 500 francs le couvert, ce soir-là ma partenaire s'appauvrit de 1/20e, alors que moi je ne m'appauvris que du 1/40e de mes ressources !

Ainsi, au nom d'un certain libéralisme, avec la plus grande sincérité, j'ai appauvri mon épouse ! Vouloir que chacun mette la moitié dans le pot commun est l'équivalent d'une escroquerie... librement acceptée !

Autour de l'argent, nous trouvons beaucoup de malentendus, de méconnaissance, de tensions, qui vont se répercuter dans la vie affective et sexuelle. J'ai développé tout un chapitre dans *Jamais seuls ensemble*[1] sur ce thème tabou.

Qu'il s'agisse de femmes au foyer ou de femmes travaillant à l'extérieur, on s'aperçoit qu'il existe, dans de très nombreux cas, une dépendance financière envers le mari. L'argent peut alors totalement pervertir les sentiments, c'est-à-dire que pour conserver un certain

1. Éditions de l'Homme.

niveau de vie (notamment quand elles ont des enfants), beaucoup de femmes acceptent une vie intime qui ne les épanouit pas du tout. Cette attitude est même parfois appelée de la prostitution bourgeoise !

Ce n'est pas seulement une prostitution bourgeoise. J'ai envie de dire que c'est une prostitution endémique, car elle atteint tous les milieux. Un certain nombre de femmes sont en représentation, elles gèrent l'intendance du couple, qui fait que monsieur part tous les matins dans les embouteillages avec une chemise propre, cravaté, ciré, nourri par un copieux petit déjeuner continental et qu'il trouvera au retour de quoi restaurer ses forces de production et... de reproduction !

Cependant, pour contrebalancer l'amertume de mon propos — il faut toujours entendre les choses dans leur dualité — notons que 70 % des divorces sont demandés par les femmes ! Il faut vraiment avoir du courage pour faire cela, car très souvent elles sont confrontées à une plus grande précarité, à des conditions de vie plus aléatoires !

Elles payent cher leur liberté... !

La symbolique de l'argent est-elle la même pour l'homme et la femme ?

La symbolique de l'argent sera plus phallique pour l'homme que pour la femme, dans le sens d'un renforcement des conduites d'appropriation, voire de prédation. Le choix de certains moyens de déplacement, par leur caractère agressif, relève de celles d'un prédateur ! Pour la femme, il s'agit plus fréquemment d'une symbolique de séduction et de sécurisation.

Il me semble que, pour la femme, la relation à l'argent est moins fréquemment dans l'ordre du plaisir que dans celle du devoir. Certaines femmes peuvent avoir le sentiment que « ça leur est dû », et parfois à juste titre. En compensation de tâches ménagères, de l'éducation des enfants, du rôle de représentation dont j'ai parlé plus haut...

Chez les femmes, dans le domaine de l'argent, la notion de plaisir me semble plus absente que chez les hommes. Par exemple, si un homme aménage le grenier en salle de jeu, met en place des Velux, etc., une fois cela fait, il est capable de poser tous ses outils, de s'asseoir, d'ouvrir une bouteille de bière et de penser : « Rien que là, j'ai économisé au moins 30 000 francs. Bon sang, j'ai bien travaillé ! Tiens, c'est l'heure de mon feuilleton... », et il laisse tout en place. En revanche, une femme qui vient de repasser sa pile de linge, arrivée à la dernière chemise, ne s'assoit pas nécessairement pour boire un café et n'ose même pas se dire : « Qu'est-ce que j'ai bien travaillé ! », encore moins : « Si j'avais donné tout cela au pressing, ça m'aurait coûté tant... J'ai donc économisé tant... » À la dernière chemise, elle pense déjà qu'elle a un bouton à recoudre, un placard à ranger, la cuisine à préparer, etc. Elle anticipe déjà tout ce qu'elle a à faire, sans éprouver de plaisir ou de satisfaction gratifiante devant la tâche accomplie !

Une femme est davantage dans le non-choix, plus dans le devoir, et souvent dans le non-plaisir face aux tâches réalisées. Les structures comportementales de l'homme et de la femme sont très différentes, en relation directe avec les conditionnements reçus en famille, à l'école. Dans les manuels scolaires, le sexisme est flagrant. Dans les illustrations c'est très visible, un homme joue au tennis, lave sa voiture... Et la femme passe l'aspirateur, fait le repassage...

Comme vous nous l'avez dit, l'estime de soi est très importante dans le domaine des relations. À ce propos, l'argent joue, là aussi, un rôle très pernicieux. D'une part, il apporte — dans notre culture — une reconnaissance sociale : souvent l'estime des autres à votre égard est subordonnée à votre pouvoir d'achat, quand la pauvreté, elle, vous rend sinon méprisable, du moins inintéressant ! Mais d'autre part, au sein même du couple, l'argent ne

devient-il pas également un facteur d'estime de soi à travers le regard de l'autre et non plus seulement un moyen pour mieux vivre ensemble ?

Ce que vous dites est très intéressant, et peut se vérifier tous les jours. Il y a d'ailleurs là une différence très nette entre l'homme et la femme, sur le plan des aspirations à la reconnaissance. Si pour l'homme, l'argent peut représenter (entre autres) un support pour une meilleure reconnaissance venant de l'extérieur, pour la femme au contraire l'argent est souvent le moyen d'obtenir une meilleure reconnaissance à l'intérieur même de son couple. La femme recherche plus une reconnaissance intime que sociale.

« ***L'argent ne fait pas le bonheur*** »***, nous connaissons tous cette phrase. L'argent peut-il même engendrer le malheur ?***

Ce n'est pas l'argent qui contribue, ni au bonheur, ni à l'engendrement du malheur, c'est la relation que l'on a (ou que l'on n'a pas) à l'argent qui contribue à faire notre malheur ou notre bonheur. Je peux être très malheureux en gagnant une très grosse somme à la Loterie Nationale... Même si je l'ignore dans l'euphorie des premiers jours !

La relation de chacun envers l'argent est très liée à son histoire personnelle. Quelles mythologies, quel potentiel de menaces ou de sécurité représente l'argent dans notre famille d'origine ?

En ce qui me concerne, je n'avais pas d'argent de poche... Je devais donc le gagner, le voler (très peu !) ou l'échanger, faire du troc. Ainsi, quand je désirais quelque chose, cela me rendait extrêmement créatif. Puisqu'on ne pouvait pas acheter, on fabriquait ! Je me souviens qu'un de mes grands rêves d'enfant de huit ans était d'avoir un Solido. À l'époque, c'était un pistolet fait dans une matière qui ressemblait à de l'aluminium. Certains, très recherchés, avaient un barillet qui tournait ! Mon rêve était d'avoir un Solido, le revolver des cow-boys ! *(rires)* Mais le prix chez le marchand en était inaccessible. Je ne sais plus combien de choses j'ai dû échanger, troquer, et j'ai fini par l'avoir ! Quelle victoire !

Aujourd'hui, les revolvers, mitraillettes, bazookas en plastique, crachant le feu, s'achètent et se jettent. Les trocs, les échanges sont devenus plus rares, car les objets sont devenus plus périssables !

Les enfants sont engagés dans une dynamique de consommation, plus qu'incités vers une dynamique de créativité.

Vous êtes quelqu'un de très généreux. L'avez-vous toujours été, ou est-ce que cela aussi s'apprend ?

Dans le domaine de la générosité il y a au moins deux niveaux, dont l'un est presque pathologique. Moi, je ne savais pas demander et je ne savais pas refuser. J'étais donc uniquement dans le recevoir et le donner. Alors, évidemment, étant dans cette dynamique, ça ne me coûtait pas beaucoup de donner ! Je n'ai pas eu besoin d'apprendre, puisque j'étais poussé par ma dynamique dominante : donner, donner. Je donnais gratuitement, sans espoir d'un retour, sinon d'être apprécié et peut-être plus aimé. En donnant, j'achetais implicitement un peu d'espoir d'avoir plus d'amour ! Ce fut une dynamique éprouvante. Puis, avec l'âge, les rencontres significatives, j'ai quand même appris à mieux demander, à mieux recevoir, et donc à refuser, et par là même à mieux donner ! Je ne sais si vous suivez le cheminement complexe !

Ensuite, dans une troisième étape, maintenant, je connais le plaisir de donner, pour agrandir mon plaisir dans le plaisir de l'autre !

Étant d'un naturel inquiet, et venant d'un milieu pauvre, cela aurait pu — comme c'est le cas pour beaucoup de gens — bloquer tout élan de générosité ?

Oui, peut-être, mais je viens d'un milieu où l'insécurité et la précarité étaient largement compensées par la solidarité. Même si moi, j'ai eu du mal à demander et à recevoir, dans mon milieu on savait recevoir et demander avec beaucoup de liberté et un savoir-vivre pudique. On rendait en convivialité, cette générosité du bien être ensemble.

Il n'y avait donc aucune humiliation à solliciter la solidarité des autres?

Pas du tout. C'était une vraie solidarité, faite d'élans, de services rendus, d'échanges. Dans notre quartier, nous étions dans le même panier (la même nasse!). Nous avions tous traversé des manques, des souffrances, et nous savions que nous pouvions compter sur les autres. Personne n'hésitait à demander à son voisin un œuf qui faisait défaut pour allonger une omelette, un oignon pour améliorer la soupe, un bout de pain ou un peu de lait pour compléter un dessert ou un petit déjeuner. Moi, je n'aimais pas demander, je restais en retrait.

Nous voyons de plus en plus de bénévoles qui se portent volontaires pour faire œuvre de soli-

darité envers les plus démunis ou les plus exposés. Cette solidarité est une prise de responsabilité envers la vie de l'autre. Est-ce que ce peut être aussi un premier pas vers l'autoresponsabilisation ou est-ce que cela n'a rien à voir?

Sincèrement, je ne crois pas qu'il y ait plus de solidarité aujourd'hui que par le passé. Il y a une meilleure organisation de l'assistanat et, paradoxalement, moins de solidarité. C'est-à-dire que cette solidarité directe, dont je parlais plus haut, d'étage à étage, de palier à palier, de maison à maison, de rue à rue, de quartier à quartier, s'est considérablement affaiblie. L'assistanat bureaucratique, plus ou moins aveugle et manipulé, domine, me semble-t-il, aujourd'hui!

Il n'empêche qu'il existe pourtant des élans de solidarité importants, par exemple lors de la guerre du Kosovo ou de la grande tempête qui a ravagé la France en décembre 1999.

Il y a des mouvements, oui, mais pas d'élans. Et paradoxalement, le mouvement fut moins important pour la tempête de fin 99, que pour le Kosovo.

Mais pourquoi?

Au Kosovo, d'un seul coup, on a vu la souffrance infligée à des hommes par d'autres hommes, une souffrance qui peut être réparée par d'autres hommes. La tempête, elle, est une violence aveugle qui nous tombe dessus, et l'on attend surtout que les secours viennent de l'État...

C'est paradoxal, mais il semble que lorsque la tragédie vient de l'homme, la solidarité soit beaucoup plus forte; comme si nous voulions atténuer la violence de nos semblables sur nos semblables par un peu plus d'amour, de bienveillance. Quand elle vient de forces ingérables, notre solidarité est plus discrète.

Même si ce n'est pas très conscient chez tous, en tant qu'êtres humains nous nous sentirions responsables des horreurs que d'autres ont perpétrées sur leurs semblables?

D'une certaine façon, oui. Car, à travers cela, nous découvrons que cette violence est en chacun d'entre nous. Pour l'instant, elle est agie par d'autres que nous-mêmes, mais elle ne fait que refléter la violence potentielle que nous avons tous. Tout combat véritable contre la violence commence à l'intérieur de soi. Combattre la violence en soi est la première démarche du non-violent.

Si, comme vous le dites, la solidarité de maison à maison, de rue à rue, n'est plus très présente, une autre solidarité brille elle aussi par son absence : la solidarité familiale. Est-ce uniquement une question d'éloignement géographique (qui n'avait guère lieu jadis) ou plus profondément une perte des valeurs familiales ?

Il y a plusieurs raisons à cette perte de solidarité familiale. Comme vous le rappelez, il y a eu ce passage de ce qu'on appelait autrefois « la famille élargie », donc solidaire parce que vivant dans une implantation géographique commune de quelques centaines de mètres, à la « famille nucléaire » réduite à un homme, une femme, un ou deux enfants, isolés; parfois éloignés de plusieurs centaines de kilomètres du reste de la famille d'origine. Dès lors, on ne peut compter que sur soi, et de moins en moins sur ses parents. Il y a un repliement sur ses propres ressources.

Puis, à mon sens, il y a une autre raison plus complexe, moins avouable. Autrefois, les enfants étaient une richesse, un don du ciel. On faisait des enfants pour avoir des bras, et ces enfants allaient contribuer sinon à la fortune familiale, du moins à la survie familiale. Aujourd'hui, au contraire, un enfant coûte cher ! Nous sommes donc passés de l'enfant richesse, à l'enfant coûteux, et maintenant à l'enfant risque, à l'enfant panique (drogue, violence, suicide...). Actuellement, un couple qui a des enfants s'appauvrit. Peu de personnes osent se l'avouer, mais on l'énonce distraitement dans une conversation : « Ah, il me coûte cher ! » L'enfant, s'il est à l'origine d'un certain nombre de gratifications narcissiques, est à l'origine aussi d'un certain nombre de privations matérielles et de beaucoup d'angoisses.

Ce qui entraîne beaucoup d'ambivalences.

Par exemple, la plupart des parents essaient, inconsciemment, de récupérer cette « perte » ou ce « coût », en disant : « Je t'ai donné ceci ou cela, tu dois donc me le rendre en travaillant bien à l'école, en ne me donnant aucun souci... Avec tout ce que je fais pour toi... Tu devrais être plus ou moins, et de toute façon différent de ce que tu es ! »

En fait nous sommes passés de la solidarité familiale au troc relationnel ! Et tout ceci bien sûr n'est pas très avouable...

Les enfants se défendent, d'une certaine façon, de ce sentiment d'avoir une dette à rembourser par une rupture du lien, par un désengagement social. Ils sont capables de rester incrustés jusqu'à vingt-cinq ans au foyer familial, sans se sentir engagés. « Il est comme à l'hôtel, il va, il vient, on ne sait jamais quand il est là, il ne nous parle plus. Il ne me dit jamais merci pour son linge propre... Il trouve cette situation normale... »

Bien que ce soit pour d'autres raisons qu'un éclatement géographique, votre famille était néanmoins une famille restreinte : la mère, le père (ou beau-père) et deux enfants. Si la relation avec votre frère fut au début très tumultueuse et parfois conflictuelle, comment a-t-elle évolué par la suite?

Trois étapes. La petite enfance. Là, j'ai vécu mon frère comme un rival, dont il fallait se débarrasser. Puis, l'enfance, et la coupure liée à mon séjour en sanatorium. Et l'adolescence, période de retrouvailles et d'amitié.

Dès l'adolescence, et jusqu'à environ l'âge de vingt ans (ensuite je me suis exilé en région parisienne et nos vies se sont séparées) nous avons alors eu des rapports extrêmement chaleureux, des rapports d'amis. Par exemple, j'étais aux Eclaireurs de France, responsable de clan, et mon frère est à son tour devenu responsable de ce même clan. D'une certaine façon, il a pris la suite. On se complétait beaucoup. Lui était quelqu'un de très actif, très dans le « faire », et moi — ne serait-ce que par mes problèmes physiques — j'étais plus dans la réflexion, dans l'intériorisation.

La rivalité de la petite enfance a porté sur un enjeu précis : le sentiment qu'il m'avait volé ma maman, avec tout l'imaginaire qui s'était greffé autour. Mais cela n'a duré que les dix premières années de ma vie. Le fait, entre autres, que je m'absente pendant quatre ans de la famille, période durant laquelle il a pu avoir toute la place, a réparé et recadré beaucoup de choses. Cette rivalité, ces sentiments négatifs qui ont empoisonné une partie de notre enfance sont alors devenus caducs. Il en reste au profond de moi des cicatrices qui se sont réveillées à l'occasion de jalousies amoureuses, mais qui aujourd'hui se sont bien apaisées.

Et aujourd'hui, à l'âge adulte, qu'en est-il de vos sentiments à l'égard de votre frère ?

Aujourd'hui, nous avons une relation d'amour et de reconnaissance mutuelle. J'aime mon frère, je me sens aimé par lui. Je l'admire pour ce qu'il a fait, pour la façon dont il conduit sa vie avec cohérence, courage et joyeuseté. Il a été professeur de mathématiques, un très bon professeur. J'ai eu l'occasion de voir chez lui d'anciens élèves venus en visite, qui avaient vraiment une admiration et un réel respect pour cet homme qui est mon frère. Je sens qu'il est également assez fier de la popularité que j'ai au travers de mes ouvrages.

L'admiration et l'envie sont des sentiments qui sont souvent liés à notre relation aux autres. Nous pouvons connaître l'un ou l'autre ou encore les deux ensemble. Si l'admiration est considérée comme un sentiment plutôt positif, il est clair que l'envie est une émotion négative qui peut entraîner le ressentiment, la haine et l'exclusion. Pourtant le moteur initial de l'envie est tout de même le désir. Quelle est l'origine de l'admiration ? Et à quoi attribuez-vous ce dérapage du désir vers l'envie ?

L'essentiel de notre existence se construit autour de besoins, d'envies et de désirs. Tout besoin a besoin d'une réponse, c'est la lutte pour la survie. L'envie se nourrit d'images et de représentations, le désir, lui, s'investit sur un objet (sujet désiré). Nous allons naviguer ainsi, au plus près des réponses possibles, pour combler la faille entre attentes et satisfactions.

L'admiration vient d'abord du fait que nous avons besoin de modèles. Nous pouvons ainsi percevoir chez quelqu'un des traits de caractère, des compétences, des ressources, des qualités, qui vont nous servir de références, pour essayer de construire les nôtres. C'est le fondement de l'admiration. C'est un mouvement de reconnaissance, car pour que je puisse vous admirer, encore faut-il que je reconnaisse que vous puissiez être admirable — qu'il s'agisse de vos yeux, de votre coiffure, de votre façon d'écrire les livres, d'élever vos enfants, de soutenir ou de stimuler un échange.

En revanche, l'envie ne s'appuie pas du tout sur la même dynamique. L'envie s'appuie sur un mouvement d'appropriation en vue d'une réduction, et presque d'une destruction. Si je vous envie, c'est d'une certaine façon (plus ou moins consciemment) pour tenter de détruire ce pour quoi je vous envie ! Si je vous envie d'avoir du succès auprès des hommes, c'est qu'en réalité je veux que vous ayez moins de succès, avec l'espoir caché que je pourrais en avoir un peu plus. Je crois que l'envie est un mouvement porteur de négation et de destruction. Soit directement : si je peux vous glisser des peaux de bananes, vous mettre mal à l'aise dans un groupe ou face à une situation délicate. Quelqu'un dira « c'est formidable, vous conduisez avec beaucoup d'harmonie votre vie professionnelle et votre vie familiale... », et moi j'ajoute « Oh, elle a trois enfants, mais elle n'est jamais là ! » *(rires)*. Ou, indirectement, par des rumeurs, par des sabotages, des calomnies, des petites pointes d'ironie, de disqualifications voilées qui visent à déposséder l'autre de ce qui me fait justement l'envier !

Le mécanisme de l'envie trouve, il est vrai, un terrain d'élection sur les personnages populaires, célèbres, ou médiatisés. C'est un des prix à payer de la popularité, cela semble donner le droit aux gens de parler *sur* vous. Moi qui, par exemple, ne parle pratiquement jamais sur un tiers, je suis fréquemment l'objet d'une appropriation de ma personne : « Comment ! Il a divorcé ! Il a cinq enfants ! Il a deux voitures ! » Mes façons d'être, de me comporter, font l'objet de commentaires, d'analyses, de critiques. « Oui, oui, il a toujours une femme dans les bras... ! » ; « Il ne peut pas s'empêcher de séduire, je vois bien à la télé, il fout tout le monde dans sa poche... » ; « Au fond, c'est toujours le même livre qu'il écrit, je ne comprends pas pourquoi les gens le lisent encore... ? » ; « Il n'apporte rien de nouveau, c'est trop facile, de toute façon, ça ne marche pas... »

Voyez, j'apporte là de l'eau au moulin de mes détracteurs !

Au départ de l'envie, n'y aurait-il pas aussi une sorte d'admiration qui ne parviendrait pas à s'assumer ?

Je ne crois pas. Il y a simplement le fait que le succès de l'autre nous renvoie à nos propres manques, et c'est quelquefois insupportable. Je ne vous en veux pas parce que vous avez réussi, je vous en veux parce que vous êtes la preuve évidente que j'ai échoué !

Pour être plus objectif, il faut aussi parler des

autres sources de l'envie, qui sont la frustration, la non-reconnaissance, l'injustice. Les sources de l'envie sont très complexes et sont souvent liées à l'image de soi. Je trouve qu'en psychologie, nous n'avons pas assez travaillé sur les comportements et les conduites, que l'on a non pas en fonction de la situation de l'autre ou de soi-même, mais en fonction de l'image de soi. Ce nourrissement, parfois compulsif, de l'image de soi nous bouffe une énergie considérable, nous fait produire des actes, ou nous faire dire des choses ou adopter des comportements qui sont complètement ahurissants, en décalage avec la réalité d'une situation ou d'une personne, et que nous n'aurions pas, si la sauvegarde de l'image de soi n'était pas en jeu.

L'irruption de votre petit frère dans votre vie — à l'âge de quatre ans — vous volant votre maman a été pour vous (comme pour beaucoup d'enfants) une épreuve difficile. Avez-vous été envieux de lui ?

Je ne l'ai pas vécu comme de l'envie. Aussi loin dans le passé que je puisse me projeter, je l'ai davantage vécu comme une dépossession. Il me dépossédait de la partie maman que, jusqu'alors, je n'avais eue que pour moi. Je ne pense pas que je l'ai envié, je l'ai imité. À nouveau, je réclamais de la bouillie, je refaisais pipi au lit, je régressais au niveau du langage, etc. En réalité, je ne visais pas à m'approprier quelque chose de lui, je visais surtout à ce qu'il disparaisse ! Qu'il disparaisse, non pas parce que j'avais des sentiments très négatifs envers lui, mais parce que j'imaginais que cela me permettrait de retrouver ma maman... pour moi tout seul !

Au cours de votre vie, avez-vous connu des moments où vous avez été envieux et avez dû combattre ce sentiment ?

Oui. J'ai d'ailleurs un souvenir très net. J'étais en CM1, il y avait deux jumeaux qui étaient toujours premiers de la classe et leur mère était directrice d'école. Ils n'avaient jamais de punitions, ils ne faisaient l'objet d'aucun jugement disqualificatif, agressif, dévalorisant, de la part de l'instituteur. Ils étaient toujours propres, bien habillés, ils n'avaient jamais de vêtements rapiécés ou déchirés, bien coiffés. Ils étaient grands, blonds, beaux. Et j'aurais terriblement voulu devenir comme eux... C'est-à-dire pouvoir obtenir les mêmes louanges ! D'abord parce que, moi, j'étais un petit noiraud, plutôt « rachtèque » *(rires)*, et que j'aurais voulu avoir les marques de considération qu'ils recevaient. Toutes celles que moi je n'avais jamais reçues. À cette période se rattache une blessure toujours vivace en moi, celle de ne pas me sentir compris. Avec, parfois encore aujourd'hui le sentiment désespérant qui me plonge dans un gouffre d'une tristesse infinie que, quoi que je fasse, je ne serai jamais compris ! C'est très fort, cette croyance ancienne... Cela me donne l'impression qu'il peut y avoir une cloison transparente, épaisse, indestructible, entre autrui et moi, que rien ne pourra supprimer...

Ensuite, beaucoup plus tard, j'ai également eu des envies que j'appelle réactionnelles, épidermiques. Encore aujourd'hui, par flash, par exemple envier tel auteur de ma maison d'édition dont je vois (dans les locaux du siège social) la publicité, avec une belle photo de lui grandeur nature ! Le sentiment qu'on fait beaucoup pour lui — trop —, qu'on le soigne, que c'est un « poulain » chéri...

Mais cela se dégonfle très vite, je peux rire de tout cela, mon ego s'apaise, alors qu'autrefois cela aurait envahi plusieurs soirées.

Cette envie vient d'un sentiment d'injustice ?

Oui, le sentiment diffus qu'on n'en fait pas autant pour moi que pour lui. Et que ce n'est pas juste. Cette envie-là porte sur le problème de l'égalité. On devrait me traiter avec la même considération !

Tout cela a quelque chose de puéril, et en même temps c'est si important car les ramifications en sont profondes et touchent aux situations douloureuses de mon enfance !

Lorsque vous ressentez cette envie, cela se traduit de quelle manière ? Par des actes ?

Non, surtout par une surenchère de mon imaginaire. Ma petite composante paranoïde reprend le dessus et je me dis : « Je ne vais sûrement pas rester avec cet éditeur ! Je mérite mieux que ça... ! » Etc. C'est en même temps un épisode à tonalité persécutoire et une tentative de restauration de mon image. J'ai pratiqué ce processus durant toute mon enfance, comme je l'ai déjà dit, à travers des rêves éveillés. Chez moi, tout cela ne se joue pas tellement dans le passage à l'acte, dans l'agression verbale, mais davantage dans les méandres et les labyrinthes de l'imaginaire. Avec toutes sortes de productions fictives où j'invente des dialogues intérieurs qui me revalorisent. Puis, au bout d'un moment, cela se dégonfle comme une baudruche, et je reprends une place plus lucide.

Même si au départ l'envie est parfois destructrice, à terme vous parvenez à la transformer en élément positif pour vous-même ?

Le plus souvent cela se passe comme cela. Aujourd'hui, je m'empoisonne de moins en moins durablement. Quand je m'embarque dans l'autorépression, j'en perçois plus vite les pièges, l'aspect répétitif, et il m'arrive plus souvent d'éclater de rire en « voyant » tout ce qui se met en place dans ma tête, images, fantasmes, déclarations tonitruantes avec lesquelles autrefois je me persécutais des soirées entières.

Êtes-vous quelqu'un de facilement admiratif ?

Oui. J'ai souvent des coups de foudre. J'ai des emballements, pour un livre, pour un film, pour une personne, pour un morceau de musique. Bien sûr, après il peut y avoir des réajustements, je peux être déçu. Mais c'est rarement le cas, je suis assez fidèle à mes coups de cœur. Dans ma vie, j'ai deux états qui dominent : un état d'indignation quasi permanent, je m'indigne contre l'injustice, la méchanceté, la mesquinerie, l'étroitesse, la bureaucratie, le temps perdu, la médiocrité..., et un état d'émerveillement qui peut se développer en ravissement, en enchantement. Je suis rarement indifférent.

Vous êtes donc particulièrement réactif Contrairement à certaines personnes, la vie et ses épreuves n'ont pas réussi à vous rendre tiède ?

Non. Je ne suis jamais dans la démission. Parfois je peux être dans le découragement, mais je ne démissionne pas. Je peux me désespérer, mais je n'abandonne jamais, je garde toujours l'espoir d'un changement possible. Sauf avec l'Éducation nationale ! Là, je doute sérieusement... *(rires)*

Est-ce que le fait d'avoir des émotions toujours aussi entières ne vous met pas un peu en danger ?

Oui. Cela me met en danger d'être déçu. C'est à ce moment-là que je me replie sur mon indignation... ! *(rires)*

Elle ne me fait jamais défaut. Je n'ai pas besoin de la cultiver, elle se renouvelle avec une facilité... épouvantable !

Le mot « démission » évoque le renoncement. Un des points majeurs de la vie de chacun est d'apprendre à choisir. C'est un point majeur, car des choix inévitables s'imposent à nous tous les jours, mais aussi très délicat car le choix implique le renoncement. Comment

apprendre à choisir sans que le renoncement devienne une frustration ou une démission?

Vous touchez là un des points essentiels de ma dynamique personnelle. Pendant très longtemps, plus de trente ans, j'ai été dans l'incapacité de renoncer. J'étais dans une dynamique pernicieuse : dans le tout ou rien. Y compris dans le domaine de la vie intime : si j'avais envie de faire l'amour et que ma femme ne voulait pas, je me tournais violemment, je boudais, et si, dans la nuit, elle faisait des gestes d'approche parce que son propre désir s'était réveillé, je refusais, je me privais en bougonnant : « Tu n'as pas voulu hier soir, c'est trop tard... C'est fini... ! » C'était une attitude plus que puérile... Infantilisante et autodestructrice. Par des comportements réactionnels, je mettais ainsi en danger une relation, pour moi, essentielle. Dans mon histoire affective, j'ai souvent, par des comportements réactionnels excessifs, outranciers, mis à l'épreuve les relations les plus importantes pour moi. Comme si je voulais en éprouver la solidité, la validité ou la fiabilité. En prenant même le risque d'une déchirure ou d'une rupture, tant était fort mon besoin de me rassurer, et malgré le danger de, justement, provoquer ce que je craignais le plus !

Cette dynamique du « tout ou rien » a donc entretenu mon autoprivation pendant très longtemps, puis je suis passé à une dynamique moins régressive où j'étais capable de choisir et, comme vous le dites, de renoncer. Là, ce sont des combats, des luttes internes, ce que j'appelle des conflits intrapersonnels, à traverser.

En fait, avant de passer à l'inter-négociation (la négociation avec l'autre), il faut apprendre à passer par l'intra-négociation qui est la négociation la plus délicate à conduire, celle avec soi-même !

Apprendre à choisir et à savoir renoncer relève de tout un cheminement qui porte sur plusieurs strates ; sur la démystification de la toute-puissance du désir, sur la relativité des désirs et leur évolution dans le temps et l'espace, sur la capacité à faire un retour sur soi à partir du comportement de l'autre, de son écoute, de sa stimulation et surtout d'un positionnement clair de sa part.

Être adulte, c'est aussi être capable de différer la satisfaction, ou le plaisir lié à un désir, sans se déstructurer, sans faire pipi par terre et se rouler dedans en hurlant à l'injustice ! *(rires)*

Certains choix sont beaucoup plus difficiles que d'autres à faire, notamment ceux qui nous engagent sur une longue durée, par exemple dans le domaine professionnel ? Dans ce cas-là,

l'estime de soi n'est-elle pas un facteur déterminant dans notre capacité à choisir et donc à oser?

Tout à fait. Les engagements significatifs de notre vie seront déterminés par l'estime de soi, la confiance en soi et surtout ce que j'appelle l'autonomie affective. À mon sens, ce concept d'autonomie affective est extrêmement important, parce qu'il touche aux conflits de fidélité que je peux avoir envers mes parents ou les personnages clés de ma vie.

Un jour, on m'a posé cette question : « Qu'est-ce que la sagesse ? », et j'ai répondu : « C'est la capacité de dire oui ou non à soi-même, sans se blesser, sans se déséquilibrer, sans se meurtrir. Il faut que le oui que je me donne soit un oui entier. »

Vous dites que pendant trente ans vous avez été incapable de renoncer. Durant cette période quel est le renoncement qui vous a le plus coûté?

Ce fut un renoncement en amour. Le renoncement à pouvoir conduire deux relations amoureuses en même temps.

Face aux renoncements les plus difficiles : renoncer à être aimé tel que nous le souhai-

tions, renoncer à être reconnu tel que nous en avions besoin, renoncer à un confort matériel tel que nous en rêvions, le bouddhisme prêche le non-attachement. Pensez-vous que ce concept de non-attachement soit accessible à notre culture occidentale ?

C'est un concept difficile à mettre en pratique en Occident, c'est pour cela que je pense qu'il a été récupéré, adapté et un peu dévoyé, par ceux qui y font référence. La culture occidentale est une culture de consommation, d'appropriation et d'exploitation à visage découvert ou sous des aspects plus voilés, et elle est donc à l'inverse de la culture bouddhique du non-attachement, cultivant le non-désir et la non-possessivité.

Si je reviens à mon propre cheminement, il me semble que j'ai souvent comblé, que j'ai biaisé, les frustrations qui ont pu surgir tout au cours de ma vie, par une culture de l'imaginaire. Une vie imaginaire très dense, avec dans la tête, sans arrêt, plein de dialogues, remplis de situations diverses et de projets tous azimuts : « Je ferai ceci, je ferai cela ; je lui répondrai ceci ou cela, etc. » J'ai vécu de longues années une double vie : une vie d'actions, d'engagements, de responsabilisations diverses, et, en parallèle, une vie qui se situait dans un univers imaginaire, très bouillonnant, très diffus, qui ne me laissait pas en repos. Et même si la réalité était trop fréquemment frustrante et en décalage avec mes attentes, mon imaginaire, lui, l'était rarement, et me comblait de satisfactions ludiques, esthétiques et oniriques !

Le non-attachement est parfois appelé l'art du détachement. L'ultime détachement serait-il la mort ?

Je me hasarde peu à parler de la mort, parce que je ne sais pas ce que c'est... Et je défie quiconque de le savoir... Je n'ai qu'une seule certitude quand quelqu'un meurt, c'est que je ne le verrai plus, je ne pourrai plus entrer en relation directe avec lui et lui-même ne pourra entrer en relation avec moi. Vous entendez que ma certitude s'oppose donc à des croyances sur la vie après la vie et sur l'intervention possible des morts sur la vie des vivants. Après ma mort, il y aura peut-être le souvenir de mes livres, celui de mon enseignement, quelques traces éparses de réalisations — tous les arbres que j'ai plantés, la maison que j'ai construite et surtout l'existence de mes descendants, creusant leur propre sillon, développant leur propre rayonnement. Après une mort, il n'est pas possible d'établir une relation directe avec celui qui a disparu, mais il est toujours possible d'établir une relation imaginaire, alimentée par le souvenir... Et peut-être s'appuyer sur les quelques jalons d'un enseignement, déposés par de nombreux stages, conférences, confortés par quelques livres. Peut-être restera-t-il quelque chose de moi à recueillir par des passeurs de vies à venir...

CHAPITRE DIX

Puisse un jour que les femmes
Ne doutent plus de leur pouvoir
Et osent l'agrandir
Jusqu'aux rires des étoiles.

JACQUES SALOMÉ

Nous sommes à l'ère du virtuel et avec l'arrivée d'Internet, la communication avec nos proches, comme notre relation au monde peuvent, elles aussi, devenir virtuelles. Est-ce un piège, une dérive de la communication, ou s'agit-il du type de relation du troisième millénaire?

Je prendrai votre question un peu en amont. Je crois que l'amour est une invention récente dans l'histoire de l'humanité. Invention qui, vraisemblablement, date d'à peine quelques milliers d'années. Nous pouvons imaginer qu'au début de l'humanité, il n'y ait pas eu d'amour puisque l'homme était dans la survie, dans la reproduction, et essentiellement dans des rapports de force ou d'exploitation mutuelle.

Il n'y avait ni le temps ni l'espace pour introduire de l'amour, et avoir une quiétude suffisante pour le vivre.

Puis l'amour est arrivé, avec la douceur d'un regard plus accentué sur l'autre, avec l'esquisse de quelques caresses, avec au-delà d'un désir de protection des sentiments nouveaux, admiration, confiance, abandon, projection dans le futur. Au début, il devait être essentiellement dans l'imaginaire, avec un décalage extraordinaire entre une idéalisation des sentiments, des enthousiasmes, des émerveillements qu'il était susceptible d'éveiller, et la réalité : le maintien de l'exploitation de la femme, la présence des rapports de forces « dominant-dominé », etc.

L'histoire des deux mille dernières années est une histoire où l'amour idéalisé et rêvé, l'amour imaginé, l'amour romanesque, tentait de se faire une place pour s'inscrire dans l'amour de réalité, au quotidien de la vie. On peut essayer de croire que certains le rencontraient dans leur réalité quotidienne, mais je peux imaginer que l'ouvrier de *Germinal*, qui travaillait quatorze heures par jours, ne le fréquentait pas souvent. C'est comme s'il n'y avait ni l'espace ni le temps de lui faire de la place; comme s'il n'y avait pas un temps de vie pour le cultiver, pour l'amplifier, pour l'habiter au jour le jour !

Il y avait bien sûr de l'amour qui circulait dans la fluidité des sentiments, mais il était tellement recouvert par l'urgence du quotidien, qu'il devait être vite dévoyé et remplacé par la paisible indifférence de l'habitude... !

À notre époque, depuis environ un demi-siècle, il me semble que l'amour a tout de même réussi à se faire une place plus grande et qu'il cherche à cohabiter dans la durée. Dans les siècles précédents, tout se passait comme si l'amour n'avait de place que durant la période du temps amoureux, celle du temps de la découverte, de la rencontre, mais ensuite que cet amour-là semblait très mal résister à la durée, à l'usure du quotidien, aux pièges de la routine, au matraquage des inévitables malentendus et pollutions relationnelles de toutes sortes.

Depuis un siècle, on tente de faire un peu plus de place à l'amour, d'en faire un des enjeux constitutifs de la relation de couple.

Aujourd'hui, il est à la fois magnifié et considérablement maltraité.

L'amour est mal aimé.

Il y a des hémorragies, une fuite dans ce que j'appelle les pseudo-amours.

Alors, le fait qu'il y ait également une sorte de fuite vers des unions virtuelles me paraît être lié à un phénomène de balancier. À l'origine, l'amour était très loin des hommes ; il a fallu beaucoup de temps pour qu'il s'en approche, encore longtemps pour qu'il s'inscrive au quotidien, et maintenant qu'il commence à y parvenir, il y a à nouveau un mouvement de bascule, nous fuyons une fois de plus dans un imaginaire en décalage complet avec la réalité, cette fois dans un virtuel qui paraît accessible, facile à atteindre, avec une communication simplifiée (réduite à un jeu de questions-réponses et des rencontres aseptisées sur un écran).

Il est donc possible que dans quelques décennies, nous n'ayons même plus besoin d'établir une relation directe, de face-à-face, de corps à corps. On recevra des signaux, des stimulations, spécialement étudiés pour déclencher en nous des émotions, des désirs, des états d'âme !

Il est même possible que l'on fasse alors l'amour à distance, par images en trois dimensions...

À propos de cette fuite vers le virtuel (qui n'est pas encore très importante), et ouvrant à la possibilité de *relations* virtuelles (il ne s'agit pas encore d'amour, mais seulement de relations), pour le moment je suis partagé. Même si pour ma part je résiste encore à Internet, j'ai vu mes enfants se passionner, établir dans un premier temps des relations virtuelles avec des inconnus à l'autre bout de la planète, et puis un jour, ces relations se sont inscrites dans le réel avec un rendez-vous fixé, un voyage prévu. Si au début ils échangeaient des informations, par la suite, ils échangèrent des sentiments et du vécu dans des rencontres réelles. Dans le domaine de leur profession, cela leur a souvent été très utile.

Tant que l'on reste dans le domaine professionnel, Internet peut être réellement utilisé comme un moyen. En revanche dès qu'il s'agit de sites à visée « affective » les motivations et l'avenir demeurent plus flous. Chercher l'amour derrière un écran suggère-t-il une pathologie d'inhibition, ou s'agit-il au contraire de l'état d'esprit moderne ?

Moi je crois qu'il s'agit d'un outil mis au service d'un mouvement qui existe déjà, la possibilité d'échanger des informations sur l'ensemble de la planète, en temps réel. Sauf que là, l'éventail s'ouvre plus largement.

Que se passe-il dans la rencontre dite réelle : on se découvre au-delà de l'image que l'autre nous montre de lui. Au début d'une relation, on peut se rencontrer et s'aimer à partir de l'image que chacun propose (l'aspect projection reste important), mais dans la durée, nous aurons à vivre avec des personnes réelles, habitées par un passé, par une histoire...

Ainsi, on pourrait se dire qu'au départ toute

rencontre amoureuse est fondée sur un leurre, celui des belles images que chacun propose à l'autre, et à partir desquelles il va se faire désirer, aimer, choisir...

Le phénomène Internet me semble accélérer tout cela. Là où quelqu'un avait la chance de pouvoir rencontrer dans sa réalité vingt ou cinquante personnes dans une année, à travers Internet il pourra en rencontrer trois mille !

Mais si le phénomène Internet est un phénomène d'accélération, d'ouverture, de stimulation, les mêmes pièges, les mêmes risques demeurent. Car au-delà de la rencontre virtuelle, il faudra affronter et vivre la rencontre réelle. Autrement dit, étant donné que l'on a déjà mis des milliers d'années à s'approcher de l'amour ou à accepter qu'il s'approche de nous, et quelques autres centaines de siècles à réellement commencer à l'intégrer dans notre vie, nous risquons à nouveau par un mouvement de bascule de nous éloigner, de laisser l'amour uniquement dans l'imaginaire, et de privilégier les rencontres fonctionnelles : procréer à minimum, ne pas s'ennuyer, faire des projets de consommation...

En fait il y aurait peu de différence entre ce qu'on appelle le virtuel et ce que l'on croit être le réel ?

Il y a très peu de différence car même si le virtuel, dans un premier temps, risque de mobiliser, de rassembler l'essentiel de la communication interpersonnelle et sociale, pour qu'elle puisse durer, pour être alimentée, il faudra qu'elle puisse quand même passer par une phase de rencontre réelle.

Sincèrement, je ne crois pas qu'Internet puisse nous faire découvrir l'amour ! Cet outil peut simplement nous donner plus de moyens de rencontrer quelqu'un susceptible de devenir un objet d'amour — « objet d'amour » au sens psychanalytique, ce qui nous renverra à notre capacité intime de le vivre, l'amplifier ou le saboter... Tout comme aujourd'hui !

Il existe aussi une autre utilisation, un peu trouble, d'Internet : aujourd'hui, dans beaucoup de couples, tous les soirs l'un des deux se connecte pendant plusieurs heures sur « la toile », au détriment bien sûr de leur vie intime. Qu'en pensez-vous ?

Vous abordez un problème tout à fait contemporain, qui n'a, en fait, rien à voir avec Internet. Internet n'est qu'une échappatoire de plus face à l'incapacité de beaucoup d'hommes (car ce sont les hommes qui y passent le plus temps) à se confronter à une relation directe, dans l'ici et maintenant, d'une relation concrète, charnelle, vécue, avec la partenaire la plus proche : leur femme. Cette sorte d'hémorragie dans le virtuel ne fait qu'accompagner leurs difficultés actuelles à se positionner, s'engager et par là même, à devenir le partenaire d'un couple à part entière. Certaines femmes découvrent d'ailleurs avec stupéfaction et désespoir le montant de certaines notes de téléphone, 3 000, 4 000, 5 000 francs par mois, engagés par un partenaire fantôme !

En réalité nous avons plus de moyens qu'autrefois pour s'échapper de la cellule du couple, mais la dynamique a peu changé ?

C'est exactement cela. Les difficultés relationnelles, dans les relations proches, sont toujours présentes.

Finalement Internet semble être un alibi très prestigieux. Sous prétexte de s'intéresser au monde entier on fuit notre univers personnel ?

C'est un des risques. Mais Internet n'est qu'un nouveau moyen, plus perfectionné, du mouvement vers l'extériorisation devant la difficulté à l'intériorisation.

Pensez-vous que la « pathologie », ou du moins la dynamique, d'un homme qui passe, chaque soir, trois heures au café avec les copains ou qui passe trois heures sur Internet, soit la même ?

Dans un cas comme dans l'autre ce peut être une dynamique de fuite, le mot pathologie me paraît trop fort. De même qu'il traînait au café à raconter les mêmes histoires avec ses copains, ou qu'il allait s'enfermer, durant tous ses moments libres, dans son atelier au sous-sol avec ses robots électriques, il peut aussi « traîner » sur Internet. C'est le même mécanisme de fuite : que ce soit à travers une activité, à travers une drogue, à travers la boisson, ou à travers Internet pour ceux qui sont devenus des accros.

Internet introduit une convivialité indirecte et lointaine, qui semble appréciée par les utilisateurs, au détriment de la communication proche, dont souffrent... les proches des utilisateurs ! Et si l'on ajoute quelques heures de télévision, nous constatons que la plupart des couples ne se parlent plus, communiquent à minima, s'enferment sur des positions individualistes qui cohabitent, cogèrent un appartement, un réfrigérateur, une voiture ou deux, quelques machines à laver, et parfois quelques enfants. Enfants qui découvrent très vite qu'ils auront à gérer leur vie d'enfant en utilisant au maximum le système d'assistanat qui les entoure !

Tout cela existe déjà, c'est seulement majoré par Internet.

Est-ce que le fait de pouvoir entrer en relation sur Internet, avec tant de personnes, sous le couvert de l'anonymat — comme c'est le cas — ne va pas à l'encontre de ce que vous définissez comme essentiel dans la vie d'un homme ou d'une femme : l'autoresponsabilisation de ses pensées, de ses actes, de ses paroles et de ses désirs ?

Il y a un appauvrissement de ce que j'appelle la communication authentique, dans laquelle il y a une possibilité d'inter-influence mutuelle, d'engagement, d'ouverture sur un projet de vie possible, à l'intérieur d'une confrontation directe.

Internet — du moins provisoirement, car il y aura d'autres évolutions — confirme, d'une certaine façon, la dérive de toute la communication qui s'est amorcée au cours du xxe siècle, c'est-à-dire la prédominance d'une communication de consommation, confondue avec la circulation de l'information (et même la saturation de l'information) au détriment d'une communication relationnelle, à base d'inter-influence et de créativité.

Face à ce nouvel outil, vous-même êtes-vous plutôt méfiant, fasciné, adepte ?

Il y a quelques années, j'étais méfiant, aujourd'hui, intéressé, pas encore séduit, je reste vigilant. Je viens d'ouvrir un site [1], pour présenter la méthode ESPERE, minuscule oasis dans l'immense désert de l'incommunication.

Le phénomène Internet ne fait que me confirmer la nécessité de rester fidèle à moi-même et de continuer à bâtir mon existence autour d'un mode de vie proche de la nature, et des êtres qui sont les plus significatifs pour moi. Je considère que dans cet espace qu'est ma maison, sur cette petite propriété de deux hectares sur lesquels j'ai déjà planté quelque 4 200 arbres et arbustes, au fond, je suis comme dans une île. Sur ma boîte aux lettres, j'ai mis une petite note : « Merci de ne pas me déranger, mais si votre besoin est très grand, prenez le risque d'un rendez-vous ! »

Je conduis ma vie au plus près de valeurs que j'estime vitales. J'ai une bulle d'intimité sur laquelle j'ai une très grande maîtrise et une sphère de relations — en langage informatique : une interface ! — *(rires)* avec laquelle je garde le contact avec l'extérieur, mais à minima...

L'essentiel de mon existence — j'ai cette

1. http.//www.j-salomé.com et http ://www.jacques-salome.com.

chance-là —, je le vis à l'intérieur d'un paradis. Ce coin de Provence appelé le Lubéron, où se côtoient toutes les nationalités et toutes les cultures.

Si nous devinons que le succès du phénomène Internet marquera sans aucun doute le XXIe siècle et le début du troisième millénaire, nous devons aussi évoquer une prévision pour la même époque, attribuée à André Malraux : « Le XXIe siècle sera spirituel ou ne sera pas. »

Que signifie pour vous le mot « spiritualité » ?

Tout d'abord je voudrais modifier quelque peu la prophétie de Malraux.

Je ne sais pas si le XXIe siècle sera spirituel ou ne sera pas, je crois qu'il sera surtout relationnel ! Je crois qu'un des axes de vie de la recherche intérieure sera celui de développer des relations harmonieuses, vivantes et créatrices, entre les êtres, car autrement le prix à payer risque d'être trop cher en violences, en destructions, en « dévivance » de la vie...

C'est par un approfondissement du relationnel que ce siècle pourra devenir spirituel ; non par un retour au religieux, mais par une meilleure relation au divin qui est en chacun.

Pour moi qui suis agnostique, je crois qu'il y a effectivement une sorte de dérive vers le spiritualisme, qu'il ne faut pas confondre avec la spiritualité. Le spiritualisme est la recherche de forces, l'appel à des entités, avec une fuite en avant vers des références magiques. Les extraterrestres n'ont jamais été aussi présents, performants, sollicités ou attendus !

L'aspect le plus négatif de cette dérive est une véritable hémorragie de nos forces vives, une infantilisation de nos aspirations, une aliénation de notre capacité à créer, à se dépasser.

À mon sens, le spirituel est un chemin de réconciliation possible pour relier l'être que je suis, dans son inachèvement, dans sa petitesse, dans ses limites, à un Tout. Ce Tout, que certains appellent Dieu...

Ce Tout existe hors du temps, il est intemporel. Cette part de relatif, que je suis, est reliée à un Tout qui, lui, est éternel. La spiritualité, pour moi, c'est ce chemin. C'est un chemin que j'ai, dans ma propre vie, ignoré durant des années, que je commence à découvrir depuis quelque temps et qui me fait croire que ma mission, comme peut l'être la mission de chacun, est d'agrandir la vie, d'augmenter la vivance de la vie, de lutter contre la dévitalisation, la stérilisation de cette vie, contre l'entropie de l'énergie vitale.

Mais là, nous sommes dans le domaine de la croyance.

Je pense que parler en termes de croyance,

c'est le plafond de la communication. Autour d'une croyance, on ne peut pas communiquer sur sa croyance. On peut en témoigner, et avoir une attitude de respect et d'écoute envers une croyance différente de la nôtre. On ne peut pas « mettre en commun » avec tout ce que cela suppose. Le dérapage et la violence relationnelle surgissent quand justement on tente, soit de contrer, de disqualifier la croyance de l'autre, soit de vouloir faire entrer l'autre dans sa propre croyance. Que ce soit la croyance en Dieu, en la communication avec les morts par les tables tournantes, ou celle concernant les vies antérieures, le danger que guette tout découvreur en sciences humaines, c'est de vouloir se transformer en prophète ! Je ne crois pas aux tables tournantes, mais ça ne veut pas dire que ce phénomène n'existe pas. Il existe au moins pour ceux qui y croient !

Si j'avais rencontré Bernadette Soubirous et qu'elle m'ait affirmé avoir vu la Vierge, je lui aurais dit : « Oui... Vous me dites que vous avez vu la Vierge... » Je crois qu'elle était persuadée d'avoir vu la Vierge... ! C'est la limite de ma compréhension : croire en sa sincérité.

Sinon, je rentre dans la croyance de l'autre, et entrer dans la croyance de l'autre n'est pas de l'ordre de la communication mais de l'ordre de la révélation ! Pour l'instant je n'en suis pas là.

Je suis dans une croyance un peu primitive qui consiste à croire que la spiritualité est un chemin qui me relie à une dimension énergétique, à une dimension d'amour qui, si je m'engage dans un travail de conscientisation, me permettra peut-être de passer de l'amour personnel à l'amour universel.

La spiritualité appartient au langage religieux, pourtant nous entendons, aujourd'hui, parler de « spiritualité laïque ». N'est-ce pas antinomique ?

Le mot *spiritualité* vient de *Esprit,* de *Souffle.* Le Souffle divin qui est un Souffle créateur. Moi, je reçois cela comme une métaphore symbolique. Oui, certaines choses peuvent être entendues dans l'ordre de la révélation. Je me sens éclairé, illuminé, je prends conscience, ou j'ai accès à un nouvel état de conscience, à des perceptions que je n'avais pas jusqu'alors.

Bernadette Soubirous a-t-elle vu la Vierge... ? Vraisemblablement. Elle l'a vue elle, avec ses yeux, avec sa dynamique personnelle, avec son imaginaire, avec sa sensibilité qui a éventuellement ouvert un espace pour une vision, un changement d'état de conscience qui lui a permis de se relier à ce que, elle, appelait la Vierge. Et si quelqu'un m'assure que c'était bien la Vierge qui est apparue à la jeune Bernadette, je suis capable d'entendre qu'il a bien cette croyance-là.

Je reste, vous le voyez, très pragmatique...

Si je reviens sur le *Souffle,* oui, il y a du Souffle partout, et il est vraisemblable que, moi aussi, je peux Souffler, apporter un certain nombre de révélations possibles sur une autre manière de comprendre les relations humaines, mais encore faudra-t-il que tout cela s'inscrive dans une pratique, dans une transmission possible. Combien m'ont écrit, enthousiastes, après des stages : « C'est une véritable révélation ! »

Peut-être, pourquoi pas ? Mais après la révélation, il convient d'inscrire tout cela dans un quotidien, de mettre en pratique, de passer de la révélation à la création, et ça c'est plus difficile. C'est beaucoup plus difficile, car cela suppose ténacité, persévérance, courage pour vaincre à la fois nos propres résistances, nos alibis pour ne pas changer, et tous ceux de l'entourage qui vont faire obstacle, culpabiliser, disqualifier ou rejeter.

Dans le domaine de la relation à l'autre (dans le couple ou la famille) quels sont les bienfaits possibles ou les pièges sournois d'une démarche spirituelle ?

Avant de parler du couple, attardons-nous sur l'ensemble du phénomène.

Le piège principal, c'est la récupération par des individus, ou des religions, sous forme dogmatique, contraignante et appropriative, du courant de vie qui circulait dans la révélation. Incontestablement Mahomet a fait circuler un courant de vie extrêmement stimulant pour les Arabes de son époque, Jésus pour toute la culture du Bassin méditerranéen, et d'autres encore... Ensuite, c'est ce qu'en ont fait les disciples, les prêtres, les gardiens du Temple qui a souvent dévoyé la parole et le message initial.

Cette appropriation de la révélation à leur profit, pour créer ce qu'on appelle des religions, avec des dogmes, des interdits, ressemble le plus souvent à une véritable escroquerie relationnelle !

L'homme a éprouvé le besoin, d'une certaine façon, de mettre le divin au-dessus de lui. Comme, de plus, nous sommes dans une culture messianique — nous attendons l'aide, l'assistance, le retour au Paradis, le grand jour où quelqu'un viendra nous sauver et nous donner la place qui nous revient — cela nous dépossède en quelque sorte de notre propre responsabilité, face à la mission qui pourrait être la nôtre, d'assurer notre existence dans le plus grand respect de la vie, mais aussi de l'agrandir jusqu'aux rires du soleil !

C'est chacun d'entre nous qui est responsable

de la conduite de sa vie et de ses engagements sur la voie spirituelle ! Voilà pourquoi je suis plus attiré par le bouddhisme : il nous renvoie à cette autoresponsabilisation permanente.

Pour répondre plus directement à votre question concernant l'impact ou les pièges de l'engagement spirituel dans le couple ou la vie intime, tout dépendra de la tolérance et du respect qui circulera entre les protagonistes. Beaucoup de violences peuvent surgir quand l'un, fort de sa foi, convaincu de ses croyances, va tenter d'entraîner l'autre, de le persuader, de le convaincre d'adhérer. C'est ce qui va se passer quand l'engagement religieux ou spirituel se concentre, se polarise, sur une secte dont l'activisme pousse au recrutement. Le prosélytisme de certains partenaires va peser lourd sur les choix des proches, et parfois la seule façon de résister à l'embrigadement sera d'envisager la séparation. On voit combien d'enfants captés par des groupes et mis en dépendance durant des années ! J'échangeais dernièrement avec Paulo Coelho, qui reste très marqué, et m'a-t-il semblé encore très oppressé, par son passage, il y a cependant plus de vingt ans, dans une secte satanique, qu'il présente à mots couverts comme diabolisante... Et pourtant, cet homme a fait beaucoup de chemin pour se rencontrer et accéder au meilleur de lui-même.

Au sein de nombreuses propositions d'évolution personnelle à travers la spiritualité, que nous pouvons trouver, certaines manquent singulièrement d'éthique. Desquelles devons-nous nous méfier le plus ? Quel conseil donneriez-vous à ce propos ?

Vous avez prononcé les mots justes « évolution personnelle dans le cadre d'une démarche spirituelle ». Bien sûr qu'il y a toujours la possibilité d'une évolution personnelle au travers d'un enseignement spirituel. Mais la question est : évolution sur quel plan ? Travail de conscientisation, d'élévation morale, de reliance à un guide, à une foi, à une pratique de prière, de méditation, bienfaits d'une abstinence, de changements de mode de vie, de renoncements, de lâcher prise sur des positions de pouvoir, sur l'agrandissement de biens matériels... ?

Un des leurres que proposent certaines démarches spirituelles est de faire l'impasse sur un travail personnel. Combien de gens sont engagés dans une fuite en avant au travers d'un engagement spirituel, en faisant l'économie d'un travail thérapeutique, d'un travail sur soi, d'un travail d'évolution et de changement personnel !

L'engagement spirituel les agrandira, leur fera découvrir des dimensions sensibles, nouvelles, mais sans rien résoudre des problèmes de la petite enfance, des questions de fond, des répétitions liées à leur histoire, etc. Ils auront seulement fait un déplacement, un recouvrement pour maintenir à minima tensions, conflits intrapersonnels, refoulements des dominants pernicieux qui parfois les habitent. Il ne suffit pas d'être sous le parapluie d'une croyance pour savoir mieux communiquer avec soi-même et avec autrui !

En résumé, la spiritualité confondue avec le spiritualisme est souvent une fuite en avant, une hémorragie avec laquelle beaucoup de gens font l'économie d'un véritable travail sur eux-mêmes. Travail qui serait sans doute — dans un premier temps — plus douloureux, plus aride, moins gratifiant, que de s'engouffrer à corps perdu dans des pratiques où la gentillesse et l'amour des disciples ou des coreligionnaires sont réels, et gratifiants, mais risquent de masquer quelques dimensions essentielles.

Au terme de ce voyage au cœur de votre vie, une évidence s'impose : si votre parcours n'a pas été simple, il a indéniablement été très riche, très productif et essentiellement tourné vers « l'autre ». Est-ce comme cela que vous le voyez ?

Tourné vers autrui, peut-être, mais à partir d'une dynamique personnelle de réparations des blessures de mon histoire.

Je pourrais résumer l'essentiel de mon existence, en disant : « Ma vie fut une succession de miracles. » Et si l'on me demande comment arrive un miracle, je réponds : « En sachant l'accueillir. »

Puisque vous parlez de miracle, et sans oublier que vous êtes agnostique, je vous propose une célèbre question, celle que posait un incontournable animateur d'émission littéraire aux plus grands penseurs et écrivains qu'il recevait. Si Dieu existe, qu'aimeriez-vous qu'il vous dise lorsque, le jour de votre mort, vous paraîtrez devant Lui ?

(Silence...)

J'ai du mal à prendre au sérieux une telle question, parce que, vraiment, je ne crois pas à une telle entité divine. Je ne peux donc pas croire qu'il ait quelque chose à me dire... !

Mais bon... Si je rentre dans le jeu, je peux penser qu'Il me dirait :

« Je suis tout de même un peu confus, je ne pouvais pas faire autrement que de vous laisser croire que j'existe. C'est vous qui m'avez créé en faisant l'économie d'entendre que Dieu, c'est vous. »

Et moi, si je le voyais je lui dirais :

« À ton âge, Tu n'as plus besoin de continuer à jouer avec nous à partir de notre propre crédulité et de notre démission ! Tu sais bien que Dieu, c'est moi ! Que Dieu, c'est chacun de nous, pauvres humains... *(rires)* Mais cela nous fait tellement peur de l'apprendre, ou de le redécouvrir, alors je crois que Tu as encore de beaux jours devant Toi ! »

JACQUES SALOMÉ

Vu par Julos Beaucarne

Jacques Salomé défait les nœuds
Que nous avons au fin fond de nous.
C'est un dénoueur. Il nous apprend
À prendre en main notre propre histoire,
À la rendre plus limpide.
Ce défaiseur de nœuds apprend à créer
Des liens sans que ces liens ne deviennent
Des nœuds ! Il pousse tout un chacun
Jusqu'au bout de son être, jusqu'au bout
De son « souffrir », de son « mal-être ».
Il rend chacun à lui-même, il donne des outils,
Il donne des clés, il libère, il montre à l'un et à l'autre
Ses possibles et surtout il apprend, à ceux qui le désirent,
De se libérer tout seul.
Son but final, c'est qu'on n'ait plus besoin de lui.
Que chacun puisse marcher sur une route déblayée,
Dans la clarté de ses évidences.
En résumé et en vertu des pouvoirs
Qui ne me sont point conférés,
Je déclare Jacques Salomé d'utilité publique.

[illegible]

Lorsque [illegible]
Que nous avons [illegible]
C'est un [illegible]
[illegible]
à la rendre plus [illegible]
[illegible]
[illegible]
[illegible]
[illegible]
[illegible]
[illegible]
[illegible]
[illegible]
[illegible]
[illegible]
[illegible]
[illegible]
[illegible]
[illegible]
[illegible]
[illegible]
[illegible]

BIBLIOGRAPHIE

JACQUES SALOMÉ

• **Supervision et formation de l'éducateur spécialisé,** Éd. Privat, 1972.

• **Parle moi... j'ai des choses à te dire,** Éd. de l'Homme, 1982. Essai sur l'incommunication et la communication dans le couple.

• **Relation d'aide et formation à l'entretien,** Éd. P.U.L, 1987. La relation à l'accompagnement sans dépendance.

• **Apprivoiser la tendresse,** Éd. Jouvence, 1988. La tendresse dans le cycle de la vie.

• **Papa, Maman, écoutez-moi vraiment,** Éd. Albin Michel, 1989. À l'écoute des langages multiples de l'enfant.

• **Je m'appelle toi,** Éd. Albin Michel, 1979. Roman.

• **Je t'appelle tendresse,** Éd. Espace Bleu, 1984. Poétique relationnelle.

• **T'es toi quand tu parles,** Éd. Albin Michel, 1992. Jalons pour une grammaire relationnelle.

• **Bonjour tendresse,** Éd. Albin Michel, 1992. Une pensée par jour.

• **Contes à guérir — Contes à grandir,** Éd. Albin

Michel, 1993. Une approche symbolique pour entendre tous les langages du corps...

• **L'Enfant Bouddha** — Illustrations Cosey, Éd. Albin Michel, 1993. L'enfance d'un maître.

• **Heureux qui communique,** Éd. Albin Michel, 1993. Pour oser se dire et être entendu.

• **Paroles d'amour,** Éd. Albin Michel, 1995. Poétique amoureuse.

• **Jamais seuls ensemble,** Éd. de l'Homme, 1995. La suite de « Parle moi... j'ai des choses à te dire ».

• **Charte de vie relationnelle à l'école,** Éd. Albin Michel, 1995. Pour mieux communiquer à l'école.

• **Communiquer pour vivre,** Éd. Albin Michel, 1995. Ouvrage collectif.

• **Roussillon sur le ciel,** Éd. Deladrière, 1995. Un village magique de Provence.

• **C'est comme ça, ne discute pas,** Éd. Albin Michel, 1996. Ou les 36 000 meilleures façons de ne pas communiquer avec son enfant !

• **En amour l'avenir vient de loin,** Éd. Albin Michel, 1996. Poétique amoureuse.

• **Tous les matins de l'amour... ont un soir,** Éd. Albin Michel, 1997. Un roman sur les émerveillements et les tempêtes de la vie amoureuse.

• **Pour ne plus vivre sur la planète Taire,** Éd. Albin Michel, 1997. Des outils pour mieux communiquer.

• **Éloge du couple,** Éd. Albin Michel, 1998. Pour la vie à deux.

• **Une vie à se dire,** Éd. de l'Homme, 1998. Ou « ce n'est pas en perfectionnant la chandelle qu'on a inventé l'électricité ».

• **Toi mon infinitude,** Éd. Albin Michel, 1998.

• **Le courage d'être soi,** Éd. du Relié, 1999. Pocket 2001. L'art de communiquer en conscience.

• **Paroles à guérir,** Éd. Albin Michel, 1999. Pour entendre au-delà des mots.

• **Dis papa, l'amour c'est quoi?** Éd. Albin Michel, 1999. Magnifier les bienfaits et démystifier les leurres de l'amour, pour le vivre de façon plus authentique...

• **Car nous venons tous du pays de notre enfance,** Éd. Albin Michel, 2000. Recueil de textes nous reliant à l'enfance.

• **Contes à aimer, Contes à s'aimer,** Éd. Albin Michel, 2000. Faisant suite aux contes à guérir et aux contes à grandir, des nouveaux contes pour rire et pleurer.

• **Car nul ne sait à l'avance la durée de vie d'un amour,** Éd. Dervy, 2000.

• **Lettres à l'intime de soi,** Éd. Albin Michel, 2001.

EN COLLABORATION AVEC SYLVIE GALLAND

• **Les mémoires de l'oubli,** Éd. Jouvence, 1989. Essai sur le changement et le développement personnel à travers l'approche psychodramatique.

• **Si je m'écoutais je m'entendrais,** Éd. de l'Homme, 1990. Comment être un meilleur compagnon pour soi-même.

• **Aimer et se le dire**, Éd. de l'Homme, 1993. À l'écoute des langages de l'amour dans la rencontre sexuelle.

• **Inventons la paix,** Librio n° 338, 2000. (Nouvelles sur le thème de la paix en soi ou dans le monde).

• **Au fil de la tendresse,** Éd. Ancrage, 2000. (Recueil de textes en collaboration avec Julos Beaucarne).

• **L'amour et ses chemins,** Pocket, 2000. (Aphorismes avec Catherine Enjolet).

• **Mille et un chemins vers l'autre,** Le Souffle d'or, 2002. (Jeu relationnel).

EN COLLABORATION AVEC CHRISTIAN POTIE

• **Oser travailler heureux,** Éd. Albin Michel, 2000. Quelques règles d'hygiène relationnelle pour travailler dans le bien-être.

CASSETTES AUDIO OU CD

Sonothèque Média BP 32 — Saint-Gaudens
Tél. : 05-61-95-96-95

• **La tendresse au quotidien** — La tendresse dans le cycle de la vie.

• **À corps et à cris** — Quand il y a le silence des mots, se réveille la violence des maux.

• **Aimer et se le dire** — La sexualité entre peurs et désirs, entre doute et plaisirs.

• **Contes à guérir, contes à grandir** — Pour entendre au-delà de l'indicible.

• **Être à l'écoute des enfants, c'est être à l'écoute de l'enfant en nous.**

• **Être un meilleur compagnon pour soi.**

• **Vivre à deux en étant différents.**

• **Aimance** — Une histoire d'amour.

• **Les naissances de notre vie** ou Comment vivre les ruptures et les séparations sans se détruire.

• **La méthode ESPERE** — pour une écologie relationnelle dans les relations proches.

• **Un chemin de vie par la pratique des actes symboliques.**

• **Dis papa, c'est quoi l'amour ?** Un père répond à sa fille.

• **Lettres à l'intime de soi** — Textes précieux, tenaces et rares.

• **Devenir parents aujourd'hui.** Re-apprendre les grandes fonctions parentales.

• **Apprendre aux enfants et aux adolescents à communiquer aujourd'hui.** (Pour sortir de l'incommunication et des passages à l'acte.)

VIDÉO-CASSETTES

Série Tendresse ou la communication intime dans le cycle de la vie.

Entretiens de Jean-Claude Marol avec J. Salomé d'une durée de 6 heures, disponibles sur 5 vidéo-cassettes VHS-SECAM ou PAL.

Pierre Moorkens, rue des Fiefs — 1380 LASNE (Belgique).

• **Heureux qui communique :** Relation parents-enfants et relation en couple.

Série de 2 cassettes, réalisées par Bernard Martino. Cette série n'est plus commercialisée.

• **Au fil de la tendresse** Rencontre avec Julos

Beaucarne (2 h 30). La tendresse en chansons et en poèmes.

• **Pour ne plus vivre sur la Planète Taire** (60') Réalisation Jean-Jacques Roudière. 09300 Bernaix.

• **Se soigner par la tendresse** réalisée par l'ASPEPS Bât de l'IRFPPS, rue Combemale, 59037 LILLE CEDEX — Vidéo de 70'.

AUTRES VIDÉOS SUR LA MÉTHODE E.S.P.E.R.E

Directement aux adresses indiquées

• **Oser communiquer autrement... c'est possible.**

CRDP, 16 rue Jean-Chatel — 97400 SAINT-DENIS DE LA RÉUNION.

• **Un jour à l'école...** Principes de base pour un apprentissage de la communication à l'école.

Base d'une méthodologie possible, avec un livret. 2 modules de 90'.

CRDP — BP 387 — 51063 REIMS CEDEX.

• **Application de la méthode ESPERE au monde de l'entreprise et du travail.**

XL Consultants 11 ch. Du Vieux Chêne — ZIRST 4201 — 38942 MEYLAN CEDEX.

Tél. : 04 76 61 34 00 Fax : 04 76 61 34 01.

• **La méthode ESPERE** (Présentation et développement) : deux cassettes.

Tournées au Québec, mais disponibles en version française VHS Secam.

(90'x2). Sté HOLOCONCEPT Actiparc 1-BP 44 13821 La Penne sur Huveanne. Tél. : 04 94 20 45 26.

• **Pour une communication vivante dans une école vivante.** Durée 90'.

S'adresser à : Joseph Brethomé 54 bis, rue du Moine 45000 ORLÉANS. Tél. : 02 38 61 58 30.

• **Apprenons-nous mutuellement à communiquer** 2 cassettes de 60'.

Direction générale des Affaires Culturelles du Hainaut — Service Formation — Rue Warocqué 59 — B. 7100 LA LOUVIÈRE — Belgique Tél. : 0032 64 23 53 46, Fax : 0032 64 22 39 37.

• **Pour vivre l'école autrement...** H.E.P.M.B.C. rue du Champ de Mars 17 B. 7000 Mons.

• **De la résistance au changement à la communication à l'école.**

D.G.A.C.H. Service audio visuel, rue Warocque 59 B-7100 Lalouvière.

Table des matières

Prologue 9

CHAPITRE UN 13
CHAPITRE DEUX 40
CHAPITRE TROIS 113
CHAPITRE QUATRE 138
CHAPITRE CINQ 204
CHAPITRE SIX 239
CHAPITRE SEPT 261
CHAPITRE HUIT 290
CHAPITRE NEUF 340
CHAPITRE DIX 379

Bibliographie 403

Violence psychologique

(Pocket n° 10680)

À la lumière de nombreux témoignages, l'auteur analyse les violences insidieuses du harcèlement psychologique. Un simple mot, un regard, un sous-entendu sont les armes de cette persécution, et suffisent, au quotidien, à briser un couple, détruire une vie, ruiner une carrière professionnelle.

Impression réalisée sur Presse Offset par

BRODARD & TAUPIN

GROUPE CPI

25294 – La Flèche (Sarthe), le 13-08-2004
Dépôt légal : novembre 2002
Suite du premier tirage : août 2004

POCKET – 12, avenue d'Italie - 75627 Paris cedex 13
Tél. : 01.44.16.05.00

Imprimé en France